基于单字的现代汉语词法研究

王 洪 君 著

商務印書館

2011年·北京

图书在版编目(CIP)数据

基于单字的现代汉语词法研究/王洪君著.—北京：商务印书馆,2011
ISBN 978-7-100-07526-8

Ⅰ.①基… Ⅱ.①王… Ⅲ.①汉语—词法—文集
Ⅳ.①H14-53

中国版本图书馆 CIP 数据核字(2010)第 236141 号

基于单字的现代汉语词法研究
王洪君 著

商 务 印 书 馆 出 版
(北京王府井大街36号 邮政编码 100710)
商 务 印 书 馆 发 行
北京瑞古冠中印刷厂印刷
ISBN 978-7-100-07526-8

2011 年 9 月第 1 版　　开本 850×1168 1/32
2011 年 9 月北京第 1 次印刷　　印张 13⅜
定价：30.00 元

目　录

序　言

不知不觉地，发表的词法论文有十好几篇了。它们散落在多个杂志上，不易收集。不少同仁、朋友、学生向我建议，出个文集吧。

我也有这个念想。词法研究是我自己看得很重、用功也甚勤的一个方面。我的词法研究，特点是“基于单字”。它的核心思路是：跨层面的单位关联点是研究单层面的结构基点。比如跨语音、语法两层面的结构关联点（像汉语的字和英语的词）是研究一个语言音系或词法的基点。这一思路的形成，有徐通锵师字本位理论的影响，也源于自己对汉语语音词法接面规则的研究，还得益于 Halliday 对于层级单位划分的理论论述和朱德熙等先生关于形式和意义必定互为表里的理念。宋柔先生关于汉语两字组的研究和基于大规模语料库开发的两字组中单字组配的各种统计材料，更开拓了我对汉语词法的认识和研究思路。把多年来的词法论文放到一起，基于字的词法研究思路和以上理论背景可以看得更加清楚。

文集中论文的编排可以有两种不同的方式。一种是按研究内容与学科分支的关系分门别类排列，另一种是以论文发表的先后为序。

第一种方式有利于显示内容上的组织性,文集最终选择了这种方式。也即,先语法构词,次语音构词,再综观汉语词法以至整个汉语文系统的类型特点。语法构词中,先复合词、再派生词、再凝固度和语义特征等问题。语音构词中,先论基于字的分音和合音,次论汉语联绵语音词的构造方式,再论汉语一般韵律词和韵律类词的特点和单双音节在汉语词法句法中的重要作用,最后讨论与韵律词/类词/短语有关的节奏问题。在类型特点的讨论中,先从语音和词法两层面的接面论音系的基本单位,再从语音、文字和语汇-语法层面的关系论汉语文大系统的基本单位,最后是对语法基本单位的不成熟讨论。最后的讨论已经溢出了词法、句法,进入了汉语篇法的基本单位问题。

第二种编排方式其实也有它的优点——有利于展示个人的研究历程:观察词法现象的视角、思路和研究资料是如何随着研究的进展而逐步扩展的。

无奈,一本文集不可能同时采取两种编排方式,只能放弃后一种选择。我想了个补救的方法:在不少论文的后面追加了补记。补记一方面对文章存在的问题或发表后有所改动的观念做出说明,另一方面介绍文章写作的背景,特别是文章的观察视角、思路如何形成和研究资料如何取得。希望这些补记能够使以前发表的文章都"跟"上我现在的思路,同时又能更好地揭示我在语音构词方面的研究如何深刻地影响了我的语法构词研究和对汉语文大系统的理解,也能够更好地显示参与汉语信息处理的部分工作给了我多么大的收益。

我喜欢亲自触摸大量的真实语料,从各种不同的角度进行统计和排比。像文集中《汉语的类词缀》一文，为了说明类词缀的最大的搭配对象与词缀、与虚字有什么不同，我从8亿字符语料库中穷尽检索到303104个含“式”的句子，经人工鉴别和去重后实得“-式”缀的语段3466例。由于其他工作繁多，仅这一项统计就花去我整整6个月的时间。但在材料的徜徉中，从隐隐地体验到其中的规律，到通过某一角度的统计而抓住其中的规律，这一过程令人着迷。通过分析这些语料得出了词缀的最大搭配对象为双音词，类词缀的最大搭配对象为类词(4音节以上的黏合字组和少数凝固词组)，虚词的最大搭配对象为自由短语的结论。其他篇语法构词的论文，我也都利用了对上亿字符语料库的检索。我始终认为，统计与规则不是对立的，语言中并没有物理学那样的规则，有的只是倾向。统计规律中蕴藏着语言学的道理，语言学的规律。

本项研究曾先后得到教育部人文社科重点研究基地北京大学汉语语言学研究中心自立项目《现代汉语两字组结构研究》、国家社科一般项目《现代汉语韵律与语法语用的关联》(01BYY022)的资助，谨致谢忱。

文集的出版使得我多年来基于字的词法研究成果和我心目中的字本位得以完整地展示。感谢商务印书馆，助我实现多年的念想。感谢文集的责任编辑、我大学的同窗密友刘一玲，她细心、专业的审读，更正了我书稿中不少错误，也使颇难安排的表格能够尽可能美观地呈现在读者面前。

科学探讨无止境，语言学的探讨无止境。随着计算机和互联网技术的飞速发展，语言学可资利用的语料越来越丰富，语言本身也眼见着出现了许多新的文体、新的造词手段。文集中所收录的研究有它的局限，但我相信，基于字本位的汉语词法研究在新的时代一定会有新的发展，新的用武之地。

王洪君

2010 年 2 月 28 日

于北大承泽园

从字和字组看词和短语*

——也谈汉语中词的划分标准

提要 一、"字"的名称比"语素"更能确切地反映该级语法单位在汉语系统中的特殊地位——语音单位和语法单位的交汇点。二、语言中各级单位的切分应该以语音、语法单位的交汇点为基点。即,汉语应该从字组中字与字的结合关系出发,先找出字与字自由组合的短语规则,再以排除法确定词。三、具体给出与成词多有交涉的两字主谓、述宾、述补、联合、偏正式短语及其成分字序列在功能和语法-语义两方面的对应规则及这些短语的 a、b、c 三级鉴定式。四、以这些规则和鉴定式为标准判定了近三百个两字组成词与否及成词性、类词性的高低。

一　为"字"正名

中国语言学界通常用"语素"和"词"对译英语的 morpheme

---

* 原文发表于《中国语文》1994 年第 2 期 102—111 页,本次发表有个别改动。原文受韵律音系学(prosodic phonology)、赵元任(1975)及徐通锵"字本位"说的启发而作。写作过程中不少问题曾向学友郭锐请教。初稿曾蒙徐通锵先生通阅,二稿曾在第四届全国现代语言学研讨会及中国语言学年会的分组会上宣读,得到不少宝贵意见。

和 word，汉语语法分析中设立语素和词这两级单位似也已成惯例。然而正如赵元任(1975)所指出的："研究现代语言学的学者都同意，对于所研究的对象语，不应该刻意地去寻找那些在我们从前刚好会说的那种语言中十分熟悉的东西，而应该确定我们实际上碰到了什么，并给它们以合适的名称。"那么，让我们先看看汉语中被称为"语素"的成分与英语的 morpheme 有什么相同之处，又有什么不同的特点，然后再考虑它的名称是否合适。

两者的共同点在于都是最小的音义结合体。两者的不同点则至少有如下几点：1)汉语的最小音义结合体大多是单音节的，有声调作为明显的标志。不合此例的基本上分属两种情况：a. 不是语言中的基本形式(如双声、叠韵、重言、嵌 l、特殊四字格、儿化韵、D 变韵、Z 变韵等，都是经"一生二"、"二合一"等叠音或合音构词法派生的次生形式)。b. 外语音译词，因连音带义一起舶来，所以保留了外语中的音义关联。舶来时间长了的，往往要按汉语的音义关联改造(参看徐 1993)。英语的 morpheme 与语音单位没有大致重合的关系。它可能是单音节，也可能是多音节，还可能跨着音节界线。可能不足一拍，可能多节拍，也可能跨节拍。它也没有重音(英语的重音到词这一级才标定)。2)汉语的最小音义结合体大多是自由的。而且不管是自由还是黏着，音形大多是稳定的。即以不变的形式加入以下所有层次的组合。英语的 morpheme 则大多是黏着的，语音形式是不确定的。要先通过构词或构形规则组合成有重音的词，形式才稳定下来，才能进入短语结构的构造。

以上两点区别不是无足轻重的，它说明了汉语中最小的音义结合体与英语的 morpheme 在各自语法体系中地位不同。英语中(也许所有语言都同样)并非没有与语音单位大致重合的语法单位,只是它落在了 word 上:除个别虚词外,每个 word 都有一个、也只有一个主重音。由一个主重音联系在一起的若干节拍,形成语音上的一级单位,称作 phonological word(语音词)。英语的 word 是以不变之音形参加以下各层次组合的最小成分。

可以看出,汉语中所谓"语素"仅在"最小的音义结合体"这一意义上与英语的 morpheme 相当,而在是否是语音、语法单位的交汇,是否是以不变之音形参与更大结构的构造等特点上都不同于 morpheme,而与 word 相当。我们认为,其不同点是更重要的,它们是一个语法系统最基础的单位所应具有的特征。把英语的 morpheme 译为"语素",把汉语中这种一音一义的小单位也称为"语素",实在是太委屈后者了。

一个语言中语音、语法单位的交汇点,是该语法系统最基础的单位,也是母语者最容易意识到的单位。因而,也就往往成为文字的一级单位,形成语音、语法、文字三种单位在某一级上大致重合的事实。是语言的特点决定了文字,而不是相反。与存在语音、语法、文字三种单位交汇点这一事实相适应,自然语言中也就往往有专门指称该级交汇单位的名称。如英语中的这个 word,在语言学家专门定义之前就既指语法单位,也指语音单位、文字单位。英语语言学家并没有因为 word 能同时指三种单位而抛弃它,保留这一名称也更能反映出该级单位在语言、文字体系中的特殊地位。汉语中本来也有指称汉语中语音、语法、文字三种单位大致重合之特殊单位的名称，这就是“字”这个字。在语言学家专门定义之前，汉语的“字”既可指文字单位（如《说文解字》），也可以指语音单位（如“吐字清楚”）或语法单位（“因字而成句”，徐通锵 1993）。为什么我们要放着能反映汉语系统中语法、语音单位在何处交汇这一重要事实的“字”这一名称不用，而要用与“字”并不相当的 morpheme 去类比而另起“语素”这一新的名称呢？应该为“字”恢复名誉了。

选用“字”这一术语，绝不意味着要混淆文字、语音、语法三种不同性质的单位。要为“字”正名，明确定义这三种单位也是必不可少的任务。我们认为，文字上的“字”定义为“占据一个方形空间的小单位”，语音上的“字”定义为“一个音节”，大约是没有异议的。关键在于语法的“字”如何定义。有两种可能的选择：1）定义为“最小的音义结合体”。这是对于所有语言都适用的定义，但未必适用于汉语。因为“辗转”和“转”要平列都算一个“字”，而实际上“辗转”是由“转”派生的非基本单位[①]。2）定义为“与单个音节结合在一起的、意义上有同一性的语法单位”。并可再具体细分为：a. 基础字：一音节一义的结合体。b. 表音字：单音节时无义，需进入更大的语音组合才有意义。比如，“辗转”是在基础字的基础上根据重叠加变形的规则而派生的，表层由两个表音字组成，构成两字联绵词。c. 合音字：一个音节两个

---

① 原文是：“因为‘匍匐’和‘爬’要平列都算一个‘字’。”现改以“辗转”和“转”为例并加了一句话，是吸收了孙景涛博士论文（Sun Jingtao 1999 *Reduplication in Old Chinese* 古汉语重叠之研究，Ph. D. dissertation，Vancouver：University of British Columbia）的研究成果。

意义的结合体。这样定义的“语法字”与目前学界所说的“语素”所指不完全重合[①]:语法字是一音节一义的最小单位,是不能由词法规则推导出来的基本单位,由重叠加变形派生来的联绵词不是单纯的基本单位而是派生性的,其特定的联绵词形框架也承担了拟声摹态、具体化等派生义。“语法字”与“语音字”也不重合,“语法字”要有意义,“语音字”不一定要有意义。定义上没有音节数目限制的“语素”,用于汉语分析已有几十年历史了,总给人削足适履之感。本文要试试以“一音节一义”为定义的“字”,看看它能不能为汉语分析带来一些方便。

本文讨论语法问题,下文中不另加说明的“字”均指语法单位,不指文字或语音单位。

二　汉语中的词及其切分策略

一个语言中各级语法单位的最佳区分策略,是先确定那些与语音单位大致重合,母语者最容易意识到的单位,然后再按一定的原则、程序确定其他各级单位。以英语为例。尽管美国结构主义者号称是按“音素→音位→语素→词→短语→句子”的程序操作的,但细观其工作过程就可以发现,它时时处处都离不开词这级基础。王理嘉(1988)已指出,英语的音位其实并非直接对比长段语流而发现的,而是对比单音节的词而发现的。语法

---

① 后面的几句有改动,吸收了笔者(王洪君 1994《汉语常用的两种语音构词法》,1996《汉语语音词的韵律类型》,本书收录)、孙景涛(Sun 1999)的研究成果。

单位的发现也同样。按结构主义的发现程序，对比若干语段而直接得到的“以大致相同的意义重复出现的小片段”（霍凯特 1958），其实只有词（如[ˈneiʃən]、[ˈnæʃənəl]、[ˌnæʃəˈnæliti]）或语子（如[ˈneiʃən]、[ˈnæʃən]、[ˌnæʃən]、[əl]、[ˈæl]、[iti]）。接着，无论是把词切分为语素还是把语子归纳为语素，都需要以词作为比较的基点。需要对比足够数量的词，才能发现其中某些意义大致相同的小片段，尽管语音形式不同，但却彼此间有规则性的语音联系，而其他意义相同的小片段也有类似的规则性语音联系，从而再切出或归纳出语素。

汉语的情况有所不同。汉语的词、短语甚至可能连句子都没有稳定的语音标记。但是从分界明确的单位出发找出一套程序来确定分界不明确的单位，这一原则应该是有普遍意义的。汉语中词和短语的界线模糊，字和字组却是一目了然的。以字和字组为基点观察字组中成分字间的语法－语义关系，不难发现几种典型的情况：1）字组只在语音上可线性地分析为更小的成分及联系规则，语法－语义上不可再做线性分析。2）字组从语法－语义的角度可以分析为成分及其构造方式，但这些构造方式 a.不能无限地反复套用。b.不能类推到所有同类成分上，甚或只是个体特异的。c.只适用于较短的片段之间（单字或双字）。3）字组从语法－语义的角度可以分析为成分及其构造方式，这些构造方式 a.可以反复或彼此套用。b.可以类推在一类成员中使用。c.既适用于较短的成分之间，也适用于很长的成分之间。

如果从最小的结构单位到无限长的话语，用一套规则就可以控制，那么就只需要设立一级语法单位，然后按照结合层次的不同，反复套用该套规则来组合该级语法单位就可以了。做不到这一点，就必须设立中间层次的单位，就必须设立不同层级的几套规则。上述1)2)类字组的内部组合规则与3)类字组的内部组合规则明显的属于两套，而1)2)类字组又可以按3)的规则参与更大的组合。这样，相对于3)类规则而言，1)2)类字组是不可再分析的小单位(凝固字组)，而3)类字组是可分析的自由组合体(自由字组)。它们应是不同层级的单位。下面把3)类字组称作"短语"(与通行的用法一致)，把1)2)类字组称作"词"。请注意我们的"词"与通行的用法不完全相同，它是指"有内部结构但结构方式不符合短语规则或句子规则的多音节的音义结合体"。也就是说，"词"是单音节的"字"与多音节的"短语"的中间层级：由词向下，可按一套规则分析到字，由词往上，可按另一套规则组合成短语。这样定义的"字"和"词"，分别等于赵元任(1975)所说的"音节词"和"结构词"。这样的单位区分似更适合汉语的特点。

综上所述，我们认为，汉语中词切分的最佳策略是以字和字组为基点，观察字组内各成分间是否有语法－语义关系。如果有，再判断此构造是属于词的结构方式呢，还是短语的结构方式。

这就又引出了新的问题，汉语中哪些是构词规则，哪些是短语规则？我们认为，构词方式数目众多，有的方式只是几个甚至一个字组特有的，很难从正面穷尽列举。而短语规则、短语结构类型是有限的，这就为用排除法确定词提供了可能。如果能够穷尽地列举短语规则，那么，对于任何一个有意义的多音节小片段，其直接成分的组合不符合短语(或句法规则)的，就是词。也就是说，解决汉语中词的区分问题，要依赖于搞清楚短语的规则。

三　关于短语规则

短语规则应包括以下几方面内容：1)确定短语结构的类型及每种类型的各个组合位置。2)确定每个字的释义(把字再细分为义项)。3)确定每种短语类型整体的语法－语义类别以及在更大结构体中的分布功能、扩展转换功能。4)确定每个字各个义项的语法－语义类别以及在上级短语体中的分布功能。5)确定字类的组合序列与短语结构类型的对应关系。这种对应一般应是顺向唯一的。即可以允许 a + b→A、a + c→A、d + e→A 共存，但不允许 a + b→A、a + b→B 共存。除非 a、b 两小类所有成员的组合都能形成 A、B 两种结构。

在这几项内容中，目前只有 1)2)有基本可用的研究成果。各家语法对 1)的描述都相差不多。2)则有《现代汉语词典》可资利用。3)4)只有部分可利用的成果。对各类短语的典型扩展转换式已经研究得较充分，而对短语整体功能的研究还很不够。字类的划分也还没人系统地做过。但是北大新近推出的词类划分标准可以给字和短语的分类提供大部分标准。另有不少关于词的小类划分的成果可以利用。5)是最薄弱的环节。汉语的研究至今未对成分搭配与整体结构间的限制作出描述(如动、形在前时，后面是什么成分才能构成主谓结构，否则只能是述宾结构。名在前时，后面若也是名，必得具有什么样的语义特征联系才能是主谓结构，否则只能是定中结构等等）。总之，汉语短语规则的描述还有许多工作要做。

另外，1）短语规则应包括互为体表的意义与形式两个方面。即，既要给出成分语义类与短语结构类的对应规则，也要给出成分功能类与短语结构功能类的对应规则。无论是“成分字义＋结构义≠字组整体义”，还是成分字类与字组整体的功能对应不合都不能算完全合乎短语规则。2）汉语的字义、短语规则、词是相互制约的。如果短语规则定下来了。“字义＋结构义≠字组整体义”的字组就只有两种处理法：a.增加字的义项；b.承认该字组为词。以吕叔湘先生举过的“吃饭”为例。如果“饭”在“每日定时吃的食物”的基础上增加引申义“人类生存依赖物”的义项，则“吃饭”就可以不收入词典；如果不单立引申的义项，“吃饭”就必须收入词典。而如果字的义项定下来了，一个字组是否为词，就取决于其成分字与字组整体的对应是否算短语规则。若算，则该字组及其他同类对应的字组固然就是短语了，但与此同时，与之成分字序列相同而整体语法－语义类或功能类不同的字组就只能是词。怎样处理合算，需要认真斟酌。总之，三个因素有两个确定了，另一个也就随之确定了。汉语的词典，只能附属于一本好的字典（中国传统一贯如此），并依赖于一本好的语法（至今还没有。母语者可以利用未外显化的母语者的知识作为补充，但这可苦了计算机和外国人）。本文选择《现代汉语词典》作为确定字义的依据，拟通过对短语规则的确定达到词与非词的确定。3)字组是否符合短语规则,并不是只有是、否两极状态,而是呈程度高低不同的连续状态。本文在力图给出短语规则的同时,也力图给出确定字组规则性高低的尺度。

四　与成词有交涉的两字复合短语规则

为缩小讨论范围,本文打算仅以两字组为例,说明短语规则中与成词多有交涉的若干小类跟词与非词的制约关系。具体的做法是,对于某一短语结构类型,首先确定该类型的哪些小类与成词交涉较少(较多参考了陆志韦 1957),排除它们。然后描述那些与成词多有交涉的小类的规则。规则包括,成分字序列与短语结构类型在功能类(形式)、语法－语义类(意义)两方面的对应及短语结构类型的 a、b、c 三级鉴别式。鉴别式 a 是某类段在更大的上级结构中应有的最基本的功能,如定中短语应能受数量词的修饰等。鉴别式 b 是某类短语最基本的有限扩展式,如述补式的"AB→A 得 B/A 不 B"等。鉴别式 c 是某类短语普遍具有的自由扩展式。凡可以按 c 式扩展的字组都可以插入其他成分无限扩展下去。再往下我们列出一些两字组并利用 a、b、c 三级鉴别式及字组义是否等于"字义＋结构义"来判断它们是否成词及成词性的高低。共分了五个大类:

词(－a－b－c 或＋a－b－c 但有附加词汇义)

离合词(－a＋b±c 或＋a＋b±c 但有附加词汇义)

准词(＋a±b－c 且无附加词汇义且惯用式凝固)

类词短语(＋a±b－c 且无附加词汇义且句法式凝固)

自由短语（+a+b+c）

我们把同属+a±b-c的字组又分为准词和类词两大类，因为字组的不能自由扩展有的是受多层短语规则制约的最内层短语，同小类所有成员的搭配都是如此，属句法式凝固。如“猪肉”与“虎肉”。另一类凝固则与短语规则无关，同小类其他成员的搭配扩展自由，而个别成员的搭配扩展不自由，因而是词汇性的凝固。可对比“植树”（凝固）与“种花”（可扩展）。词与离合词的大类之下，我们又按字义的结合方式区分了“无词汇附加义”、“有语法转指义”、“有词汇附加义”等小类，它们的成词性高低明显不同。短语中还有类词性高低的问题，我们将在第七小节中讨论。

下面我们分别看看各类短语的规则。

1. 主谓短语

就两字组而言，“名+及物动”不是完整的结构，与成词极少交涉。状态词谓语则全是多音节的，且一般有“的”标记。所以与成词有交涉的两字组主谓短语主要是下述小类：

功能类：名+{不及物动作动、状态动、性质形}→主谓短语（不与任何字类同功能）

语法语义类：实体+{活动、状态}→事件（需加事态助字才能构成判断）

鉴别式（以AB代表所测试的两字组）：

a. X的AB，且*很AB，且*不AB，且*数量AB，且*AB名

b. AB→A是B（了）

c. AB→AXB（X≠是）

例如：

主谓短语（+a+b+c）：马跑、鸟飞、人躺、/饭熟、酒醒、人死、/眼小、花红、河深、碱大

类词短语（+a±b-c且句法式凝固）：无

准词（+a±b-c且无附加词汇义且惯用式凝固）：无

离合词：1）（-a+b±c且无附加词汇义）：头疼、眼花

2）（+a+b±c但有附加词汇义）：眼红、嘴硬、命薄、脸嫩

词（-a-b-c）：

1）语法转类：地震（名动）、便秘（名动）、资深（区别）、年轻（形）

2）语法转指：库存（AB→所AB）

3）有附加词汇义：海啸、眼红、气喘、霜降、夏至、气粗、肉麻

4）结构关系不明[①]：公主、月亮、糖稀

2．述宾短语

述语的小类很多，如动作动词、存在消失动词、心理动词、“有”动词等。同时还有二价、三价之分。宾语也有体词性的（一价或二价）、谓词性的等分别。其中许多小类语两字组与成词问题无涉。本文未及对所有小类的规则进行清理[②]，下面只谈其中与成词交涉最多的一个小类：

---

① 这些词归入某一类结构，根据的是专家的研究成果。只要中等文化程度的人已经意识不到专家所研究出的词源结构，本文就归入“结构不明”。下同。

② 笔者的《从与自由短语的类比看“打拳”、“养伤”的内部结构》（王洪君1998）讨论了更多小类，该文本书收录。

功能类：二价及物动+名 →不及物动

语法语义类：动作+实体→活动

许多研究指出，宾语与述语的语义关系多种多样，宾语可以是述语的对象、结果、目标、工具、地点等等。我们注意的是[①]，不管语义关系如何分歧，述宾格有更抽象的统一的结构义。从功能上看，述宾字组与其中动字的句法组配能力不同。如“吃饭”、“吃食堂”、“吃大碗”均不能再带宾语（参看吴为章 1993）。从语义上看，它们都表一种特定的内向的活动。

鉴别式：

a. 不AB，且*很AB，且*带宾语

b. AB→A了B了，或AB→A数量B

c. AB→B（被）A了，且AB→A数量B→数量B

例如：

述宾短语（+a+b+c）：担水、造船、拔草、耕地、走路、种地、做梦

类词短语（+a+b−c且句法式凝固）：无

准词（+a±b−c且无附加词汇义且惯用式凝固）：植树、造谣

离合词（−a+b−c，或+a+b−c且有附加词汇义，或成分字序列不合）：

1）成分字序列不合的特殊构词法：放学、打赌、退押、接生、

① 更详细的论证也可参看《从与自由短语的类比看“打拳”、“养伤”的内部结构》（王洪君 1998）。

讲和

2)成分字序列不合的语法结构错析：游泳、游行、洗澡、鞠躬、小心、小便

3)有附加词汇义：理发、修脚、谢幕、嚼舌、散步、生气

词(±a－b－c,或成分字序列不合)：

1)－a,有语法转类：炖肉、烙饼、存款(所A之B)/绑腿、顶针、围脖(所以AB者)/管家、监工(AB者)

2)成分字序列不合的特殊构词法：醒目、灰心("不及物动/形＋名→使动式述宾结构"是上古时的自由短语规则,现代汉语已失去类推能产形,变为构词规则)

3)有附加词汇义：动员、关心、列席(及物动),司机、知音、拼盘(名,语法转指加特殊词汇义)/败血(区别)/越轨、抬杠、反水、挂齿、削发(＋a,不及物动)

3. 述补结构

述补结构中的状态补语、可能补语、程度补语等类型必须加"得"、"不"、"了"等结构虚字,肯定是短语,与成词无涉。下面只讨论与成词有交涉的动趋、动结两小类。

功能类：双限动词＋{趋向动、非自主点动、状态动、形容}→后限动或点动

语法语义类：动作动词＋{位置、趋向、状态、性质}→达成动词

许多研究指出,动结式补语的语义指向复杂,有的指向主语,有的指向宾语,有的指向动词本身。然而不管指向哪个成分,动趋、动结式都有更一致的功能义和结构义。述补字组整体

与其中的动字的内部时间过程结构不同(参看郭锐 1993)。字组整体相当于没有动作起点的达成动词,如“搬来了”、“搬累了”只表动作结束后的状态;字组中的动字则是有动作起点的动作动词,如“搬了”可以表动作正开始也可以表动作已经结束。动趋、动结式字组整体与无动作起点的单字“灭、醒、死、塌”大致相当。

鉴别式:

a. 不 AB,且 *很 AB,且 *“+了”表开始

b. AB→A 得 B / A 不 B

c. 1)AB→AB 来/去(B≠来/去),或 AB→A 趋向动 B(B = 来/去),(适用于趋向 B)

2)AB→A 得 副 A,或 AB→A 得 BB 的,或 AB→A 得 B 不 B,(适用于状态性质 B)

例如:

述补短语(+a+b+c):搬开、躲进、走出/气病、蒸熟、放正、飞远、晾干、洗累

类词短语(+a+b−c且句法式凝固):踩灭、扑灭、改完、看透、看穿、折断、打倒(本义)

这些字组都是补语为非自主点动字的小类,其成员一律只有扩展式 b,没有扩展式 c。因而是句法式凝固。该小类字数量有限,可全列举。目前想到的有“完、翻、倒、透、定、穿、惯、灭、醒、断、到、成、住、死、丢、掉、裂、塌”。

准词(+a+b−c且无附加词汇义且惯用式凝固):离开

离合词(+a+b−c且有附加词汇义):打倒(喻)、推翻

（喻）、析出

词（±a－b－c）：

1）无词汇附加义：毁灭、消灭、延长、改进、标明、订正、缩小/支出v

2）有词汇附加义：刷新（＋a）/立正（－a）/支出n

3）语法结构不明：漂亮、垂直

4.联合短语

功能类：X＋X→X'（除量度配合上不同于成分字外，其他功能与成分字相同）

语法语义类：X＋X→X'（同上）

鉴别式：

a.1）*数个体量AB（适用于名性AB），2）*很AB（适用于形容词性AB），3）*不AB（适用于动性AB）

b.AB→A和B，A或B，A且B

c.AB→BA

鉴别式a表示联合短语与其成分字在与表度量的成分的配合关系上有不同。如：一只鸡、一只鸭、*两只鸡鸭、*一只鸡鸭，很轻、很软、*很轻软，不跑、不跳、*不跑跳。其中动字联合式的鉴别式“不”不是很理想。

例如：

联合短语（＋a＋b＋c）：床、柜（都有）/（二嫂的豆腐）白、香、嫩

类词短语（＋a＋b－c且句法式凝固）：大小（本义）、左右（本义）、正误、曲直（本义）、冷热、咸淡、死活（本义）、出

入(本义)

凡成对的单音节反义字并列,均表其整个上级义域,均可加"和"(尽管一般不加),均不允许其他插入和换位。所以是句法式凝固。

准词(+a+b-c且无附加词汇义且惯用式凝固):钟表、书报、钢铁/白胖、香甜、麻辣、甜嫩

这一类是近义并列,与上一类的区别是不可加"和"。

离合词(-a+b c且无附加词汇义):说笑、打闹(限动字?)

词(±a-b-c):

1)-a无词汇附加义:风沙/修剪、裁剪/红润、冗长、深长

2)有语法转指义:开关(所以AB者)/经理、顾问(AB者)

3)有词汇附加义:+a笔墨(喻)、粮草、河山、拳脚/-a矛盾、牙齿、眼睛、坟墓、?体面/产生、转折/宽大(喻)、圆滑/东西、左右(喻)、出入(喻)

4)语法结构不明:顾问、体面、温存、治安

5. 偏正短语

(1) 状中式

状中式是一种向心结构,可以反复套用形成多重状语。如表时间(时间词、在字短语)、地点(处所词、在字短语)量词(动量短语)、有关参项("把、被、对、关于"短语)及否定、范围、频率、状貌、方式(副、形或"地"字短语)等。其中有虚字标记的状语和最外层的时间、处所状语与成词基本无涉,下面只讨论剩下的与成词有涉的小类:

功能类:1)副+形→形

2){副、形}+动→动

语法语义类:1){否定、程度、范围、状貌}+性质→具体量化了的性质

2){否定、程度、范围、状貌}+动作/状态→具体量化了的动作/状态

鉴别式

a. 不AB,且*数-名量-AB

b. 1)AB→A不B(适用于程度、范围A),2)AB→AA地B/ A然B(只适用于部分情貌AB)

c. AB→AXB(X≠不/地/然)

"A不B"可鉴别出相当部分的程度范围状语的状中短语,如:"很好→很不好"、"最好→最不好"、"都去→都不去"等等,但似乎还不能算状中式特有的基本扩展式。AA地B/A然B则适用面不是太宽。上面所列的状中式的b类扩展式还不太理想。

例如:

状中短语(+a+b+c):曾有、不说、早睡、常做、白说、很打/很好、不红、常红

类词短语(+a+b-c且句法式凝固):大笑、直喊、空等

这些字组的前字属于一个封闭的小类:表一种虚化的状貌,在这些前字的其他义项上可有"AA地"的派生形式,在该义项上没有。

准词(+a±b-c且无附加词汇义且惯用式凝固):冒进、渐

进、突进、密植

离合词（－a＋b－c，或＋a＋b－c但有附加词汇义）：无

词（±a－b－c）：

1）＋a，成分字序列不合：笔直、手谈、鸟瞰、口授（这一类属于“名＋动/形→状中”配列，在古汉语是自由短语性质的，其中的“名”做状语表状貌、工具等。同样的语义关系在现代汉语中的短语规则需用介字字组表示。如“像笔一样直”、“用手谈”，不加介字则成为一种不可类推的构词规则）/ 金黄、杏黄、石绿、月白、枣红（事物＋颜色形→颜色区）

2）－a有语法转类：总管、总理、相好、先生、杂烩、大白（AB者）

3）－a有附加词汇义：跃进、大寒

4）－a有附加词汇义且成分字序列不合：韭黄、乡谈、眉批

5）语法结构不明：?通知、?生平、?顾问、?糖稀

（2）定中式

定中式是比状中式递归性更强的向心结构。已有的研究表明，多个定语与中心语的关系亦有松紧的不同。领属性定语（人称代词或“的”字短语）一般套在最外层。同位（“的”字短语）、数量（数量短语）、指称（指示代词）、状貌（“的”字短语、状态词）次之。以上定语成分一般有虚字或封闭词类成员标记，多与成词无涉。与成词有涉的是没有标记的、与中心语关系较紧的如下小类：

功能类：{形、不及物状态动、名、区别}＋名→名

语法语义类：{性质、用途、质料/整体/其他相关物、类别}＋

实体→受了限定的实体

鉴别式

a. *不AB,且数量AB→数量B

b. AB→A的B

c. AB→AXB(X≠的)

例如:

定中短语(+a+b+c):

臭肉、绿叶、好花、热饭/熟瓜、死鸟、枯树/布鞋、皮衣、木屋

类词短语(+a+b-c且句法式凝固):

猪肉、狼肉、鸡蛋、雁蛋/公鸡、母牛、男人、金表

准词(+a±b-c且无附加词汇义且惯用式凝固):无

离合词(-a+b-c,或+a+b-c但有附加词汇义):无

词(±a-b-c或成分字序列不合):

1)+a,成分字序列不合:炖肉、烙饼、赔款(及物动词+名,所A之B)

2)+a且有附加词汇义:马路、铁路、军舰、飞机、商店、吊车、尖刀

3)-a,有附加词汇义:大家、小鞋、主笔、电池

4)语法结构不明:马快

+a的偏正字组是向心性的,其中心字与字组整体的功能相同(包括受量词修饰的能力),语义的上位概念也一致。其规则性大大高于非向心的字组(-a的偏正式及+a的主谓、述宾、述补、联合),这对成词性高低的影响颇大。

以上是与成词有交涉的若干复合短语规则,及运用这些短

语规则确定词与非词的实例。上面各类都附有一些结构不明的字组。其所以分附在各类之后，有的是因为曾经有人这样归过，有的是因为按成分字的序列应归属该类。这些字组从语源上说往往确实可以归入某个结构类，但从现在来看结构关系已经模糊，很难说应该归入哪一类短语，不如不硬性归类。另一些字组，如两字只有语音关系的“垃圾、沙发”，搞不清是语音关系还是语法关系的“冬烘”，有一定规则但不可全类推的构词特有结构“车辆、人口、纸张”(可对比“*猪口、*桌张”)及构造规则不甚明朗的“生平、伤寒、感冒”等，都不如不与某类复合短语靠挂。

我们同意刘叔新(1990)的以下意见：凡构词规则均与短语规则有不同。但对于那些在整体功能或扩展功能或语义结合方式等方面明显地可以与短语规则类比的结构方式，是否需要像刘(1990)那样另起一套新的术语，我们认为各有利弊。本文未另用新术语。

五 虚字字组、附缀字组、类名字组

上节讨论的两字的复合短语与复合词，都属于两个组合位置有大致相当的替换能力的类型。本节讨论另一种情况：一个组合位置上有一个固定不变的成员，另一个组合位置上有许许多多可替换的成员。这种情况又可以分为三个次类，短语性和成词性的高低亦有不同，下面分别讨论。

虚字字组 虚字字组的特点如下：1)虚字总数有限，容易穷尽列举。2)与虚字相配的另一组合位置上的成员可以用规则完全控制。它或者是某一类或某几类词的全体成员，或者是某一类某几类短语。3)虚字字组很容易插入扩展，扩展的长度很自由且可以插入其他虚字字组。如，把猫→把妈妈最喜欢的猫（中间插入了“的”字字组）。总之，虚字字组是自由度非常高，规则性非常强的短语。

附缀字组　附缀字组的特点如下：1)附缀成分较难穷尽列举。2)与附缀相配的另一组合位置的成员有的可以用规则控制（如，第＋数字字组→序数字组），有的不能（如，“鸡儿”但“*鸭儿”）。3)扩展不自由。与附缀相配的成分有的有音节限制（如，与“子、儿、头”相配的成分不超过3音节），有的虽然没有音节限制，但不能插入虚字字组（如，“普及化→*音乐的普及/化”）。由于扩展不自由，所以附缀字组都有成词性。其中，有音节数限制的（也同时都是不能用规则控制的）附缀字组成词性很高，是典型的词；没有音节数限制的（其中有能用规则控制的、也有不能用规则控制的）附缀字组成词性很低，有些像类词短语。

类名字组　类名字组是我们新立的一个类，用来指能用“什么B—AB”做问答且“AB≠A的B”的词组（如“鲤鱼”）。按A与B的语法·语义关系，这些字组属于定中结构，但许多定中式不能用“什么B—AB”做问答（如“商店”）。从下述特点看，类名字组很像附缀字组：1)在后一位置的成员确定的条件下，前一组合位置的可替换成员极多。2)前一成分决定整个字组较具体的语义，后一成分决定较抽象的语义。如鲤鱼、鲫鱼、甲鱼、平鱼、乌贼鱼、胖头鱼……，马裤、筒裤、西服裤、工装裤、灯笼裤、萝卜裤……，财迷、球迷、老婆迷、计算机迷……。“分类名（或分类特征)+大类名→小类名”是汉族人最常用的、能产性极强的构词法。由于母语者都很了解这种构词法，所以遇到从未听到过的新词，也能根据后字猜出该词的语法功能及上位概念。为使这种知识外显化，建议把该类字组另立一类，作为复合字组与派生字组的中间类。词典中应把各种类名也作为后缀形式收做词条，如“X店：专售X类商品的商店，如五金店。”这样可以较灵活地适应当今人工产品不断翻新的商品化时代。类名字组的成词性与有词汇附加义的定中式字组(如“商店”)大致相当。

六　两字组成词性、类词性综述

前两节我们提出了一些判断成词性或类词性高低的标准，下面我们先看看这些标准对成词性、类词性的影响大小及其运用的次序，再列表表示两字组成词性、类词性的高低。若以“＞”表示成词性的大于关系，则对两字组成词性有影响的诸标准的层次如下所示：

1) 无语法·语义结构的＞有语法·语义结构的

2) 有语法·语义结构者，

结构关系不明的＞不规则附缀的＞复合结构清楚的

3) 复合结构清楚者，

a.“字组义≠成分义+结构义”的＞“字组义=成分义+结构义”的

b. 规则不可全类推的＞规则可全类推的

c. 不能自由扩展的＞能自由扩展的

4）“字组义≠成分义+结构义”者，

非向心结构的＞特殊构词法的＞向心结构的

5）“字组义=成分义+结构义”者，

整体功能不合短语规则的＞整体功能合短语规则的

6）非向心结构者，

有词汇附加义的＞无词汇附加义的

7）不可自由扩展且4）—6）选择相同者，不可扩展的＞可有限扩展的

8）整体功能合且不可自由扩展者，

惯用凝固＞词法凝固＞句法凝固

9）词法句法凝固者，

可替换字少的＞可替换字多的

10）可替换字多者，

出现频率高的＞出现频率低的

以上标准有一些是更重要的。

规则可否全类推（两个组合位置上都有成类的可替换成员），是区分词法规则和句法规则的关键：规则不可全类推的字组本质上是词，可全类推的字组本质上是短语。

字组义是否等于字义加结构义，是母语者所用语文词典是否收录的关键：字组义不等于字义加结构义的必须收入词典，是典型的词；反之则词典可以不收录，是准词。

扩展自由，是典型短语的特点。如果扩展不自由，即使可以用可完全类推的规则控制（本质上是短语），也不是典型的短语，我们称之为“类词”。

依据上述原则，两字组的成词性高低可表示 4 大类 24 小类。见下面的表一：

表一 两字组成词性高低及词、准词、类词、短语分类表

<table>
<tr><td colspan="9">无线性语法语义结构：甪甪、峥嵘/知了、轱辘/劈啪、啪啦/妈妈/袅袅/沙发</td><td rowspan="12">词</td></tr>
<tr><td rowspan="23">有线性语法语义结构</td><td colspan="8">语法语义结构类型不明：冬烘、慷慨、/漂亮、马快、月亮、公主、生平、体面、温存</td></tr>
<tr><td rowspan="22">语法语义结构类型清楚</td><td rowspan="10">字组义≠字义+结构义</td><td rowspan="13">规则不能全类推</td><td rowspan="20">不能自由扩展</td><td rowspan="7">非向心</td><td colspan="3">不规则附缀字组：花儿、玩儿、锯子、园子、斧头、看头、阿姨</td></tr>
<tr><td rowspan="2">有附加词汇义</td><td colspan="2">不可扩：霜降、动员、司机、反水、立正、粮草、韭黄、小鞋</td></tr>
<tr><td colspan="2">有限扩：眼红、嘴硬、谢幕、嚼舌、生气、打倒</td></tr>
<tr><td colspan="3">语法结构错析：游泳、登记、游行、洗澡、鞠躬、小心、大便</td></tr>
<tr><td colspan="3">有语法转指义：库存、支出、烤肉、绑腿、顶针、开关、管家、总管</td></tr>
<tr><td rowspan="2">特殊词法</td><td colspan="2">车辆、人口、纸张、船只/架次、人次、辆次</td></tr>
<tr><td colspan="2">笔直、手谈、口授、函授/桃红、湖蓝、草绿、金黄</td></tr>
<tr><td rowspan="3">向心</td><td colspan="3">非类名后字：马路、军舰、商店、工厂、吊车、机床</td></tr>
<tr><td rowspan="2">类名后字</td><td colspan="2">a. 鲤鱼、啤酒、芹菜、杨树、菊花</td></tr>
<tr><td colspan="2">b. 甲鱼、白酒、毛笔、筒裤、财迷、西化、奴性、画家</td></tr>
<tr><td rowspan="12">字组义≠字义+结构义</td><td rowspan="2">整体功能不合</td><td colspan="3">不可扩：地震、便秘、资深、年轻、起草、风沙、修剪、红润</td><td rowspan="3">准词</td></tr>
<tr><td colspan="3">有限扩：眼花、肚胀、说笑、打闹</td></tr>
<tr><td rowspan="10">整体功能合规则</td><td colspan="3">惯用式凝固：植树、密植、离开、钟表、书报、白胖、麻辣</td></tr>
<tr><td rowspan="9">规则能全类推</td><td rowspan="3">词法式凝固</td><td colspan="2">可换字少：初一……初十</td><td rowspan="7">类词</td></tr>
<tr><td rowspan="2">可换字多</td><td>高频：第一、第二</td></tr>
<tr><td>低频：第十、阿张、老张</td></tr>
<tr><td rowspan="4">句法式凝固</td><td rowspan="2">可换字少</td><td>高频：看见、扑灭、大小、左右、笔尖、桥墩、锅盖</td></tr>
<tr><td>低频：碰见、踩灭、冷热、咸淡、锹把、桶盖</td></tr>
<tr><td rowspan="2">可换字多</td><td>高频：猪肉、鸡蛋</td></tr>
<tr><td>低频：狼肉、雁蛋、写完、空等、大喊、直哭</td></tr>
<tr><td rowspan="2">能自由扩展</td><td>自由复合</td><td colspan="2">马跑、饭熟、眼小、担水、造船、拔草、搬开、气病、飞远、早睡、不去、快走、常绿、我家、活鸡、绿叶、臭肉、木屋</td><td rowspan="2">短语</td></tr>
<tr><td colspan="3">虚字字组：我的、“啪”地、看了、被他、把笔、狗呢、好吧</td></tr>
</table>

表一反映了两字组成词性的高低。词典编纂者可以参考该表的分级：

准词以上（含准词）都是不能用规则完全控制的字组，除个别使用频率极低的以外，大型词典应全部收入。

为母语者服务的小型词典，则应着重考虑字组义是否等于字义加结构义的标准。也即，可以不收准词，只收词。

对于计算机及非母语者来说，类词性高的短语最好也收入词典。类词性的高低与表一所列成词性的高低不完全相同，类词性高低首先取决于可替换字的多少，其次是字组整体的出现频率。词法凝固还是句法凝固则几乎可以不考虑。下面的表二列出本质上属于短语的字组的类词性高低渐变阶，其中的类词性高的类词都可以收入计算机用或非母语者的字典，自由短语则不必收入任何一种词典。

表二　两字短语的类词性高低

<table>
<tr><td>可换字少</td><td>词法凝</td><td colspan="2">初一……初十</td><td rowspan="4">类词</td><td rowspan="7">类词性高
↕
类词性低</td></tr>
<tr><td>可换字少</td><td>句法凝</td><td rowspan="3">高频</td><td>看见、扑灭、大小、笔尖、桥墩</td></tr>
<tr><td>可换字多</td><td>词法凝</td><td>第一、第二</td></tr>
<tr><td>可换字多</td><td>句法凝</td><td>猪肉、鸡蛋</td></tr>
<tr><td>可换字少</td><td>句法凝</td><td rowspan="3">低频</td><td>踩灭、碰见、冷热、桶盖</td><td rowspan="3">短语</td></tr>
<tr><td>可换字多</td><td>词法凝</td><td>第十、老张</td></tr>
<tr><td>可换字多</td><td>句法凝</td><td>写完、狼肉、雁蛋、大喊、直哭</td></tr>
</table>

七　余论

本文提出，汉语中字是基础的语法单位。词的切分只能从字和字组出发，先找出字与字完全规则地、递归性地自由组合的短语规则，再用短语规则来检验字组，以排除法确定词。本文对汉语中与成词有交涉的两字组短语规则试做了描述，并力图利用它们来确定两字组成词性及类词性的渐变阶。

本文所做的工作还是初步的、不成熟的。如，与成词明显有交涉的“有”、“发”及存现动词的述宾短语规则还没有做，个别鉴别式还不够有力，词法专用的规则发现得很不够，等等。但我们希望，这些初步的工作能够显示我们设想的可行性，从而把今后研究的注意力吸引到短语规则的描写和字与词的小类划分上来，争取早日实现以成分类的序列控制短语类型的目标。

参考文献

郭　锐（1993）汉语动词的过程结构，《中国语文》第6期。
刘叔新（1990）《汉语描写词汇学》，商务印书馆。
陆志韦（1957）《汉语的构词法》，科学出版社。
王理嘉（1998）普通话音位研究中的几个问题，《语文研究》第3期。
吴为章（1993）动词“向”的札记，《中国语文》第3期。
徐通锵（1993）第七届中国语言学会年会论文，待刊。
赵元任（1975/1992）汉语词的概念及其结构及节奏（中译），收入《中国现代语言学的开拓和发展》，清华文丛之四，清华大学出版社，1992。

补记

该文发表于1994年3月，是我第一篇关于词法的文章。但文中基于字的思路却是源自我对音系学的研究。

早在读研究生期间，我就对儿化、Z变等汉语词法现象发生了兴趣，收集了当时能够找到的所有的儿化、Z变韵材料，并根据共时差异整理出了它们的历时研究过程。1990—1991年，我在MIT旁听了两个学期音系学和高级音系学课程，加上1991年美国暑期语言学班的两门音系学课程，使得我对儿化、Z变等合音构词法和嵌l、切脚、双声叠韵等叠音构词法有了更深入的认识：以上这些所谓单音节多义词或多音节单义词，其实都是从一音节一义的单字派生而来的，汉语中一音节一义的小单元才是基本单位！我通过学习和思考我还意识到，生成派与结构主义最大的不同，生成派之所以能够取代结构主义，不在于通常所说的结构主义讲音位而生成派讲特征，而在于生成派强调音系的分析必须兼顾词法句法，句法的分析必须兼顾句义。虽然那时我还没有达到“有跨层面关联的单位是语言的基本单位”的理论高度，但汉语词法分析应该以字和字组为基点的想法，在1994年之前就已经形成了。语音构词方面的证据，可参考本文集也收录的“汉语常用的两种语音构词法”一文。那篇文章的用时更多，写成也要早得多，但发表出来却比这篇文章略晚。

本文的结论存有缺陷。这就是，鉴别词和短语的标准仅仅是句法语义的，没有考虑韵律，当时笔者还没有“汉语韵律词”这一概念。

值得庆幸的是，正是由于这篇文章引起了信息处理学界的重视。从1997年开始，承蒙时任北京工业大学人工智能所所长的宋柔教授邀请，我曾多次参加他指导的硕士生的论文答辩，近距离实际了解到汉字繁简转换、汉字文本的自动分词等多项信息处理工作的难点和计算机学界的处理思路。后来我和我的研究生梁源于1998—1999年又参加了宋柔教授主持的863课题的一个子课题的研究，负责探讨解决大量两字组进入分词词库后给自动分词带来的歧义切分问题(研究成果见本书收录的梁源、王洪君1999《二字短语凝固度分级初探》)。这些合作大大开阔了我的视野。一方面使我了解到统计性倾向在语言中的重要性，另一方面使我更坚定了汉语词法研究应该以字为基点，同时也切实认识到了“两字”“三字”小单元在汉语中的重要性。

冯胜利(1997)的《汉语的韵律、词法与句法》明确提出汉语“韵律词”这一概念，并明确提出汉语韵律词的定义是“音步”，“汉语的标准音步是两个有调音节”，“三音节是一个超音步”，等等。这使得我之前已经切实感到的“两字”“三字”小单元，有了合适的语言学术语。

之后，我被推举为中国语言学会语音学分会的副主任，这一工作使我有大量机会接触与汉语语音信息处理，特别是与“文本到语音自动转换”(简称 TTS)相关的研究。参加宋柔教授工作的所得在这时开始激发出新的效果，我把语流中两字是否有两可切分的思路推广到韵律方面，把朱德熙先生黏合与组合两类语法结构的观念与其韵律表现对应起来，于2000年提出了汉语韵律词更准确的定义(见本书的《汉语的韵律词和韵律短语》),并进而提出了与汉语韵律词和韵律短语密切相关的、语流中动态节奏单元自动切分的新方案(见本书的《普通话中节律边界与节律模式、语法、语用的关联》)。

2001—2004年蒙清华大学孙茂松教授邀请,我和我的学生富丽、博士后董秀芳先后两次参加了他所主持的《现代汉语计算机用分词词典》的研发工作,对于什么是汉语的“词”这一问题有了更多的体验。

众多新的研究之后再回过头来看1994年的这篇文章,大的思路和结论都还是站得住的!仅根据句法语义的限制得出的词、准词、类词都是汉语者心目中的词,也都是汉语的韵律词。需要修正的只有一小点:文中归为自由词组的那一类中,还要根据它们在更大的上下文中是否可能从韵律上拆开而分为两类:“狼肉”、“大喊”、“气病”、“担水”等,在韵律上从不拆开,语法上是前后成分字可替换率相近的凝固字组,应该归为语法上的类词、韵律上的韵律词。只有“指代/数量+定”(如“这书”“俩饼”)、“外围副词(时间/频率/范围/否定/程度)+形/动”(如“曾想”“刚走”“全对”“也去”“不去”“很好”)、“助动/心理动+及物动”(如“要去”、“敢说”)等类型的两字组,语法上前字的替换率大大高于后字,韵律上只要前后接成分的音节数目不同就可能拆开,它们才真正是自由短语,不论语法上还是韵律上。

从与自由短语的类比看“打拳”、“养伤”的内部结构*

提要　本文考察自由述宾短语和自由状中短语的形式特点和结构义构成规则，并从形式、意义、历史状况三个方面将短语规则与“打拳”等复合词的内部结构进行对比，发现这些复合词的内部结构自产生伊始就与述宾短语有可类比性，而与状动或动状短语的性质全然不同。考察结果不支持李行健先生(1982)和一些学者所持的动－状结构(逆序状中)说。

汉语的多音词大多是复合词。汉语绝大多数复合词的内部结构与短语的内部结构有可类比性(参看周荐 1991)，因此，我们可以通过与自由短语结构的类比来确定绝大多数复合词的结构类型。为讨论的问题集中，下面用通行的短语结构名称(状中、述宾等)讨论“打拳”、“养伤”的内部结构。需要申明的是，这并不意味着我们认为复合词的结构性质与短语完全相同。

1980 年代之前，“打拳”和“养伤”一直被认为是述宾结构(或称“支配式”)，直至李行健先生(1982)提出新的看法。李先生认

*　本文原发表于《语文研究》1998 年第 4 期 1—11 页。初稿曾蒙学友郭锐提出宝贵意见。

为它们应该是动-状结构(或称逆序状中)。这之后,不少有影响的研究构词法的论著也采用了这样的处理,有的还进一步设立了逆序定中、逆序主谓等结构(如周荐 1991)。笔者感到这一意见还可再商榷。下面把我们的思考写出来,就教于方家、同行。

李先生提出应该从形式与意义统一的角度观察构词结构,提出构词结构中可能有古代句法结构(本文一律称短语结构)的遗留,这些大的原则我们十分赞同。下面就分别从这几个角度重新考察“打拳”等词的内部结构。另外,周荐(1991)归入逆序状中的“打围”、“洗三”等也将顺便论及。

一 述宾和状中的形式比较

从形式上,李先生首先给出了下面的变换矩阵。右栏的“打人”、“养花”是一般公认的自由的述宾短语,左边是结构待定的复合词(为例证更典型,我们将原例中词义历时变化太大的复合词“打仗”换成了“打拳”):

打拳	打人
打一趟拳	打一次人
把拳打	把人打
用(以)拳打	*用(以)人打
养伤	养花
养一次伤	养一盆花
把伤养	把花养
因伤而养	*因花而养

李先生认为左右两栏的变换不同，因而"打拳"等不是述宾式。我们认为，以上变换是不是足以从形式上鉴别述宾和状中，还需从以下几个方面进一步斟酌：

(1)变换式的选择是有层级性的。有的变换式具有足以确认、或足以排除述宾结构的能力，而另一些变换式只有区分述宾之下小类的能力。李先生矩阵中左右两栏的差别其实只在于"用/以 NV"和"因 N 而 V"这两个变换式，这两个变换式属于哪一层级的变换式呢？

让我们先来看看一般公认的自由述宾短语的内部有哪些小类，它们在变换上有哪些不同(可作为小类区分的依据)，又有哪些相同(可作为归为述宾的依据)。

下面是马庆株(1987)根据宾语与动词的不同语义关系为述宾结构分出的主要小类(与本文无关的与夺、数量、虚指等宾语小类未列入)：

客体宾语：喝酒、擦桌子、运行李、批评小王

主体宾语：来客人、生了绿苔、响起掌声、死了父亲、坏了俩牙

致动宾语：滚铁环、绿化祖国、急人、方便顾客

工具宾语：踢腿、射箭、过秤、吃火锅、盖油毡、试温度表、打棍子、跳皮筋儿

方式宾语：唱小生、写仿宋体

表称宾语：是教授、中状元、认干娘、算好汉

结果宾语：写信、绣花、做鞋、选干部

对象宾语：尊敬师长、关心集体、讲究卫生、爱护公物

处所宾语：吃食堂、在学校、教中学、离开唐山

时间宾语：休息星期天、大干红五月、起五更、睡半夜、休冬闲

原因宾语：躲地震（此类据《动词用法词典》补）

各小类都有一些特有的变换式，如“N 被 VP 了”只适用于客体宾语：擦干净桌子了→桌子被擦干净了，关心集体→ *集体被关心了。“使 NV”变换式只适用于致动宾语：绿化祖国→使祖国绿化，关心集体→ *使集体关心；“对 NV”变换式则只适用于对象宾语：关心集体→对集体关心，喝酒→ *对酒喝。李先生用的“用/以 NV”、“因 N 而 V”两式则分别只适用于工具宾语、原因宾语（吃火锅→用火锅吃，躲地震→因地震而躲），而不适用于其他小类。可以看出，这些变换式具有按语义格关系区分述宾小类的能力，但并不具有排除或鉴别述宾结构的能力。

以上各类都被归为自由的述宾短语，不是因为它们有以上各自不同的变换式，而是因为它们都共有如下变换式：①V 了/过 N、②V 数量 N、③VN 不 V。

这些转换式既是述宾结构各个小类共有的，又是主谓结构、偏正结构、并列结构、述补结构所没有的（部分述补也用变换式③）：

主谓：我去→ ① *我 了/过 去

② *我 一个/一次 去

③ *我 不/没 我去

状中：快走→ ① *快 了/过 走

② *快 一个/一次 去

③ *快 不/没 快走

并列：蹦跳→ ① *蹦蹦 了/过 跳跳

② *蹦蹦 一个/次 跳跳

③ *蹦蹦不/没跳跳

述补：飞走→ ① *飞 了/过 走

② *飞 一个/次 走

③ *飞走 不/没 走

因此，从自由短语的情况看，这些变换式才是足以识别述宾结构的鉴别式。复合词“打拳”、“养伤”都适用这些变换（“打了/过拳”、“养了/过伤”、“打一趟拳”、“养一次伤”、“打拳不打”、“养伤不养”），按照形式上的类比原则，它们也应该归入述宾。

(2)结构整体功能的考察。对于形式上的类比来说，内部的变换对比只是一个方面，除此之外还应考察结构整体在上级结构中的功能。在这点上，述宾结构和状中结构也是截然对立的。

述宾短语的突出特点是，①在上级结构中的功能相当于不及物动词。即已有一个实指宾语的述宾结构不能再自由地带实指宾语，前面所列述宾结构的各个小类都符合这一规则。如“浇花”、“浇水”都成立，但“*浇花水”、“*浇水花”都不成立。“吃饭”、“吃食堂”都成立，但“*吃饭食堂”不成立，“吃食堂饭”的“食堂饭”成了偏正的单宾语。②宾语和述语结合关系较紧，状语和动词的结合关系较松。因此状语不能插到述宾之间，即使是所谓的工具宾语、原因宾语，也不允许状语的插入。如：狠狠地踢腿→*踢狠狠地腿、慌慌张张躲地震→*躲慌慌张张地震。

状中结构则相反。不论是状语前置的语言（如汉语）、状语后置的语言，还是状语既可以前置又可以后置的语言（如英语），①状语的添加都不影响动词带宾语的能力；例如汉语普通话的“（拳）打/镇关西”、“（棒）打/鸳鸯”，英语的 She beat him（with a stick）（reluctantly）或（Reluctantly,）（with a stick）she beat him，客家话的“讲少两句话”，闽、粤、赣的“食一碗饭添”等。②状语可以多层次地添加。带介词的工具状语、原因状语、时间状语、处所状语与动词关系较松，属于较外层的状语，在这些状语和动词之间可以插入与动词关系更紧密的、用形容词或副词表示的方式、状貌、程度状语。如：“用腿狠狠地踢他”、“因地震忙忙乱乱地躲床底下了”、She beat him badly with a stick。

复合词“打拳”、“养伤”在以上两点上与述宾短语相同，与状中短语相反：*打拳你、*养伤天年、*打狠狠地拳、*养悠闲地伤。

总之，除变换外，结构整体带宾语的能力，与其他状语换位的能力，也是鉴别述宾、状中十分有效的标准。下面我们还要经常使用这些标准。

（3）变换前后的格式意义只是“相当”，而不是“相同”（朱德熙 1986）。比如述宾 VN 是陈述语气，其变换式 V 不 VN 则是疑问语气。朱还指出，变换的原则是，变换前后的句子必须在低层的语义关系（动词与名词的格关系）上相同，但在高层语义关系（与句子的语法意义相联的语义）有差异。

也就是说，尽管李先生所用 VN→用/以 NV、VN→因 N 而 V 这两种变换前后两边的语义格关系相同，但不能因此就认为它们的结构也相同。变换前后到底是什么结构还得分别考察。

前面我们提出了述宾结构特有的变换式①V了/过N、②V数量N、③VN不V，和述宾、状中的功能鉴别式①状中里的动词可以再带实体宾语，述宾里的动词不行；②状中的工具、原因状语可与其他添加的状语互换位置，工具、原因宾语不行。根据这些标准不难判断，变换前的VN（短语“踢腿、躲地震”或复合词“打拳、养伤”）是述宾结构；而变换后的“用/以NV”、“因N而V”（“用腿踢、因地震而躲、以拳打、因伤而养”）是状中结构。变换前后发生了结构性质的变化。

下面再看看“打围”和“洗三”。这两个复合词较“打拳”、“养伤”更为凝固，中间很难插入其他成分，述宾短语的变换式用于它们似有些勉强：?打了/过围、?洗了/过三、?打一围、?洗什么三、?打不打围、?洗不洗三。这说明它们与自由的述宾短语已有了相当的差别。但是，它们的第一成分都是及物动词，而结构整体却都不能再带宾语。如“打狐狸”、“洗婴儿”，但*打围狐狸、*洗三婴儿、*打狐狸围、*洗婴儿三。两个成分之间之间更不可以中插其他状语：*打痛快围、*洗细心三。从这些基本特点看，它们与述宾结构的类似点比与状中结构的更多。下面我们还会看到，从结构义和历史的角度看，它们也更有理由归入述宾。

二　述宾、状中的结构义比较

述宾、状中等结构一般称之为语法结构。但结构既然有共同的形式体现，也就一定有意义上的共同内涵。本节观察述宾结构的整体结构义。

蒙太古语法曾经给出过“及物动词＋名词→不及物动词”的形式类对应规则，即，述宾结构整体的形式类相当于单个不及物动词。白硕先生在北大的一次沙龙上曾经给出过与这一形式规则相对应的语义规则：动作＋物→活动。笔者在几年前的一篇文章中（王洪君 1994）曾转引过这一意见。那篇文章引起不少同行的兴趣，也引出不少意见：“动作”、“活动”等语义范畴如何定义应该有个可操作的标准；这两个公式不足以概括汉语述宾结构的各种小类。如，“来客人”中的动词不是及物动词，也不表动作，整个短语不表活动。由于“动作＋物→活动”是述宾结构中最大的小类，本文要讨论的复合词又都属于这一小类，所以下面我们主要讨论涉及该小类的语义范畴的定义和构成规则。其他小类我们的研究还不完善，与本文的关系也不大，但为更好地显示范畴规则的思路，笔者已发现的述宾其他小类的一些构成规则和相应的范畴定义，将统一放在本文的附录中。

在这里要提前说明的是，我们的公式中所用的“动作”、“活动”等范畴不是一些文章中提到的根据动词或动词词组内部的时间结构分出的“动相”（phrase）或“情状类型（situation type）”，而是根据［±可控］、主体［±有生］、一价/二价等特征区分出的语义类，与《动词大词典》（林杏光、鲁川 1994）的“他动”、“自动”、“内动”、“外动”等分类接近。这样的范畴义更接近这些术语的日常义，也与四十年代中国语言学家提出的叙事句、描写句、判断句的区别（王力 1944—1945；吕叔湘 1942）有更直接、更密切的关联。

公式中的形式类术语“动词”和“名词”则分别对应于语义范畴的“动状”和“物状”。动状的特点是空间上不单独占位(需附着在名物上),时间上持久性短、离散。物状的特点是空间上有离散占位且在时间上稳定持续(石毓智 1992)。与形容词类对应的语义范畴是“性状”,其语义特点介于动、名之间而与动更接近:空间上不单独占位,时间上的持久性、稳定性长于动状而短于物状。各类鉴别标准见附录。

与本文讨论的复合词有关的述宾小类是述宾中最大的一类,其范畴规则可表示如下:

(1)类述宾结构:可控不自足动+物→可控自足动

①动作(含位移)+物→复杂活动

②简单活动+物→复杂活动

③([+有生]使成)性状、状态+物(非人或人之隶属物)→复杂活动

(1)类述宾是汉语述宾结构中最重要的大类。它们的共同特点一是第一成分都是主论元可控的,二是结构整体都表复杂活动。(1)类述宾与上一节中按宾语的语义格关系而做的分类互有交叉。下面是一些例子(/前后的例子分别为短语和词):

①吃苹果、喝酒、擦桌子、运行李、批评小王/锄奸、组稿(受事宾语)

写信、做鞋、选干部/绣花(结果宾语)

去美国/下海(终点宾语)

②躲地震、避雨/养伤(原因宾语)

①或②跑买卖、打扫卫生/讲和(目的宾语)

吃火锅、试表,跳皮筋儿、踢腿、射箭、过秤/打拳、跳伞、冲喜(工具宾语)

写仿宋体,唱小生、跳探戈/?(方式宾语)

吃食堂、教中学/拜堂(地点宾语)

跑百米/?(度量宾语)

过十一、过大年、大干红五月、尝鲜儿/守岁、熬夜、拜年、洗三(时间宾语)

认干娘/拜师(表称宾语)

③热饭、滚铁环、绿化祖国/?(致动宾语)

先看自由短语。以上各类从宾语与动词的语义格关系看有很大差异,“吃苹果”的“苹果”是“吃”的对象,而“吃食堂”的“食堂”则从某种意义上说是“吃”的场所。但是,只要进入可控动词加名词的配列,“吃苹果”和“吃食堂”就又都表示由“吃”动作所支配的一种复杂活动。要强调的是“吃食堂”并不着重表示“吃”这一动作是在“食堂”这一具体地点进行的,而是着重这是一项食堂作用凸显的特殊的吃类活动。已有学者指出,“小王这几天在吃食堂”并不意味着小王这几天吃饭都在食堂这个地点进行,他完全可能每天都把食堂的饭打回宿舍里吃。把饭打回宿舍吃也叫“吃食堂”,是因为“食堂”在这项活动中作用凸显——它决定了吃的食物来源,决定了小王不用自己做饭。而状中结构“在食堂里吃”则只限定了“吃”的地点必须是食堂。

“躲地震、避雨”的基本义也都是一项活动,在该可控活动中最凸显的事物是动作所针对的事物——地震或雨。其实,我觉得把“地震”、“雨”处理为原因并不很确切。“因地震而躲”、“因下雨而避”是两个事件的事件链，前一事件必须在后一事件之前发生，是已成事件；而“躲地震、避雨”则是一项复杂的、有目的为之的活动，地震、雨可以是尚未发生的可能事件（如“这间小棚可以躲地震、避雨”）。马庆株（1987）未收原因宾语一类，大概也是不认为它们表示的是原因吧。

上述述宾结构的整体功能与可控一价动词中的复杂活动类（“游泳”类）相同：+不、+了/着/过、-很、-宾语、重叠式或“别__”表命令、去那儿干什么——去那儿V。与以上功能相对应，该类述宾结构的意义是表“复杂活动”。由于述宾结构是一种分析形式而可控一价动词是单纯形式，所以（1）类述宾的结构义还可以再进一步细析出成分V和N的贡献：

由可控的动状V主导的、物N的作用凸显的复杂活动

是否属于该类，与动词一价二价无关。如“吃”是二价动词，“跳”是一价动词，但“吃火锅”、“跳皮筋儿”整体都表一种可控的复杂活动。是否属于该类述宾，与宾语的语义格也无直接关系。如同为致动宾语，“热饭”是一项人的可控活动，而“败火”只是物的非可控功能；同为表称宾语，“认干娘”是人的可控活动，“中状元”是人的非可控状态，等等。

复合词“打拳”、“养病”、“洗三”和通常认为很难作语义结构分析的“谢幕”不仅在变换形式上可归为述宾一类，语义上也无疑可以归入上面的（1）类述宾。它们都符合“由可控的动态V主导的、事物N的作用凸显的活动”这一语义构成规则。如“打拳”的基本语义构成为“拳的作用凸显的专项活动”（“打”只表泛

化的动作)，“洗三”为“必须在第三天进行的洗浴活动”，“养伤”为“伤凸显的(针对伤的)调理休养活动”，“谢幕”为“幕布作用凸显的致谢活动”。当然，不少复合词的词义除成分义和结构意义外还需补充一些个体特异的意义(如“三”为“婴儿出生后的第三天”、“洗”为“洗浴婴儿”、“养”为“调理休养”)等。复合词的意义一般不能由成分义加短语规则完全推出。

(1)类中还有一个特殊的附类，可称作(1)'。其语义构成规则为：泛化动状 + 具体动作、行为、状态→活动、行为、状态。例如：

进行研究、进行战争、做手术、做研究、打离婚/打滚、打喷嚏、打围

该附类的特点是动状的具体特点都由后一成分承担，加上前一成分只是为了外显地标明这是个动状。也就是说，我们认为“打围”的基本义并不是“围起来打”，而是“具体动态为合围的活动”(历史的证据参见下一小节)。由于以前的“打猎”都是以“合围”态进行的，所以后来一般特指打猎。由于“打围”的基本义不是“围起来打”，它不能再带宾语(*打围猎物)也就很好理解了。

下面是已发现的另一些述宾小类的范畴构成规则：

(2)类述宾结构：不可控动 + 物→自足不可控动

该类的共同特点是动词不可控，整体范畴义是“状态”。目前发现的小类有：

①气象动 + 气象物→(气象)状态

②存现 + 物→(处所)状态

③状态 + 属物→(物主)状态

④达变 + 状态、性状、物→状态

⑤位置 + 处所→状态

⑥领属 + 具体物→(物主)状态

具体实例如下：

①刮风、下雨、打雷、打闪、发洪水/涨潮、落潮

②来客人、生绿苔/化脓

③死了父亲、折了胳膊、结锅巴、开花/倒嗓、拔节

④发黄、发潮、成灰、到达北京、造成轰动/发疯、生病、成型、拔尖

⑤在学校/在岗

⑥有孩子、没孩子、有两千块钱

该类结构的整体范畴义可细析为：由非可控动状 V 主导的、涉及物 N 的状态。

(3)类述宾结构：心理/关系动(领属、能受类) + 物→性状

该类的共同特点是整体的形式类相当于形容词，整体范畴义相当于“性状”。目前发现的小类有：

①心理态 + 物→性质

②心理动 + 物→性质

③领属 + 抽象物→性质

④能受 + 物/状态/活动→性质/性能

⑤状态(使动义)/致使动 + 人或人之隶属物→性能

具体实例如下：

①热爱祖国、恨叛徒、讨厌英语、喜欢跑步、懂技术/爱

国、懂事

②尊敬师长、讲究卫生、爱护公物、关心集体/敬业

③有理想、有精神、没理想/有钱、有名、无效、无味

④擅长(踢)足球、需要决心、耐寒/耐用

⑤碍手/碍事、败火、动人、寒心、下饭

总之,(3)类述宾的范畴义可细析为:由心理、领属、能受、致使V主导的、涉及物N的性状。

(4)类述宾结构　关系动(类属小类)+物→?

该小类的动词是一般认为的纯关系动词,结构整体从意义上看应是主论元的一种性质特征。但这种性质是只有是否两极的,不能受“很”等程度范畴的修饰。它似乎与任何单纯词的类别都不相同,姑且单立一类。具体实例如下:

是老师、算好汉、叫秀花

分小类研究后,更容易看出它们的共性。

以上4小类的构成规则可总括为:不自足动/自足简单动+物→自足复杂动。

即,进入“动+物”的序列后,其整体动状的可控特征与其中的动词相同,但自足性和复杂性发生了变化。由于动状的大类相同,因此动词可看作结构体的心;但小类又有不同,所以又不完全向心。我们称之为“不完全向心结构”。汉语的述宾结构是前字核心的不完全向心结构。

状中结构的范畴构成规则完全不同。与本文有关的小类可表示为:物+性状/动→性状/动。其中的后一成分可是性质、动作、活动等多种范畴之一,但不论选择了哪种范畴,只要进入了

这一配列，结构整体的动状小类总是与结构中的后一成分一致。前一成分的添加只是在时间、处所、工具、对象、方式、状貌上加一些限制。如“打”是动作，“拳打”是限用某种工具的动作，“围打”是限于某种方式的动作；“洗”是动作，“三洗”是进行了特定次数的动作。正由于整个结构仍然表动作，所以“拳打”、“围打”、“三洗”中的动词与单用时一样可以有自己的宾语。这种配列在现代汉语中已不是自由结构，单名字作原因语的“伤养”现在已不能说。下面以类似结构的“病退”、“因伤而养”替入讨论。“退”原可带处所宾语，前加单名原因语后仍能带处所宾语：“病退家中”。“养”原来就只能带原因、目的等非客体宾语，前加表原因的介词短语后，也还可以再带类似宾语，但音节上要作调节：“因伤而退养天年/因伤而退养家中”。总之，状中结构整体结构的动状范畴与其中的动词一致，是完全的向心结构，汉语的状中结构动词在后，所以是后字核心的向心结构。

“打拳”、“养伤”、“洗三”、“打围”在成分配列和整体义方面与述宾结构基本一致而与状中结构完全不同。

三　历史的考察

李行健(1982)认为，“打拳”、“养伤”是从历史上的动－状结构演变来的。如果的确如此，就有理由把这些词的结构分析为保留古代动－状结构的词法结构。但经过考察我们发现，这些结构小类或者在古汉语中即属于述宾结构，或者在古汉语中尚不存在，后来产生时即为述宾结构。

首先应该注意的是，在讨论结构的成分次序时应该区分有介词标记的结构成分和无介词标记的结构成分两种情况。前者因为有标记，次序不一定与无标记的相同。其次是古汉语中是述宾还是状中也应该有形式的标准来判断，下面我们主要用①能否再带实体宾语和②能否与其他状语换位来鉴别两种结构，中插“了/过”、数量结构等现代鉴别式由于在汉语史上出现较晚，无法作为标准。下面逐词讨论。

(1)“打拳”类，即结构中的名词是工具语的小类。古汉语中工具语可以用带介词“以”的短语（如“以戈逐子犯”、“杀人以梃与杖”）表示，也可以用不带介词的名词成分表示。

古汉语中不带介词的单名词工具语只出现在动词前面，如“车裂商君”、“请剑斩之”。前置的“车”、“剑”的确都是状语，因为动词后还可有实指宾语“商君”和“之”出现。这是一种颇为自由的结构。除工具语外，与之范畴义较为接近的方式语，如果用单名词表示，也要放在动词的前面。如“豕人立而啼”、“马食之”（以喂马的方式喂他）等。而单名词工具语或方式语放在动词后的情况却未见有过报道（如“裂车、斩剑、立人”可能表致动、不可能表工具或方式）。

由于古汉语不存在单名词工具语在动词后的动状结构，所以“打拳”类复合词不可能是古代动－状短语的遗留。

(2)“洗三”类，词中的“三”表示“第三天”，属于时点而不是时段。古汉语中时点语可以用介词短语的形式表达，如“于是日哭”；也可以用单个时点名词，如“八月授衣”。与时段语不同，不带介词的时点语一般都在动词前（作话题语的为多），而不出现在动词后（如 *哭是日、?授衣八月[限用于日程表，时点作谓语]）。只有极个别的动词后可以直接接时点语（“在定王六年”）。“洗”在古汉语中不属于可后接时点语的动词小类，因而“洗三”不可能是古代自由短语结构的遗留。

即使是只有个别动词可以出现的“V+时点语”序列，其性质也与动-状结构相距甚远。状语与中心语的关系较松，因而中心语还可以与其他成分结合（如前面的“车裂商君”）；而“在”从没有这样的用法（*在濮水定王六年），因而“V+时点语”在先秦就是述宾结构，而不是状语后置的状中结构。

(3)“养病”类，即结构中的名词是一般认为的原因语的小类。古汉语中表原因多用小句形式、介词短语形式（“不以言举人”、“楚罢于奔命”），少数用单名词的形式。

以单名词表原因，在古汉语中不是太自由。单名词原因语有个别放在动词的前面，如“乃病免家居”的“病免”，似限于对举式；也可以在动词的后面，如“寡人即不起此病（由于此病而不起）”。据李佐丰(1994)的研究，这也不是一种自由结构。如动词限于情感动词（“患、惑、怒”等）和不及物的“死”、“起”等状态动词。

在动词后的单名词原因语同样很难分析为状语，因为动词和它之间不能像其他动状结构那样插入其他实体宾语或其他状语（*不起床此病、*不起久此病）。与原因范畴义相近的目的语也是如此（如“伯夷死名于首阳山之下，盗硕死利于东陵之上”，但 *伯夷死于首阳山之下名）。这说明古汉语中“V+原因/目的语”序列表示的是一项有针对物的复杂活动，是述宾结构。

不及物的“养”正好属于可带原因或目的宾语的小类，先秦就有“养生”（为长生而养，表目的）、“养病”（因病而调理休养，表原因）的用法。所以，我们同意“养伤”是古代用法的凝固，只是这种古代结构是述宾，而不是动－状。

(4)“打围”类，即“泛化动词＋具体动词”的小类。我们认为“围”不是后置的方式状语而是表具体动态的宾语，从历史上看有如下理由：

①无论是古汉语还是现代汉语，不带介词的无标记状语都大量出现在动词的前面，特别是典型的表状貌、方式的状语。如古汉语的“嫂蛇行匍伏”、“生拘石乞”、“施施从外来”、“勃然变色”；现代汉语的“围打”、“追打”、“狠打”、“狠狠地打”。无介词标记的方式状语后置于动词的用例尚未见到报道。

②从语义上看，“打”本是“敲击”义（以下语料取自《汉语大词典》），可以带名词宾语。发展到近代汉语，“打”的意义虚化。它开始可以与各种不限于敲击动作对象的名词配合，如：打油、打伞……；还可以与许多动词、甚至形容词结合，如：打仰（身体后仰）、打嚏（打喷嚏）、打寒噤（打冷战）、打招（招手）、打换（调换）、打唤（呼唤）、打乖（机变）、打供（供养）、打掠（用眼扫视）、打游飞（闲逛）、打筋斗（翻筋斗）、打团（成团状）、打乐（取乐）、打闲（闲着不做事）、打拦（拦阻）、打撑（支撑）、打吵（吵嘴）、打量（丈量）、打悲（做悲痛状）、打跌（顿足）、打睡（睡觉）、打谈（在街市演唱或说书）、打调（挑拨）、打掳（抢夺）……。这许许多多的“打V/打A”词例用只有抽象的“做V”才能最好地涵盖它们的意义，“打围”也不例外。另外，宋代范成大有诗句“山碧丛丛四打

围”,“四打围”就是“四面围起来”的意思。这一泛化的“做围”义,更可以证明“打猎”义是“做围”义特指引申的结果。从语义上看“做V”属于述宾结构,应该是没有疑问的。

③从形式上看,“打围”不能像状中结构那样再带宾语(*打围猎物)或插入其他状语(*打痛快围),却的确曾经有过述宾结构特有的变换式——中插数量成分。如《东周列国志》上有“妾欲自打一围,以健筋骨”的说法。也就是说,从历史演变看,在初期“打围”尚未完全凝固之时,其述宾的特性较今天更为明显。

总之,“名动”配列为状中结构在古汉语中是自由短语规则,现代汉语则只保留在复合词或熟语等凝固结构中。而“动名”配列,如“打拳”、“养伤”、“洗三”及其所代表的小类,虽然在历史上出现的时间先后不一,但出现伊始就都是述宾结构,不是动状结构。

四　结语

无论是现代汉语还是先秦汉语,单个名词放在动词之前(N+V),整个结构的基本性质(如带宾语的能力)就与后一成分动词相同,是完全的后向心结构;放在动词后(V+N),整体结构的性质就与前一成分动词不完全相同:凡动词可带实指宾语的,整体结构一定不能带。这是一种不完全的前向心结构。汉语启用了这一配列的对立来承负高层次的语义差别,这就是一般所说的状中与述宾的区别。

状中、述宾一般称作语法结构,但这并不意味着它们不承负语义范畴。动施、动受、动工具等一般称作语义格结构，这也不意味着它们没有有规律的形式表现。形式和意义是互为表里的：从形式上看，状中、述宾结构较之动施、动受等结构，在形式类配列的对应方面更直接(名动或动名)，在变换方面涵盖的句式更多。从语义上看，状中、述宾的层次较施事、受事、工具的层次更高、更抽象。"打拳"、"养伤"等复合词的结构从较高的层次看属于述宾结构。

参考文献

戴昭铭（1988）现代汉语合成词的内部结构与外部功能的关系，《语文研究》第4期。

李行健（1982）关于"养病、打抱不平"等词语的结构，《语文研究》第2期。

李佐丰（1994）《文言实词》，语文出版社。

林杏光、鲁川（1994）《动词大词典》，中国物资出版社。

吕叔湘（1942）《中国文法要略》，商务印书馆，1982年版。

马建忠（1898）《马氏文通》，商务印书馆，1983年版。

马庆株（1987）名词性宾语的类别，《汉语学习》第5期。

孟琮、郑怀德、孟庆海、蔡文兰（1987）《动词用法词典》，上海辞书出版社。

沈　阳（1994）动词的句位和句位变体结构中的空语类，《中国语文》第2期。

石毓智（1992）《肯定和否定的对称与不对称》，学生书局(台湾)。

王　力（1957）《汉语史稿》，中华书局，1980年版。

——（1944—1945）《中国语法理论》，商务印书馆。

徐通锵（1997）《语言论——语义型语言的结构原理和研究方法》，东北师范大学出版社。

周　荐（1991）复合词词素间的意义结构关系，《语言研究论丛》第六辑，天津教育出版社。

朱德熙（1986）变换分析中的平行性原则，《中国语文》第2期。

《汉语大词典》,上海辞书出版社。
《现代汉语词典》,商务印书馆。

附录:词类的语义范畴和鉴别式

词有大类、小类不同的层级,词类的语义范畴也有相应的层级。下面先列表说明各范畴的层级关系。

名状
性状
动/系状　动作:普通/位移
　　活动:简单活动/复杂活动
　　　　行为
　　心理:心理动/心理态
　　状态:非持续态/持续态
　　　　存现
　　达变:普通/位移
　　　　感知
　　关系:能力/领属/类属

第一级的三个大类与一般所说的名词、动词、形容词一致,词例及鉴别标准如下:

物状(名词):小王、学生、树、鸡、手、桌子、大学……(具体事物)/理想、精神、关系、爱情……(抽象事物)。特点:空间上有离散占位且在时间上稳定持续(石毓智 1992,徐通锵 1997)。另据傅千吉老师告之,屈折语中与名词紧密相联的“格”范畴的原义也是“(空间上)彼此隔离”。鉴别式:数量结构____(具体数量/泛化数量),－不。

动状(动词):吃、指挥、咳嗽、病、来、看见、感动、属于……。特点:空间上不单独占位(需附着在名物上),时间上持久性较短、离散。鉴别式:＋不,－很,＋了、着、过,＋宾语。

性状(形容词):大/小、长/短、好/坏、黑/白……。特点:空间上亦需附着在名物上(不单独占位),时间上持续性长、连续。鉴别式:＋不,很__,－宾语。

动状类又分为的5个下级类,主要根据主论元[±有生]、一价/二价、[±可控]和是否封闭类等。这几个类的命名与《动词大词典》(林、鲁,1994)类似,但实际分类结果不尽相同。主要的差别在于我们对二价动词的判定采用了沈阳(1994)的标准,林归入一价动词中的带不能省略的处所/目的/原因/系事/范围宾语的(如到达、接近/等候、追求/庆祝、算计/扮演、担任/从事、善于),我们归入二价动词。[±可控]我们用是否能用“别__”和VV表命令来判断,能者为可控动词,不能者为非可控动词。5小类间还有一些过渡类。各类的区别特征见下表,过渡类用退后一格表示:

	封闭	主论元有生	±可控	价
动作	−	+	+	>1
活动	−	+	+	=1
心理	−	+	±	>1(±可控,动作/感知之间)
行为	−	+	±	=1(±可控,活动/状态之间)
状态	−	±	−	=1
存现	−	±	−	1,(1处所)(达变/状态之间)
达变	−	±	−	>1
感知	−	+	−	>1
关系	+	±	−	>1

动作(含位移动)、活动都是可控动词(适用于命令句)。它们的不同在于配价:

动作:吃、喝、咬、拿、扔、撕、捆、锄、砍、浇、洗、踢、踩、穿、盖、收拾、念、养、培养、解散、批判、指挥、糟蹋、争论、追求、庆祝、扮演……(普通)/去、上、下、进……(位移)。范畴义:主论元自主可控的、必须与另一物/处所发生关联的不自足动状。特点:+宾论元[名物/处所],很__。

活动:看、跑、跳、坐、躺、蹲……(简单活动)/游泳、游行、奋斗(复杂活动)。范畴义:有生主论元的非生理性可控动状,无须涉及主论元之外的其他事物(简单活动)或涉及、凭借的其他事物已包含在动状之中(复杂活动,如游泳必须凭借水,这一凭借物已含在“游泳”的动状之中)。特点:−宾论元。

行为：哭、笑、咳嗽、呼吸、哆嗦……。范畴义：有生主论元的生理动状，可控性较弱，可用于命令句，但不能用于“去__”句。是偏于活动的、活动与状态的过渡类。

心理：尊敬、爱护……(动)/喜欢、恨、爱、高兴……(态)。特点：表示有生主论元的心理情绪/或带有某种心理情绪的动作。特点：很__客体宾语(物/活动/事)。该类的可控性较弱，不能用于“去__”句，一般不太用“别__”或 VV 表命令(特殊情景下可以)，是动作与感知的过渡类，第一小类偏动作，第二小类偏感知。

以下小类均为非可控动状，它们都不能用于命令句，能用“别__”的表期求不要发生。

状态：病、流、流动、滚动、摇摆……(持续态)/饱、死、生/熟、塌……(非持续态)。范畴义：有生或无生主论元的非可控动状，无须涉及主论元外的其他事物。特点：一价，主论元[±有生]。

存现：来、出现、消失、出生……。范畴义：事物在空间中的出现、持续、消失等动状。即，一个[±有生]的必有事物论元，一个[+处所]的可有论元。

达变：发、变、成、忘、忘记、感动、产生、造成、变成、超出、超过、代替、轰动……(普通)/到达……(位移)。范畴义：有生或无生主论元的无须智力的不可控的变化，变化结果必须涉及主论元和动状外的其他状态/物或处所。

感知：看见、知道、发现、晓得……。范畴义：由外界刺激带来的有生论元的生理或心理上的不可控变化，变化结果关系到主论元以外的其他物或事。

关系状可分 3 小类：

能受：需要、会、敢、能、善于、擅长、受、耐……。范畴义：表示主论元涉及另一物或活动的能力或承受力。

领属：有、具有、得、失……。范畴义：表示主论元领有另一物。

类属：是、算、等于、含、属于……。范畴义：表示主论元和宾论元之间的等同或类属关系。

动词小类中，活动、状态、存现只有一价，对主论元来说是自足动态，动作、心理、达变、感知和各种关系都是二价的，对主论元来说是非自足动态。

补记

朱德熙先生在给我们上的研究生课程上常常说，形式与意义是一体的两面，形式上有差别则一定有意义上的差别，反之，意义上有差别也一定有形式上的表现。本文与前一篇、后一篇可看作一个小单元，都明显受到朱先生这一观念的影响。

词类也好，结构类也好，都有分类细度上的差别。分类越大，其成员所共有的形式特征越少，其语义上的共同性也就越抽象。比如，名词是很大的一类，它们形式上的特点是都可以受数量成分的修饰，高层语义上的共同性是表“事物”，这“事物”是一种高层的、十分抽象的概念。

基于这样的思路，本文论证了汉语词的内部结构亦可分为述宾、定中等，“打拳、养伤”的内部结构是述宾而不是逆序状中。述宾结构的词的基本语义是“与 NP 有关的自足活动”，比如“谢幕”的高层语义是“与幕有关的致谢活动”。

“逆序定中”辨析*

零

从词典的释义看，有些词的内部结构很像是前心（名性）、后饰。如，韭黄：冬季培育的韭菜，颜色浅黄……（≈黄色的韭菜）；宅院：带院子的宅子；年馑：荒年。因看去似与汉语一般定中结构前饰后心的次序相反，一些学者（如周荐 1991）把它们分析为逆序定中结构。被分析为逆序定中的双音词数量不多，常提到的有“韭黄、糖稀、菜干、虹彩、烟卷、雪花、仆从、羊羔、宅院、年馑、钩吻、氛围、结喉、下江、外行”等。但经过考察我们觉得，上面的这些词大多是正常的前饰后心的定中结构，词法中是否需要单立“逆序定中”这一类还应再斟酌。项梦冰（1988）曾对方言中类似的现象作过很好的辨析，可参阅。下面分几类说明我们对这些词内部结构的看法。所引释义、用例取自《现代汉语词典》、《汉语大词典》、《太平御览》，文中不一一注明。

---

* 原文发表于《汉语学习》1999 年第 2 期 8—10 页。

一

1."韭黄、糖稀、菜干、虹彩" 这几个词中前字的常用义都是名性的，后字的常用义都是形容性的，周荐(1991)把它们看成是"事物＋性质(颜色、稠稀、干湿等)→事物"的逆序定中结构。但是，在古代和近代汉语中，形容性单字在语篇中可以相当自由地转指该性质特别突出的事物。如"黄"在《诗·小雅·车攻》"四黄既驾，两骖不猗"中指一种马，在《诗·齐风·著》"充耳以黄乎而"中指"黄玉"，在宋代苏轼的词句"左牵黄，右擎苍"中指"黄犬"。以上用法在现代汉语中已经消失，但另一些常用的转指用义却保留在了复合词中。如，刚出生婴儿的头发、汗毛都是黄茸茸的，所以"黄"被视为小儿的突出特征，许多加有形容性"黄"字的复合词都与小儿有关："黄童、黄毛、黄毛团儿、黄口、黄口儿"，同时"黄"可以相当固定地转指"婴儿、小儿"，如《隋书·食货志》"男女三岁已下为黄"、《新唐书·食货志一》"[唐制]凡民始生为黄"、《金史·食货志一》"金制，男女二岁以下为黄"。与该义有关的名性转指义"初生嫩黄者"仍保留在一些现代汉语复合词中。如"蒜黄、雏黄、鸡黄、鸭黄"。同"黄"，作后字的"稀、干、彩"也完全可以分别理解为名性的"稀状物、加工成的干性物、彩色物"。

"韭黄、糖稀、虹彩"这三种性质上有突出特点的事物似乎特别适合用形容字不常用的名性转指义来做中心语，因为不常用的名性转指义较常用的形容性义更为专一。如"黄"指颜色(形容性)时,可以指初生时的颜色(嫩黄,如黄芽、黄雏、黄柳、黄梢)、成熟时的颜色(金黄,如黄麦)、衰老时的颜色(枯黄,如黄叶、黄发);也可以泛指与生长期无关的黄色,如“黄鱼”。如果用“黄”常用的形容义作定语组词,“黄韭”可能理解为“嫩黄的韭菜”、“枯黄的韭菜”、“始终为黄的韭菜”,三种理解中后两种不适合韭黄的特点。而现代汉语“黄”的名性转指义指有生命的名物时只有“初生嫩黄者”一义。因此“韭黄”比“黄韭”更适合专指冬天培育的、质嫩色浅黄的特殊韭菜。这一点对比“黄鸡”(一种羽毛为黄颜色的鸡)和“鸡黄”(初生小鸡)可以看得更清楚。以形容性“黄”作前字的“黄韭”虽然在历史上也用过一段时间,但终究未能竞争过以名性“黄”作后字的“韭黄”,大概有前述因素在起作用吧。“糖稀”也一样。比照“稀饭、稀粥、稀泥”,“稀糖”可能理解为处于稀状的任何糖,而“糖稀”更适合特指在不高的温度下就是稀状的一种麦芽糖。“虹彩”则本来就是指“眼球前部含色素的环状薄膜”,是看去具有类似虹的七种色彩的彩色物,而不是一种虹。用“虹彩”而不用“彩虹”,可以更好地与天上的“虹”区别。

“干”如作形容义则泛指与“湿”相对的性质,而转指的名性义则专指“加工而成的干性物”。所以“干菜”的着眼点是“这是菜,其性质为干”,而“菜干”的着眼点则是“这是一种加工而成的干性物质,其质料是菜”。“干”的转指名性义十分常用,所以“干”在北方一般儿化为“干儿”,可再构成“萝卜干儿、豆腐干儿、牛肉干儿、葡萄干儿、香干儿、熏干儿……”等诸多复合词。通过对比这一系列词可以看出,“菜干儿”的结构是“菜+干儿”,而不是“菜干+儿”。另一证据是“干儿”在特定语境下还可单用,如人在太阳下无奈暴晒时常常会说“都快晒成干儿了!”。

总之,这一类词的语义结构应为“质料+特性物”,转指名性义的后字是全词的心。

2. “烟卷、雪花” 周荐(1991)认为它们是“事物+形状”配列,是表形状的后字修饰、限定表事物的前字。其实,汉语中表形状的单字也可以转指具有该形状的事物,因此也完全可能做中心语。做中心语还是做修饰语,表形状还是表具有该形状的事物,主要看为事物命名时的着眼点。

对比“鸡蛋卷儿、头发卷儿、肉卷儿”等词可以看出,后一成分“卷儿”表示的是卷状的事物,它有时还可以单用:“你头上怎么有那么多的卷儿?”因此完全有资格作中心语。“卷儿”前面的名性成分则表示卷状物的质料,起限定卷状物的作用。

同理,对比“浪花、火花、钢花、窗花”可以看出,“花”表示的是“形状似花的事物”,它之前自然也可以再加名性的单字来限定质料。另外,“雪”的语义偏于指一种自然现象(下雪)或该自然现象产生的不可分的物质(白雪、厚雪),而“形状似花的事物”则偏于指可分开的个体物;因此以“雪”做质料定语、特状物做中心语,更适合指空中飞舞的一片一片的雪。“雪片、雪粒”等指个体雪的词都是表形状的单字在后,而如果倒过来成了“花雪、片雪、粒雪”,该有多别扭!

总之,这一类的语义结构应为“质料+特形物”,表形状的后字是全词的心。

3. “羊羔” 周荐(1991)认为它属于“大类名+小类名”的

配列，因“鲤鱼”等众多词例都是相反的“小类名＋大类名”配列，所以把“羊羔”定为逆序定中。但，“羔”的本义是指小羊，虽是“羊”的下位词，但并不是小类名与大类名的关系（“羔”并不是“羊”的一个种类）。特别是“羔”后来也扩大来指另一些动物的小者，如“鹿羔”、“王八羔子”等，与“羊”就成为义域交叉关系了。这样，在“动物小者”的前面再加“羊”限指“羊之小者”也就仍然是正常的定中结构。

4．“仆从”　“从”的“随从（者）”名性义项很常用，“仆从”就是“仆人”、“随从”两个相近的身份词放在一起，两者互相限制，表示“随从中的为仆者”。

5．“宅院”　“宅”所指“较大的房子”一般都是带院子的，“院”所指“用墙或栅栏围起来的空地”必须是在“房屋前后”的。可以看出，宅和院是空间、功用上密切相关的事物。这两个字放在一起，表示有宅有院的一处建筑，是并列结构。“深宅大院”亦如此。

6．“年馑”　山西、陕西一带的方言词。《现代汉语词典》、《汉语大词典》的释义都是“荒年”，但根据我在山西插队时的了解，这一释义并不十分确切。它的实际意义应是“年成荒歉”，内部结构应是主谓，属于仍带有一定谓词性的现象名词，其用法与纯名性定中式的“荒年”（收成不好的年头）有同有异。同，在于都可以用做时间宾语：“遭（遇）××”、“渡（过）××”；不同，在于只可以说“去年是荒年”，不可以说“去年是年馑”，要说成“去年遭年馑了”。

以上几类词不是逆序定中结构，我们以为是比较有把握的。

其中"韭黄"(后字通常表性质,转指特性物)、"雪花"(后字通常表形状,转指特形物)、"羊羔"(后字有广义、狭义,用前字将词义限制在后字的狭义域)三类是词例较多的大类,占所谓逆序定中式结构的绝大部分。剩下一些词例我们对它们的内部结构还不太有把握,下面仅谈一些初步想法。

"氛围"　《现代汉语词典》的释义是"周围的气氛和情调",似乎以"周围的"对应"围"、"气氛和情调"对应"氛"。据此"氛围"属逆序定中结构。但也有可能"氛围"的"围"并不是指"四周"而是指"使里外不通的环绕物"(与"范围"的"围"类似),这样"氛围"的意思就是"由特殊的气氛和情调形成的环绕物"。这样的理解强调此种特殊的气氛情调在一定的分布范围内自成一统,与范围之外的气氛情调不相同。这样的理解也许更贴切?

"钩吻"　我至今没能查出该词的构词理据。据《现代汉语词典》、《辞海》、《太平御览》等工具书上的图示和释义,"钩吻"的主要义项是指一种缠绕茎的常绿灌木,可入中药,有剧毒。它的茎、叶、花等部分都不是钩状或唇状的,也没有长钩状或唇形的刺。或许是它的毒性太大,因一"吻"即被"钩魂"而得名?"钩吻"的另一义项是指"勾曲(钩形)的鸟嘴(吻)",这无疑是正常的定中结构了。

"结喉"　"结"指外形像"条状物打成的疙瘩",是表形状的。"喉"是器官名称。喉这个器官在男子颈部表现为明显的疙瘩状突起,该突起既可以叫"结喉",也可以叫"喉结"。如果都按正常定中的次序去理解,前者义为"结状的喉(外突成结状的喉,特指成年男子的喉)",后者义为"喉部的结状物",都解释得通,而后者似乎更为合适。事实上也是后者更常用。

“下江” 周(1991)比较了同为“方位+事物”配列的“下体”和“下江”,前者义为“下半部身体”(“下”修饰“体”),后者意义却为“长江的下游”(“下”被修饰),从而得出“下江”为逆序定中的结论。其实,“下江”也可以理解为“下游段的长江”,与“下半部身体”结构相同。可对比“下江”与“江东”,“江东”是指“长江以东的地区”,本身不包括“东半边长江”;而“下江”的所指“长江下游流域”则包括“下游段长江”在内,历史上还曾可以指近海的那段江(根据《汉语大词典》)。

“外行”的词典释义是“对某种事情或工作不懂或没有经验”,它固然可以理解为“本行业之外”,但也可以理解为类似于“远庖厨”、“入门”那样的以述宾结构表状态的结构,即“外乎其行”之义。

二

小结:我们感到,单字的性质(名、动、形)可以因搭配而较自由地改变,是古汉语句法在现代汉语构词法中的遗留,是汉语的重要特点之一;所以,分析构词法就应该特别注意字义与整体词义的关系,以整体词义考察、鉴别成分字的转指义。考虑到自先秦始,汉语自由定中结构的次序就是一直是定语在前、中心语在后,词法中应慎立“逆序定中”一类。一些共时结构关系搞不清楚、历史上也找不到说法的个别词例,宁可暂不分析结构。

参考文献

周　荐（1991）复合词词素间的意义结构关系,《语言研究论丛》第六辑，天津教育出版社。
——（1994）《词语的意义和结构》,天津古籍出版社。
项梦冰（1988）试论汉语方言复合词的异序现象,《语言研究》第 2 期。

动物、身体两义场单字组构两字的结构模式*

提要 本文穷尽分析了8347个由动物、身体两义场单字组成的两字组的内部结构。分析揭示，两义场单字组构两字结构模式的同与异在较高抽象层次上均与句法结构一致。相同之处在于①不管黏着与否，两义场单字在两字组组构中都表现出稳定的名性。差异之处在于：②身体类单字可以相当自由地出现在“N[人]__A”和“很V__”组构中，动物类单字不可以。③与身体类单字搭配的动词有许多是主客同体类动词，动物类单字无此类搭配。②③的差异主要与身体类单字独具[隶属]特征有关，此外也涉及[感知力][能动力]等语义特征。总之，这些结构模式的异同可以用义场、特征等语义条件控制，可以用认知基本规律预测和解释。

一 引言

汉语信息处理的一个难点是“未登录词”不断出现（如“霉变”、“反恐”），学习汉语的留学生也常常提出课文中出现了生词

---

* 原文发表于《语言研究》2005年第1期1—11页。文章初稿曾在第4届汉语词汇语义学网络研讨会（2003年6月香港）上发布。本次发表有字句上的改动。

表没有收录的"生词"(例如"无权")。而这些"未登录词"或"生词",对于汉语母语者来说,即使是第一次见到,大多也不觉陌生,也能猜出大致甚至确切的意思。这说明汉语母语者具有从单字推衍而习得多字"新词"的能力,而由单字推两字是其中的基础。本文的目的是,以功能比较单一又有一定差异的动物、身体(确切的称呼应是"隶属身体之部分")两义场单字做一局部实验,探讨汉语"以单驭双"的生成途径。希望这一实验能对计算机或汉语二语学习者的新词自动识别及语义预测有所帮助。

本文的"单字"指"单音节、有意义"的语言单位而不是指文字单位(徐通锵 1994、1997;王洪君 1994)。"复合两字组"则指有内部语法语义结构的、黏合的两字组。也即,①不包括内部成分无法做语义分析的两音节联绵字组、音译字组和人名、地名、商标名等专有字组;②不包括自由两字组。自由两字组的类别有限(只有"指代/数量+名"、"连接/范围/否定/程度+动"、"助动+动"、"介词+名"、"X+助词"、"名+方位词"、"数+量"等),其所含一个成分的可替换性极强,另一成分是或多或少带有语法意义的封闭类,属于典型的自由词组。③包括"字义+结构义=字组义"的两字黏合结构,也包括"字义+结构义≠字组义"但当代人还能判断出字义的两字词。"复合两字组"下面也简称"两字组"。

汉语中词和词组的界线不太清楚。因此本文先不划界,而是把黏合两字组都包括进来一并研究。实际上,不少学者(特别是国外学者)都曾已指出,汉语的黏合两字组都是句法词,也都是韵律词(王洪君 2000、2002),它们的构造规则与自由词组并不相同。也就是说，按国外通行的术语，本文讨论的"复合两字组"应叫做"复合词"，而且是只有一层结构的"基本复合词"，因此下面为行文简捷，有时也径直称之为"两字词"、两字复合词。

汉语的复合词法是否适宜用与句法一致的结构规则来描述，两字组中的单字（包括黏着单字）是否适宜标注名、动、形等类标签，国内有不同的看法（可参看刘叔新 1990）。我们认为，字的兼类的确大大多于词的兼类，但正如朱德熙先生曾经指出过的[①]，其中不少是可以用字的义场来控制的（如"锄、耙、犁、锯、凿、刨……"都属于相互依赖的"专门技术工具/动作"）。

近年来国外的词法研究，已经引进了句法研究中重视中心成分的 X 标杠理论（Packard 2000），本文将借鉴这些成果。其中关于中心成分与结构整体的功能类一致的观念，关于名性复合词与动性复合词的基本区别和中心成分位置的研究（Downing 1977；Borer 1988；Packard 2000），对我们确定成分字类将有直接的帮助。哪些义场的字与兼类有关联，哪些义场的字不涉及兼类；两字复合规则与短语规则是否有一致性，字的自由/黏着究竟在多大程度上影响两字构造；是本文首先想要探讨的。

两字复合规则与短语规则也有不一致性，包括整体功能的不一致（本文称作"转类"）和意义的引申或添加（本文称作"转义"），笔者同样试图探讨其中的规律，本文集中探讨"转类"的规律，"转义"的规律将另文探讨（王洪君 2005）。

从近年来句法研究的进展可以看出，仅有成分和结构的名、

---

① 朱德熙先生 80 年代在为中文系开设的《现代汉语语法研究》课上讲到过。

动、形词类标注，不足以控制句法的生成，因此各种句法新理论都广泛采用了语义特征和动名形小类的标注。特异性大于句法的两字组复合，无疑更加需要语义特征和动名形小类等更为细致的范畴。值得注意的是，句法研究采用的语义特征，是对句法有影响的[±有生]、[±人]、[±附着]等，远远少于语义学研究提出的义素。需要哪些语义特征和动名小类才可能对两字复合，包括复合中的转类达到较好的控制，是本文第二个要重点探索的。

近年来飞速发展的认知语言学对词法、对字义词义的演变规律有直接或间接的论述（Fillmore 1982；Bybee 1985；Lakoff 1987；Jackendoff 1990；Langacker 1991；张敏 1998；Traugott & Dasher 2002），这些对本文的研究也多有启示。

二　工作程序

我们以动物、身体两义场的常用单字为例探讨两字结构的规律。工作程序如下：

1.提取单字。从《普通话常用三千词表》的“6.动物”、“14.人的身体、生理”两节中人工选取表示动物、动物和人的身体部位或产出物的常用单字，计46和44个：“豹鳖蚕虫蝶鹅蜂鸽狗龟猴狐虎鸡狼鹿驴骡马猫鸟牛蛆雀蛇虱狮兽鼠兔蛙蚊虾蝎蟹熊鸭雁燕羊蚁鹰蝇鱼蚤猪”和“背鼻臂脖肠翅唇蛋肚耳发肺肝汗肩脚泪脸毛眉奶脑尿皮屁腮舌屎手痰蹄头腿腕尾胃膝心胸血牙眼腰嘴”。以上各字本文统称为“考察字”。

提取两字组。从北工大开发的“两字结构库”①和清华主持开发的《信息处理用现代汉语分词词表》②中穷尽抽取由以上单字组成的两字组，人工剔除属于自由字组、专名、译名、联绵词或非接续的个例，仅留黏合式复合两字组，计得动物义场两字组3241例，身体义场两字组5106例。这些两字组中与考察字搭配的另一个字，本文称作“搭配字”。

2.标明考察字的有关信息：义场、所组两字组频次、组合能力等级（H/M/L）、[±语素]、[±黏着]、义场等级（H/M/L）、其他特征。

“组合能力等级”根据所组两字组的频次确定：组成两字组在40以下的为L，41—90为M，90—200为H，200以上的为HH。这一标准确定的依据是：组合能力L级的各种搭配格式不全；M级的虽然频率不高，但搭配类型基本齐备；H级不仅各种搭配类型齐备而且两字组整体转义（指意义引申）、转类（指功能名、动、形有改变）也有个例，而属于HH级的或者出现了单字字义虚化（如“-头、-手”），或者有大量字义引申用法。

“义场等级”原则上根据认知语言学的范畴化理论确定，把人类认知的“基本层次范畴”（basic-level categories，参看张敏

① 该库的条目在《现代汉语》等常用词典已收录的10万词条（其中约6万条为两字的）之外收录：在2亿字语料库中先以词典已收录的10万词条词库为基础自动分词，再穷尽收集落单的两字字串，最后用人工鉴别剔除假接续字串而得到8万余条两字组。这些两字组中有少量典型的词，大多是黏合短语或自由短语。

② 该词表收集了多部常用词典和多家汉语信息处理单位所用计算机词典的条目，辅助以开发者个人的日常收集，初表共计19万余条。其中两字组约11万条。这11万条多为词或黏合词组。

1998)设定为中级义场 M。比如,“狼”为 M,“兽”为 H;“虫”为 M,“蝎”为 L。等级的确定也参考了以该字为上位概念的字组数量的多少。

“其他特征”是本文要探索的对构词模式有影响的特征。它有语义上的根据,更主要的是参考在语言中的表现。如“鸡”“猪”都是可以吃的,但我们常说“去超市买只鸡吃吃”,却不说“去超市买头猪吃吃”。它们构造两字组的方式也有明显差异:“鸡”可构成“烧鸡、烤鸡、卤鸡、腌鸡、炖鸡”等 VtN→n 的两字组,“猪”却不能进入这一模式。这说明“鸡”具有[食品]特征,而“猪”不具有这一特征。

分析考察字在两字组中的分布。根据中心成分原则(Packard 2000),我们依据两字组整体的功能及中心成分的位置把分布分为体词性、谓词性两大类。如下所示:

体词性分布:定中、述宾、主谓、名性并列NN。

谓词性分布:述宾、状中、主谓、动性并列VV。

非中心成分的定语和状语则既可能是体词性的,也可能是谓词性的。

上述分布用符号表示:大写字母 N、V、A 表示单字类,加下划线为考察字的位置,单字字类放在括号中。括号外用小写字母 n、v、a、adv 等表两字组的类。如“白兔”标为(AN)n。

对于定语,本研究没有区分形容词和区别词,只要是语义上表属性的,就一律处理为 A。

分析考察字、搭配字和两字组的兼类和转类。如“发卡”的后字“卡”有动、名两义项,但该例中是名性的,用括号内的 Vn

表示。同理,“蛋黄”表示为(NAn)n、“真牛”表示为(AdvNa)adv.a。两字组转类在括号外用→表示,如“烧鸡”表示为(VtN)vo→n食品。总之,单字、两字组在名、动、形等主要类别上的兼类和转类,是我们特别关注的,都处理为不同的分布。

以上数据都总结到一个数据库中,是本文讨论两义场单字功能同与异的根据。

三 两义场单字功能之同——名物性所致

动物、身体隶属物两义场,从所指对象来看无疑都是典型名物性的。它们在两字组合中的功能表现又如何呢?是否与现实所指有对应性呢?汉语中是否存在一些功能单一、不兼类的且与义场有关联的单字呢?本章主要考察这一问题。两义场单字在两字组合中若不实现为名性,就称作单字“转类”。

根据本章研究目的和采集到的数据,我们把两义场单字在两字组中的分布分为如下大类和小类(各类的简称用下划线标注,同类并列的则以位置做简称):

Ⅰ 典型的高频的名性分布:定中,定中,述宾。

Ⅱ 正常的低频的名性分布:名名并列(前)、名名并列(后),主谓,状中,_缀,转类字组(双特)中的名性字(如“烧鸡、围脖、刺耳、马上”)。

Ⅲ 异常的非名性分布:①述宾,状中,主谓(因个例太少统一按单字功能标为V/A)。

②做后缀或序数等功用的标为X,如“看头、头名”。

统计表明，Ⅰ、Ⅱ两类名性分布在考察字所组两字组中均占到99%以上（Ⅲ②类中的后缀亦属名性，序数则属于广义的体词性一类）。而这其中，典型名性的Ⅰ类分布又占绝对多数。具体数据见下表：

表1　两义场单字各种分布的个例数表

	Ⅰ			Ⅱ						Ⅲ		总计
	定	中	宾	状	前	后	主	__缀	双特	X	V/A	
动物	1227	1190	555	32	65	66	36	24	41	0	5	3241
	2972			264							5	
身体	1268	1561	1237	107	95	83	246	56	263	152	38	5106
	4066			850						152	38	

表1′　两义场单字各种分布的比例数(%)表

	Ⅰ			Ⅱ						Ⅲ		总计
	定	中	宾	状	前	后	主	__缀	双特	X	V/A	
动物	37.86	36.72	17.09	0.99	2.01	2.04	1.14	0.74	1.26	0	0.15	100
	91.67			8.18							0.15	
身体	24.84	30.57	24.23	2.10	1.86	1.63	4.81	1.10	5.14	2.98	0.74	100
	79.64			16.64						2.98	0.74	

注：身体义场Ⅲ栏的数据未包括词典上另立词条的动性“背（背负、背诵、背着）”137例，否则转V的比例更高。另，也未包括因简化字而造成的同形字动性“发”450例。

表1显示，动物义场单字用做名性分布的比例高达99.85%，身体义场的也高达99.26%。因此可以有把握地说，这两个义场都可归为典型的名性义场，基本上不兼做动或形用。极少数例外可穷尽列举如下：

动物义场　例外涉及 2 个单字 5 例：

猫 v2:“猫腰、猫冬”,牛 adj3:“够牛、特牛、最牛”。

“猫 v、牛 adj”在现代汉语中仍是自由的,所以除了语料库中查询到的用例外,还可以有未查询到的用例,也不限于用在两字组合中。如可以有:“那几天我就一直猫在那个小屋里……”,“真牛!”,“牛得忘乎所以了”,等等。所以,这两个单字要算兼类字。

身体义场　例外涉及 6 个单字 38 例：

汗 v1:自汗

肩 v1:身肩

毛 adj3:毛糙、毛躁、毛楞

毛唯定 18:毛边、毛布、毛茶、毛菜、毛额、毛孩、毛货、毛矿、毛利、毛粮、毛坯、毛片、毛渠、毛铁、毛样、毛贼、毛值、毛头

毛 v1:发毛

尿 v6:尿尿、尿床、尿炕、尿血、尿出、尿湿

皮 adj8:皮脸、皮糖/皮实/调皮、赖皮、顽皮、皮猴

奶 v0:(奶他家的孩子)

这 6 个单字中,“汗 v、肩 v”的用法已失去能产性,现代汉语中可以不算做独用动字。“毛 adj、毛唯定”还有一定的能产性(如“毛手毛脚、毛脚女婿、毛钢?”),但也是黏着定位的,也可以不算做独用形字。“毛 v、尿 v、皮 adj”则是自由且不限于两字组合的,所以必须算兼动或形的单字。“奶 v”虽然没有收集到用做动字的两字组例,但它确可自由独用。

上面的统计说明,动物、身体两义场单字的功能是很单一且

与客观所指的性质(名物)相对应的。有这样的义场存在,以单字的名、动、形及中心成分的位置来预测两字组的形式类,就是有意义的。

语法学界过去常用的定中、述宾等概念是有用的,但有了中心驱动的概念,命名、标注也可以再简化。因为汉语中各种结构的成分次序是固定的,所以这些结构关系的概念实际上可以对应单字类、中心标注、整体类。比如,汉语短语和词法的基本规则都是:

(1) 定中 = **N/A/Vi + N → N**(中心为名性,位置在后)

(2) 述宾 = **Vt + N → Vi**(中心为动性,位置在前)

这种结构规则是高抽象层次的。结构规则与语义规则是不可分割的两面。我们曾已指出,在高抽象层次上,也有与之对应的语义规则:

(1’) 定中 = 与定语相关的中心语的下级次类

(2’) 述宾 = 与宾语相关的动性活动

常提到的特例,一般并不超出这一高抽象层次上的规则。我们的这一观点与其他一些学者有所不同(周荐 1991/1994)。如定中式“饼干”是“干物中与饼相关的次类”、“浪花”是“花状物中与浪有关的次类”(王洪君 1999),述宾式“跳伞”是“与伞有关的跳类活动”、“谢幕”是“与幕有关的致谢类活动”、“打拳”是“与拳有关的广义活动”(王洪君 1998),其实都没有超出规则的制约。

以上分析不受单字的自由、黏着的影响。因为根据中心成分原则,黏着成分的性质可以根据结构整体的性质和中心成分的位置去推导。即使是语源上的非语素单字，只要已经类推出了单字义，就也可以纳入形式类的结构分析。比如，语源上的非语素单字"蝶"，在"蝶骨、蝶类、蝶翼、蝶蛹、蝶种、蝶式、蝶形、蝶泳、蝶装、蝶状"字组中是做定语，在"粉蝶、蜂蝶、凤蝶、蛱蝶、猫蝶、彩蝶、雌蝶、花蝶、奇蝶、雄蝶、飞蝶"中是做中心语，在"捕蝶、梦蝶、扑蝶、养蝶、引蝶、逐蝶"中是做宾语。它的所有分布都是名性的，无一是动性的，所以可归入不兼类的名性单字。

正由于汉语短语结构的规则也基本适用于"以单构双"的两字组，正由于汉语有一些基本义场的单字的功能是单一且与客观所指的自然属性是一致的，所以汉语母语者遇到一些新的两字组，才不觉陌生，并能大致猜出它的意义。

有数量不多的转类两字组会超出上述短语结构规则，如"烙饼 n"是"Vt + N"的序列，但整体却不是 Vi 而是 N。这些两字组转类规则是词法特有的。

表 1 显示，两个义场单字在两字组整体转类、做主语的比例等项目上有显著差异。这些差异，涉及词法特殊规则，是各义场词汇搭配限制的体现，需要把分布再分小类才看得清楚。下一章就具体讨论这些问题。

四　两义场单字功能之异——有无[隶属]所致

从两义场的所指来看，它们的最大区别就是，身体义场单字具有[隶有生]的特征，属于袁毓林(1994)指出的要求有名词配价的一价名词，而动物则是独立的有生物，不与其他名物有固定的隶属关系。

[隶有生]使得身体义场单字在能动力、感知力方面有两重性：相对于隶属者来说，身体部件是被控制、被驱使的对象，与无生物类似；而相对于其他静物而言，它们又是有能动力、感知力的主体，隶属者的能动力、感知力可以传递给它们。

反过来，隶属物的状态也可以传递到隶属者，成为隶属者的状态或属性，如"胃疼"则领属者也感觉疼，"眼小"则领属者的相貌不漂亮。

[隶属]在句法上有独特功能，比如可出现在主谓谓语句的小主语位置上，因而被列为句法必须考虑的语义特征之一。下面我们将要看到，它对于两字组的组构也同样是重要的。

经我们整理，两义场单字组构两字的差异主要有以下三个方面。

(一) 做 na 主语的差异

先看下表。

表 2

	做主语个例数					做主语比例数(%)				
	nv	na	na 形	na 及	na 总	nv	na	na 形	na 及	na 总比
动物	25	12	0	0	12	0.77	0.37	0	0	0.37
身体	58	188	17	2	207	1.14	3.68	0.33	0.04	4.05

表中的"na 形"表示该组合可以前接"很"，整体已经凝固演化为形容词（如"眼熟"）；"na 及"表示该组合的后面可以带宾语，整体已成及物动词（如"眼红"）。

表 2 显示，如果把主谓结构分别 nv、na 两类统计，则两义场

单字表现的差异集中在na上：它们在nv中做主语的比例差不到1倍，而在na中做主语的比例差却高达11倍还多(4.05÷0.37≈11)！这一显著差异不是偶然的，而是如前所述，是两义场是否具有[隶有生]关系的本质区别带来的。做形容词的主语，在动物义场单字不但个例不多，而且也不是凝固常用的；而在身体义场单字，不但在义场内分布广，个例多，而且还相当凝固常用。这是因为，“身体义场单字＋形容词”可以很自然地表示人的状态。下面是具体的例子。

动物义场单字做nv的主语自然而凝固，涉及了同义场的不少字，但两字组数量不大。如：

豹啸、蚕眠、蝶舞、蜂鸣、鸟叫、鸟啼、狗吠、虎踞、狮吼

这些两字组反映出动物的[能动力]很强，不少动词是专门与某类动物搭配的。

身体义场单字做nv主语的例子也很自然且凝固，总数量稍多但也不太大，涉及的单字则不太均衡(“心”26例、“尿”6例，“血”6例，其他字多为1至2例)。如：

背弓、鼻塞、肠鸣、肚胀、尿闭、尿禁、尿淋、尿流、尿漏、尿频、心颤、心梗、心悸、心衰、心定、心动、心堵、心服、心甘、心惊、心领、心切、心怯、心散、心死、心碎、心跳、心通、心恸、心喜、心仪、心疑、心忧、心照、心折、心醉、血崩、血亏、血淤、血瘀、血郁、眼肿、眼跳

比起动物义场，身体义场nv两字组唯一的特点可能就是多表示人的一种病征，表现出部件属性向隶属者的传递。

但两义场单字做na主语的情况却截然不同。

动物义场单字用于na很受限制，查到的个例只涉及6个单字11例：

马蹇、马壮、马瘦、牛肥、牛瘦、蟹肥、羊肥、羊膻、鱼肥、鱼贵、鱼贱、猪肥

这些个例的或者只出现在特定的四字格中（如“兵强马壮”、“马瘦毛长”、“水活鱼肥”），或者很不凝固（如“牛肥”）。在我看来，11例中只有“蟹肥”（“蟹肥时节”）、“羊膻”（“羊膻味”）两例是现代汉语中仍能自由使用的黏着两字组。动物义场单字的na无一例发生功能转类（如转为形容词），一定与组合的不凝固、使用频率低有很大关系。因为转类是结构整体功能的异化，只有组合极其凝固化且使用频率高，意义才可能有引申转移，进一步的功能异化才有可能发生。

身体义场单字用于na却十分广泛，加上na两字转类为A和Vt的，总数达205例。这些组合有的是把具体部位的感觉、态貌传递给隶属者人，进而表达人的具体感觉、态貌，有的则再进一步抽象化，表示领属者人自身的抽象属性、状态或对物的抽象感知。如：

“背冷、鼻酸、肚胀、手痛”表人的感觉，

“背驼、脸小、手大”表人的态貌，

“脸薄、脸嫩、手软、手松、心硬、心细、心烦、心慌”表人的抽象属性、状态，

“耳生、眼熟、心疼、眼红”则表示人对外物的抽象感觉或心态。

不是创造一个单独的音义结合体、而是用身体部件与属性

的组合来表达人的各种感觉、状态、属性，这样的表达有更大的隐喻空间和表达弹性，是汉语的重要特点之一。

综上，我们可以总结出一条形式规则及相应的语义规则：

(3) N[隶人体]＋A → na/N ［人］____→Adj(部分)→Vt(个别)

(3') 人体隶属物＋属性→人的感觉、态貌、抽象属性、心态

再看转类。上述规则揭示出，认知上由[隶属]特征决定的、部件向隶属者的属性可传递性，是 na 字组转类 Adj 和 Vt 的基础：部件属性可向上传递为人的感觉、态貌、抽象属性、心态，而表达人的感觉、态貌、抽象属性、心态从语义上讲与形容词是一致的，所以当 na 在使用中逐渐凝固，也就可以整体当作一个不可分的属性词来对待，程度副词的位置也就会有移动。如，“为这事，他心挺烦的”→“为这事，他挺心烦的”。

不少两字组还处于演变的中间阶段，是不是可以前加“很”，人们可能会有不同的意见。比如“他嘴很馋/耳很背/眼很尖/腿很懒”能不能说成“他很嘴馋/很耳背/很眼尖/很腿懒”？我觉得后一种说法尚不自然，就没有把“嘴馋”等算做转 Adj。同样，na 转类为 Vt，只是感觉类 Adj 的进一步发展：人的感觉还会要求有针对的对象：为什么事心烦/心疼/眼红？这样有些高频的常用组合，就可能省略引导感觉针对物的介词，让它直接做宾语。如“对他很眼红”→“眼红他”。na 做 Vt 用的，我只确定了“心疼、眼红”两例。“?眼馋他”说不说，也许不同的人会有不同的意见。我觉得，只要有了上面的公式，我们就可以预测到这一类结构中，表示人之感觉的小类会有功能转变为 Adj 或 Vt 的可能，而意义上其实并没有太大变化。这样，我们就可以静观其变，而不必一刀两断地对功能做硬性切分。毕竟，语义的理解才是语言理解的最终目标。

vo 转类的差异(参考表 1 中的第Ⅱ类第 6 列“双特”)。

“双特”类指两字组整体转类，也即两字组整体功能与中心词不符，这是本文考察的重点之一。上一小节我们已经涉及了 na 到 Adj 和 Vt 的转类，这一节我们来看看 vo 转类的情况。比如，“刺耳”“围脖”从单字及排序来看都是述宾结构，中心词是动性 Vt。按照短语规则，述宾整体的性质应是 Vi。但是“刺耳”是可受“很”修饰的形容词，“围脖”是可受数量词组修饰的名词，发生了 vo 的转类。它们在所有两字组中的比例虽然不高，但却是两字组与自由短语最显著的差别之一。

表 1 显示，两义场单字所组两字组中双特的比例为：动物：身体＝1.27：4.76，相差 4 倍，不能不说是显著的。其中有多少属于 vo 转类呢，请见下面的表 3。

表 3

	双特个例数								
	vo 形	vo 服饰	vo 及物	vo 唯定	vo 食品	an 形	na 形	其他	总计
动物	0	0	0	0	27	0	0	14	41
身体	93	23	12	5	8	10	17	95	263

上表所列前 5 种都是 vo 转类。后三种不是。先说一下后两种。后两种中的“na 形”上一小节已经讨论过，不赘述。“其他”则是一些零星的独特类型，如“马上时间、头前时间、兽检缩略、血透缩略、抬肩衣服肩处的尺寸、抬头文字稿起头处、亲手、亲眼、望眼、

点心、心爱、精心 adv”等，我们没有观察到它们与义场或可以归纳的语义特征有直接关联，所以把它们放进了垃圾桶“其他”，算是特例。

前5类其实是有一定规则的，它们都与 vo 有关。an形也可与 vo形一并讨论。从表2可以看出，前4类及 an形与义场的不同密切相关：动物义场的均无一例，而身体义场的均有例。下面分别讨论。

1. vo服饰。vo服饰可表述为如下规则：

(4) V+N[隶人体][外部]→N[服饰]

该规则陆志韦在《汉语的构词法》(1957)中已经有过阐述。我们收集到的例子共23例，列举如下：

护臂、围脖、兜肚、护耳、垫肩、护肩、披肩、裹脚、踏脚、护脸、绑腿、裹腿、护腿、护腕、护膝、护胸、抹胸、文胸、纹胸、搭腰、护腰、围腰、围嘴

从实例我们发现，身体义场中只有人体外部的部件才可以进入规则(4)，所以我们增加了[人体]、[外部]这两个特征的限制。但这一规则的能产类推性仍然不强，也即有很强的词汇性：一方面不是所有的“V+人体外部部件”都可以构成表服饰的两字组，如“*围头”；另一方面也有大量的服饰不由“V+人体外部部件”序列生成，如“头巾”。

2. vo形/an形。vo 泛指述宾结构，为方便起见，形容词 A 做述语的 vo 和做定语的 an 结构，只要是整体做形容词的，也一并讨论。这是我们收集到的实例最多而其他学者似乎没有提到过的小类。先看部分实例：

vo形：冲鼻、刺鼻 2/刺耳、入耳、顺耳、悦耳 4/碍脚、绊脚、称脚、硌脚、跟脚、合脚、可脚、捂脚、扎脚、蹩脚 10/丢脸、露脸 2/饶舌 1/碍手、缠手、称手、趁手、刺手、凑手、跟手、可手、棘手、勒手、拿手、抢手、顺手、应手、扎手 15/怵头、懒头、挠头 3/称心、趁心、刺心、多心、动心、堵心、恶心、烦心、费心、腐心痛心苦心、狠心、寒心、焦心、经心、疚心、开心、可心、挠心、闹心、伤心、上心、烧心、省心、舒心、顺心、贴心、痛心、虚心、用心、糟心、扎心、专心 32/碜牙、硌牙 2/碍眼、背眼、刺眼、打眼、晃眼、开眼、起眼、抢眼、惹眼、入眼、顺眼、耀眼、显眼、现眼、醒眼、扎眼、招眼 17/涩嘴、顺嘴、绕嘴、贪嘴、挑嘴 5 ||an形：诚心、痴心、粗心、灰心、耐心、齐心、热心、贪心、细心、偏心 10

共计 103 例。实例虽多，但在单字中的分布并不广泛，只涉及“鼻耳脚脸舌手头心牙眼”10 个字，且主要是“心眼手”三字。这就提醒我们这里可能有其他特征的限制。我们发现，10 个字中“鼻耳眼”是专门的嗅/听/视觉器官，“心”是古人认为的“思考”专用器官，根据实例看来，“手脚”应是古人认为的触觉敏感器官。在上述两字组中，这些单字的语义功能大多不是作为实体器官，而是作为抽象的嗅/听/视/思/触觉。照此思路不难发现，“脸舌嘴”也已在近代引申为对抽象的“脸面、表达力、吃的需求”等感知控制的器官。因此，可以为这 10 个词增加一个特征[抽象感知力]，这一小类就可总结为规则：

(5) 刺激、感觉、显现 V/A＋人体部位[抽象感知力]N → 人的感觉(Vi→Adj)

从这一小类的实例我们发现，语言的特征与所指也不是完全对应的。比如，在现实世界中，“臂、腿、胸、背”等也都是有触觉的，但在语言中却没有“扎臂/腿/胸/背”等组合。因此，特征的发现与语言实例的考证是个互动的过程。较高层次的语义特征，如名物、有生等是可以依据自然属性确定的，较低层的语义特征，则往往是先找出了分布的类而后才发现其中有语义上的共同性。

规则(5)的可类推性比(4)高，比(3)稍逊。在语义上与(3)有共同性，都表现了部件与整体在一些属性上的可传递性。

3. vo及物。先看实例：

vo及物 12：安心、操心、成心、存心、担心、耽心、当心、放心、甘心、关心、留心、小心

其特点一是只涉及“心”一个单字，二是意义引申比较曲折，三是除“成心、存心、当心”外，都可以前加“很”。特点三表明它们应该是从vo形发展而来的，规则(5)限定的语义条件启示也适用于它们，只是功能又有进一步的扩展，如下所示：

(5')刺激、感觉、显现V/A＋人体部位［抽象感知力］N→人的感觉(Vi→Adj→Vt)

可以看出，这一功能扩展，与义场相同但组合次序不同的na式有平行性，只是个例更多些。

4. vo唯定。“唯定”即只做定语，也称区别词。实例为“翻毛、拉毛、仿毛、仿皮”。不难看出，这些实例中“毛”都不是作为身体部件，而是作为［(服饰)质料］。其中“仿＋［(服饰)质料］”可以类推构造两字组：“仿毛、仿皮、仿绸、仿丝、仿麻、仿真丝

……”，如果新造“仿绢、仿亚麻”应该也可以接受。因此“仿－”应该收做类前缀，并给出类前缀规则：

(6) V“仿－”＋ N＋［（服饰）质料］ → A唯定

其余的也可以总结为规则“加工方式＋质料→产品外观属性”，但该规则控制的实例太少，不如个案处理。或许，在今后扩大范围的考察中，会发现该类可以归并到其他大类中。

5．vo食品。该类是跨动物、身体两义场的。先看实例：

vo食品：烧鹅、炖鸡、酱鸡、烤鸡、卤鸡、烧鸡、熏鸡、阉鸡、腌鸡、炸鸡、卤虾、腌虾、卤蟹、酱鸭、烤鸭、卤鸭、烧鸭、填鸭、腌鸭、煎鱼、烤鱼、焖鱼、烧鱼、熏鱼、腌鱼、炸鱼、蒸鱼（以上为动物义场，27例），灌肠、烤肠、炒蛋、煎蛋、腌蛋、蒸蛋、煮蛋、炒肝（以上为身体义场，8例）

从实例可以看出，这一类与动物或身体义场都没有关系，而是与［食品］特征有关。动物或身体隶属物中，凡是我们可以直接拿来做食品原料的（指语言对现实的处理，而不是纯现实的），就可以进入这一类，否则就不能进入。这一类可总结为规则：

(7) 烹调加工 V＋N［食品］→N［已加工食品］

这一规则的类推性很强，如“烙饼、炒面、焖饭、烤白薯、清蒸鱼”等。所以，我们其实可以根据这条规则来判定不同义场的单字中哪些是有［食品］特征的。

综上，两字组转类是特异性（词汇性）很强的类别，这一特异类大多与vo的转类有关。通过材料的收集我们发现，vo转类不涉及动物义场而与身体义场关联密切。在vo转类的几小类中，vo形、vo服饰、vo及物这三小类是身体义场单字独有的，其中

vo形的能产性最强，也与身体义场[隶属物]特征的关系最直接。vo食品对动物、身体的区别不敏感，但对[食品]敏感。vo唯定小类虽然从实例看是涉及身体义场的，但因只分布在身体义场有[质料]特征的单字，所以很可能是与[质料]相关，而不是与身体义场相关。

（二）动性 vo 小类差异

做 vo 的宾语，是名性成分的主要功能之一。动物、身体两义场的单字也不例外。上一小节讨论的是 vo 转类中两义场差异，本小节则讨论 vo 不转类，也即动性 vo 的情况。动性 vo 的中心语是 V（含部分形容性的 A），所以整体与中心语的功能相同，符合中心语规则，是正常的 vo。细观实例我们发现，两义场单字对动性 vo 述语 V 的选择有较明显的差异，两字组整体的功能也因之而有小类的差异。据此我们把述宾进一步区分为四小类。下面的表 4 先分小类给出数据，再分别说明各小类的情况。（表中"比例"为"占两字组总数的比例"，两义场两字组总数分别为 3241 和 5104。）

表 4

		vo一般	vo述主	vo使动	vo唯状	动 vo 总	动 vo 特总
动物	个数	546	6	3	0	555	9
	比例（%）	16.85	0.18	0.09	0	17.12	0.27
身体	个数	823	298	79	36	1237	413
	比例（%）	16.14	5.84	1.55	0.70	24.23	8.09

从上表可以看出，一般 vo 的比例相差很小，而特殊 vo 的比例却是 0.27 和 8.09，相差近 30 倍！下面我们具体说明各小类

的情况。

1. vo一般。这一类的宾语，从语义格上来说，属于受事、结果、移动目标或属性系事。它们的共同点是 vo 不能换位为 ov，或换位后意义有变化。我们把这一类动词称为主客异体的他动词。如：

捕鳖、出鳖、防鳖、猎鳖、食鳖、养鳖、有鳖、育鳖、捉鳖

穿耳、及耳、练耳、逆耳、齐耳、切耳、挖耳、捂耳

动物、身体义场的单字对于这一类 vo 来说差别不大，出现频率都在 16%多。但与动物义场单字搭配的这一类 V 较多集中在“养/育/牧/喂/食/吃/捕/捉/买/卖/属”，体现了现实世界人对动物的控制关系；与身体义场单字搭配的这一类 V 则很分散。

2. vo述主。这一类的宾语，从语义格上来说，属于“主体”，也有学者称“客体”。从命名的主客兼容也可以看出这一类结构的特点：vo 可以换位为 ov 而格关系不变(如“伸手”和“手伸”，“睁眼”和“眼睁”)。我们把这一类动词称为主客同体的自动词。

两义场单字在这一类 vo 上差别极大。动物义场的一共只出现了 6 例，而身体义场的出现了 298 例！下面穷尽列举动物义场的例子，身体义场则因涉例太多只举两个单字为例。

生虫、卧虎、缺牛、亡羊、缺鱼、少鱼

侧脸、仰脸、板脸、绷脸、变脸

摆臂、挥臂、举臂、伸臂、舒臂、甩臂、抬臂、挺臂、扬臂、振臂

动物义场仅4例，还有两例是只出现在凝固四字格中（“藏龙卧虎”、“亡羊补牢”），是古汉语的残留。其动词V也只限于呈现动词小类。身体义场的情况则完全不同。除少量的呈现动词外，大量出现的是表身体动作的动词。或是身体部位通用的动词，如“伸、缩、抬、挺”，或是某一部位独用的动词，如“瞪（眼）、睁（眼）、蹦（脚）、跺（脚）、撅（嘴）、绷（脸）”。这些动词，如前所述，既可以看作是“人”控制部位而做的——“人”“睁”“眼”，也可以看作是部位自己发出的——“眼”（自己）“睁”。

语言是人的语言，所以对人体的动作分得细之又细。又由于人与部位的隶属关系，这一大类动作的控制权都可以在人和部位间传递，从而形成了一大批主客同体的动作动词。而这些动词只跟身体义场的单字相配，使得身体义场单字特有了大量vo述主的两字组例，形成了与动物义场的又一显著区别。也即，这一显著区别，也是源于身体义场的隶属关系特点。

3．vo使动。古汉语时不及物动词和形容词可以自由地后接名词形成使动结构，vo使动是可以类推的自由短语结构。现代汉语中，由单音节V和N组成的述宾表示使动不再自由，只留一些固定的凝固用法。表4已显示，vo使动在两义场中的出现频率差别很大，动物义场只有3例，而身体义场却有79例。下面穷举动物义场例，身体义场例则择举。

伏虎、降虎、惊蛇

润肠、断肠、润唇、暖肚、美发、润发、生发、健肺、清肺、润肺、清肝、发汗、暖脚、下奶、健脑、醒脑、利尿、化痰、祛痰、清痰、消痰、活血、生血、败胃、健胃、开胃、暖胃、清胃、伤胃、熬心、定心、横心、惊心、净心、静心、快心、宽心、暖心、清心、屈心、爽心、窝心、息心、醉心

动物义场的3例中出现频率高的2例只出现在成语中（“降龙伏虎、打草惊蛇”），“降虎”在现代汉语中似很少使用。身体义场单字用于使动例的较多，可以观察到的原因是现代汉语在中医中药及化妆品的领域中广泛使用半文言语体，而中药及化妆品又都是作用于人体的，所以这些领域中就广泛使用与身体义场单字有关的vo使动两字组。此外还有单字“心”，在中医药、化妆品的领域之外，仍能组成大量vo使动两字组。这些vo使动，特异性就更强一些，可类推性就更差一些。

4. vo唯状。这一类只出现在身体义场。先看一些实例。

曲臂、悬臂、扭臂a.转臂、侧耳、随脚、顺脚、挥泪、兜脸、劈脸、勾手、劈手、徒手、携手、就手、随手、信手、倒头、勾头、埋头、闷头、劈头、兜头、迎头、从头、扪心、当胸、劈胸、偷眼、斜眼，b.正眼、拦腰、当腰

为什么只有身体义场单字才可以出现在这一类呢？我们不太有把握。也许是因为语言对针对人的动作区分细致，所以才需要有固定的伴随动作吧。

此外，动物、身体两义场单字做状中之状语的比例差别也比较显著，为0.99∶2.1。但细观实例我们发现，两义场单字用于这一功能的虽然个例不多，但是在单字中的分布都较均匀。如：

蚕食、蜂拥、狗刨、龟缩、猴急、狐疑、鸡奸、鸟瞰、牛饮、雀跃、蛇行、鼠窜、兔脱、鱼贯

鼻饲、臂助、唇读、肩负、脚穿、泪别、毛估、皮试、舌战、手洗、痰厥、头槌、腿去、尾随

身体义场单字做状语的比例较高，只是因为一个字，“手”做状语的个例特别多，如“手抱、手编、手剥、手操、手测、手抄、手创、手持、手订、手动、手读、手缝、手扶、手划、手绘……”共计50例。除此一字，两义场单字做状语的比例大致相同。

以上讨论了两义场单字组构两字的主要区别。其中牵涉到的[隶人]、[隶有生]、[食品]、[质料]等名物类的语义特征，主客同体的自动/主客异体的他动等动词小类的区分，是汉语控制句法的重要因素，而上面的分析表明，它们对于两字组的组构来说也同样是很关键的。这表现出汉语句法（自由短语规则）与复合构词法之间的共同性。

本章讨论的两字组配规则也同样有不少是与句法重合的。比如，①主谓式的“人体部件+A”可较自由地做表人名词的谓语，表示人的属性、感觉等；②述宾式的“刺激感觉类动字+人体部件[感知力]”可较自由地做表人名词的谓语，表示人的感觉；③动物义场字多做他动词的宾语，而身体义场字做主客同体的自动词的宾语的比例较大；等等。

本章讨论的两字组转类规则属于复合词法与句法相异的部分。比如，①主谓式的“身体隶属物+A”在做表人名词谓语的基础上，一部分进一步发展为形容词（“心烦”等），个别发展为及物动词（“眼红、心疼”等）；②“刺激感觉类动字+人体部件[感知力]”在做表人名词谓语的基础上，一部分进一步发展为形容词（“刺耳、扎手、硌脚”等）；③“烹调加工类动字+名[食品]”除表

示述宾结构外，几乎都可以转类表示食品名；④“动字＋人体部件[外部]”有一部分可以表服饰名；⑤$\mathrm{VO}_{\text{使动}}$，身体义场字较多见（“润发、润肺”等），等等。这其中①②③④是隐喻，有认知规律在起作用，⑤是古代句法的遗留，它们共同造成了汉语复合词法与句法间重要的搭配规则差异。

五 小结

本文对特定语料中涉及动物、身体两义场单字的大量两字组实例进行了穷尽性的分析，得到如下初步结论：

1. 汉语单字，包括黏着单字，是可以区分名、动、形的。尽管汉语的单字大多是多义项的，但多义项不等于多字类。有相当数量的单字、特别是某些义场的单字并不兼类，比如本文考察的动物、身体两义场就是典型名性的。

只要有相当数量的单字不兼类，且是否兼类能够用义场来控制，以单字类控两字组的类，以不兼类字控制兼类字就有可行性。也就是说，汉语“以单控双”的复合词法需要名、动、形等基本范畴的标注和中心成分的标注，它与短语结构规则在高层上有很大的一致性。

今后的任务应是进一步扩大考察范围，以弄清汉语到底哪些义场的字不兼类，哪些义场的字兼类，兼类的规律是什么。

2. 义场和语义特征在两字组构中有重要作用，特别是对于黏合字组与短语结构不一致的转类规则来说。

词法中需要的语义特征，既有句法研究中常用的[有生/无生]、[人/非人]、[抽象/具体]、[隶属],动词小类的区分等;也有[食品]、[质料]、[感知力]等层次较低的语义特征。前一类特征的抽象层次较高,可控制的两字搭配也就数量较大,后一类特征的抽象程度较低,可控制的两字搭配数量也较少。

动物、身体两义场单字在搭配字的选择、两字组的转类方面有明显差异,而这些差异主要与身体义场有[隶属]特征而动物义场没有这一特征有直接关系,认知图式说可以很好地解释和在相当程度上预测这些差异。

参考文献

刘叔新 (1990)《汉语描写词汇学》,商务印书馆。

陆志韦等 (1957/1964)《汉语的构词法》,科学出版社。

宋柔、戴伟长、邱超捷、李飞 (1998) 现代汉语二字结构工程,《1998中文信息处理国际会议论文集》,清华大学出版社。

王洪君 (1994) 从字和字组看词和短语——也谈汉语中词的划分标准,《中国语文》第2期。

—— (1998) 从与自由短语的类比看"打拳"、"养伤"的内部结构,《语文研究》第4期。

—— (2000) 汉语的韵律词和韵律短语,《中国语文》第6期。

—— (1999) "逆序定中"辨析,《汉语学习》第2期。

—— (2002) 普通话中节律边界与节律模式、语法、语用的关联,《语言学论丛》第26辑,商务印书馆。

—— (2005) 动物、身体两义场单字及两字组转义模式比较,《语文研究》第1期。

徐通锵 (1994) "字"和汉语研究的方法论,《世界汉语教学》第3期。

—— (1997)《语言论——语义型语言的结构原理和研究方法》,东北师范大学出版社。

袁毓林 (1994) 一价名词的认知研究,《中国语文》第4期。

张 敏（1998）《认知语言学与汉语名词短语》，中国社会科学出版社。

周 荐（1991/1994）复合词词素间的意义结构关系，《语言研究论丛》第六辑，天津教育出版社。又见《词语的意义和结构》18—54页，天津古籍出版社。

Borer，H.（1988）On the Morphological Parallelism between Compound and Construct，in Booij and van Marle eds. *Yearbook of Morphology* 1. Dordrecht：Foris.

Bybee，J.（1985）*Morphology：a Study of the Relation between Meaning and Form*. Amsterdam & Philadelphia ：John Benjamins.

Downing，P.（1977）On the Creation and Use of English Compound Nouns，*Language* 53，pp810－842.

Fillmore，Charles J.（1982）Frame Semantic，in *Linguistics in the Morning Calm*，pp111－137，The Linguistic Society of Korea ed. Seoul：Hanshin Publishing Co.

Jackendoff，R. S.（1990）*Semantic Structures*. Cambridge，Mass.：MIT Press.

Lakoff，G.（1987）*Women，Fire and Dangerous Things：What Categories Reveal about Mind*[M]. Chicago & London：University of Chicago Press.

Langacker，R. W.（1991）Cognitive Grammar，in Droste，F. G. & J. E. Joseph eds. *Longustic Theory and Grammatical Description*，Amesterdam：John Benjamins Publishing Company，pp275－306.

Packard，Jerome L.（2000）*The Morphology of Chinese—A Linguistic and Cognitive Approach*，Cambridge University Press.

Traugott，E. & R. Dasher（2002）*Regularity in Semantic Change*，Cambridge：Cambridge University Press.

补记

这一篇和下一篇可归为一个小单元。这两篇文章主要是想测试两个问题：一是汉语的字，包括不能独用的黏着字，是否能分出动、名等类别；

二是汉语字词的动、名类别的性质是什么，是语法的，还是语义的，它们跟义场是什么关系。

朱先生在《现代汉语语法研究》课程中曾经提到，他觉得，即使是古汉语也可以分出动、名等类别，除了"使成"等句法格式赋予的临时功能外，所谓"动名兼类"只限于某些特殊的义场，比如"锄、耙、锯、刨、凿"等都是工具(名)和使用该工具的特殊动作(动)的关系。这一看法给我留下深刻的印象。

本文想测试的这两个问题，对于汉语的双音复合词是否能基于字来建造十分重要：一方面，如果汉语大部分的字可以分出动名等类别，而名兼动只限于某些有理可据的义场，则汉语的双音复合词就可以用较少的"词模"来控制。另一方面，如果汉语的字大部分是动或名单类，另外一些是有理据可言的动名兼类，则汉语字词的动名分类从本质上看就不是语法的类而是语义的类。语义类有层级高低之分，高层的名动两大类之分体现为大类搭配功能的不同，低层则可以分为更多的小类，比如名词还有是否[+隶属][+食品]等区别，它们在小类搭配规则上有差异。

本文选取语义上为典型具体名物的动物和人体部位的单字来做测试。这是因为，根据汉语的字词可以分类，且字词的类是语义类的假设，动物和人体部位应该在搭配中表现出典型的"名物"属性，不兼类。而根据汉语的字组成两字组的规则与双音词组成短语的规则可以类比的假设，动物义场字与人体部位字应该在大的搭配规律上相同，但作为具有[+隶属]特征的表部分的成分，人体部位字应该还另有可以增价的特殊搭配。

跟信息学界多年的合作使我懂得，语料的选取要尽量避免主观性，测试要有一定的"量"作为基础。因此这两篇文章的测试字穷尽性选用了《普通话常用三千词表》的"6.动物"、"14.人的身体、生理"这两部分，这些测试字的两字搭配则是穷尽性地选自基于2亿字符语料和基于8亿字符语料的两个两字结构库。这样得到了动物义场的46个常用字、3241个两字组，身体部位义场的44个常用字、5106个两字组；作为研究本文所针对的问题，我觉得量是足够了。

测试的结果证实了之前的假设——汉语字至少有一大部分是可以明

确分类的，而这种类的分别是语义的类。典型的表具体名物义场的单字在搭配中表现为单纯的名性，不管是黏着字还是自由字。测试的结果也有一些意外的惊喜，发现了一些过去曾未有人提到过的小类搭配规则。比如，"刺激感觉类动字+具备感知能力的人体部件名字"可以相当自由地组配，用来表示人的感受（"刺鼻、扎脚、露脸、勒手、怵头、堵心、硌牙、晃眼、涩嘴、顺嘴"等等）；"动作/状态+人体部位名字"可以相当自由地组配而构成内层唯状语（"曲臂、侧耳、顺脚、挥泪、兜脸、劈脸、勾手、携手、勾头、迎头、当胸、劈胸、正眼、拦腰"等等）；数量之多超出想象。如果没有大规模语料库，真是很难有这些发现。

我的计划是，下一步穷尽地统计一两个抽象名物或有动力名物的义场，它们应该会表现出名动兼类的搭配能力。比如"气"这样的字。可惜，计划至今还只是计划，一直没有时间动手。

动物、身体两义场单字及两字组转义模式比较*

提要 单字及其两字组常常会有转义用法。笔者通过对大语料库中穷尽收集的两字组实例发现，在两字组中，动物义场单字及字组的引申主要取"像X一样"方式，而身体义场的则主要取"与X关系相同"方式。这一差异与身体义场单字独具[隶属]特征有关，此外也涉及[感知力]、[外部]等语义特征。认知上的隐喻规律可以解释和在一定程度上预测两义场单字及其两字组的转义。

一 研究目的及术语说明

本文的目的是，从认知语言学的角度观察特定义场单字及其相关两字组的转义模式，以期为预测合格与不合格形式提供依据。

本文的"单字"指"单音节、有意义"的语言单位而不是指文字单位。"两字组"则指有内部语法语义结构的、黏合的复合两

---

* 原文发表于《语文研究》2005年第1期。文章初稿曾在第3届全国认知语言学会议上宣读。

字组。也即，①不包括内部成分无法做语义分析的两音节联绵字组、音译字组和人名、地名、商标名等专有字组；②不包括“指代/数量+名”、“连接/范围/否定/程度+动”、“助动+动”、“介词+名”、“X+助词”、“名+方位词”、“数+量”等其中一个成分的可替换性极强、另一成分是或多或少带有语法意义封闭类的自由词组。“复合两字组”下面也简称“两字组”或“两字词”。

要特别说明的是，本文讨论的两字组，既包括汉语学界通常认为的两音节复合词，也包括由两个单音节实词根组成的词组。这是基于汉语中词和词组的界线不太清楚而采取的工作策略，也考虑了国外关于“句法词”的定义。

转义，是指语义引申，如本义通过隐喻或换喻而获得新义。

二　材料基础

本文考察的单字是从《普通话常用三千词表》的“6.动物”、“14.人的身体.生理”两节中人工选取的常用单字，计有：

动物类46个：豹鳖蚕虫蝶鹅蜂鸽狗龟猴狐虎鸡狼鹿驴骡马猫鸟牛蛆雀蛇虱狮兽鼠兔蛙蚊虾蝎蟹熊鸭雁燕羊蚁鹰蝇鱼蚤猪

身体类44个：背鼻臂脖肠唇肚耳发肺肝肩脚脸眉脑皮腮舌手头腿腕胃膝心胸牙眼腰嘴(人体次类)//翅毛蹄尾(动物专用次类)//蛋汗泪奶屁尿屎血痰(分泌排泄物次类)

以上各字统称为“考察字”。

两字组从以下材料中穷尽收集：

(1)基于2亿字符语料库的词表和两字结构表(由北工大人

工智能所开发。两表中的两字组共约 14 万条。两字结构表系自动分词后经人工鉴别捆绑落单成分而得)。

(2)基于 10 亿字符语料库的信息处理用特大词表(由清华大学计算机系开发,其中两字组约 11 万条)。

穷尽收集到的两字组再经人工剔除属于自由字组、专名、译名、联绵词或非接续的个例,仅留黏合式复合两字组,计得:动物义场两字组 3241 例,身体义场两字组 5106 例。两字组中与考察字搭配的另一个字,称作“搭配字”。

三 两义场单字及两字组转义类型比较(一)——隐喻与[隶属]恒定性

我们把表示动物或身体隶属物的意义看作单字的本义,除此之外的意义则看作转义。本文讨论的转义,既包括已经固定为单字义项的转义,也包括组合中的临时转义。

转义分为单字转义和两字组转义两个层次。比如“狗官”义为“(抽象属性)像狗一样的官”,是定语位置上单字的转义;而“猫眼”并不是“像猫一样的眼”,而是“像猫眼一样的石头”,是两字定中结构整体的转义。

一般说来,以相似性为基础的意义转移称作“隐喻”(如“儿童”与“花朵”),以共现性为基础的意义转移称作换喻(如“武器”与“士兵”)。但是,隐喻和换喻有时也有交叉。当代认知语言学研究中,有的学者只谈隐喻,把换喻看作是隐喻的次类,如 Lakoff;另一些学者只谈换喻,把隐喻看作换喻的次类,如

Langeker。本文也不区分隐喻和换喻，由于讨论主要是围绕“相似性”展开，因而姑且一律称做“隐喻”。

两义场在单字、两字层次上的转义都体现出共性和差异。共性在于，引申的主要途径都是相似性，差异则是身体义场的引申大多基于[隶属]特征，而动物义场与这一特征无关。

两义场主要转义途径的异同可表示如下：

动物：与X属性相似的

①像X的{形状、味道、声音、脾气、方式等属性}一样的（前字，做饰语）

②像X{形状等某种属性}的另种动物、无生物或人（后字，做中心语）

身体：与X之“整体－部分”关系相似的

①［有生］→［无生］/［隶属］（后字、缀前）

②［具体］→［抽象］/［隶人］（前字、后字）

③［具体］→［抽象］/［隶属］（前字、后字）

本章先集中身体义场独有的“与X之‘整体－部分’（隶属）关系相似的”转义方式。身体类单字及两字组以这种方式引申的数量极多，而动物义场却没有一例，表现出极显著的差异。请看下表的统计：

转义类型 相同条件：保持隶属关系	动物	身体	两字组例
［有生］→［无生］/［隶属］	0	293	椅背、帽耳、鞋脸、彗尾
［具体］→［抽象］/［隶人］	0	733	嘴脸、断肠、脚头、手辣、慧眼
［具体］→［抽象］/［隶属］	0	224	眼目、耳门、收尾、大腕、前腰

续表

XX→抽象位置/[隶人]	0	2	膝下、膝前
总计	0	1252	
比例(%)	0	25	

下面分类举例分析。

a.[有生]→[无生]/[隶属]293 例(缀前 17 例、后字 273 例、前字 3 例)

保持[隶属]特征,由有生物的隶属物而隐喻为无生物的隶属物,是身体义场单字转义的重要类型,基本上限于后字和缀前位置。值得注意的是,这一引申方式的只涉及该义场 44 个考察字中的 20 个字且组合能力相差很大,按组合频率排序为:

肚 1 汗 1 脸 1 耳 2 泪 2 屎 2 臂 3 脖 3 鼻 4 翅 6 腿 7 腰 8 背 10 皮 13 嘴 15 脚 16 眼 26 尾 28 心 58 头 80

下面是部分具体实例:

缀前背儿 1/后字刀背、椅背……9/缀前鼻儿 1/后字门鼻……3/犁臂……3/缀前脖儿 1/脚脖、拐脖 2//缀前翅儿、翅子 2/后字帽翅……4/后字帽耳、器耳 2/缀前肚儿 1/位置在下或剩余物鬓脚、山脚、菜脚、注脚……16/后字蜡泪、烛泪 2/前字汗简 1/鞋脸 1/舌儿 1/排泄物耳屎、眼屎 2/缀前腿儿 1/床腿……6/中窄物 缀前腰儿 1/裤腰、等腰……7/孔状部件 缀前眼儿、眼眼 2/后字冰眼、枪眼、网眼……24/可进物处 缀前嘴儿、嘴子/后字壶嘴、烟嘴、吸嘴……15/位置在外物 缀前皮儿 1/豆皮、车皮转指空车厢、地皮可转指地面所有权……12/位置居中物 缀前心儿、心子 2/靶心、河心、空心、向心……58/无生物具体端头儿物端 1/始端排头、红头文件头、

炕头、片头影片的……79/末端物榜尾、词尾、彗尾……28

这一类特点是:①多为典型身体部件单字,很少是分泌物次类的单字。特别是组合高频者,只有身体部件字。②除“心”外都是有[外部]特征的单字。③组合能力高频的基本都是以“位置相同”这一抽象属性的相似而隐喻的,如频率最高的“尾心头”分别由人或动物的部件隐喻为“位置居末/居中/居前”的无生隶属物。

b. [具体]→[抽象]/[隶人](前后字、缀前均有,733例)

该类是身体义场单字转义个例最多的一类。它是在保持“人之隶属物”的前提下,由具体的物质的隶属物抽象化为抽象的隶属物——能力、感情、表情等(如人的眼睛→人的观察力)。

其中,两个身体义场单字并列表示人的抽象隶属物是重要的一类,计有31例:

肺腑、肝胆、血汗、血泪、血肉、胃口、牙口、心肠、拳脚、手脚、腿脚、脸面、眉脸、头脸、嘴脸、眉宇、眉脸、眉目、眉眼、唇舌、口舌、手足、手腕、身手、身心、心目、心胸、心血、胸怀、眉眼、嘴脸

其他702例其实只涉及17个单字且组合能力相差极大,它们是:

脚1 腕1 鼻2 肚2 脑2 眉3 腿3 腰3 舌8 耳11 肠13 脸41 眼68 嘴74 手103 心364

具体实例举例分析如下:

宾 嗅觉冲鼻、刺鼻2/主 感情器官肠断1/中 愁肠、饥肠、离肠……10/宾 牵肠、断肠2

定 容人量肚量、吃量肚皮2/主 听觉耳背、耳熟……9/宾刺耳、逆耳……7/脚头1/缀前 面子或表情脸儿、脸子2/定脸皮、脸色2/主 脸薄、脸嫩……7/中鬼脸、老脸、媚脸……12/宾 得脸、翻脸、绷脸、露脸……17/中 表情轩眉、慈眉、愁眉3/宾 思想入脑、洗脑2/说话嚼舌、学舌、饶舌……8/缀前 做事方法或控制权或亲手手儿、手头2/主手臭、手辣、手拙……18/定 手笔、手段……7/中 暗手、缓手、先手……26/宾罢手、插手、倒手、联手、随手……50/主 走路腿懒、腿勤、腿软3/手段铁腕1/缀前 思想感情心头1/定心岸、心地、心计、心理、心窝……61/主心定、心堵、心浮、心慌、心疼……66/状 心传、心系……10/中禅心、臣心、春心、归心、决心……76/宾 悉心、精心、交心、同心、唯心、狠心、伤心、操心、小心……150/VO之物念心纪念品/主 胸次心情、胸襟……4/定 看或观察力眼波、眼力、眼色……13/主眼毒、眼尖、眼熟、眼红……15/中法眼、慧眼、醉眼……13/宾亲眼、着眼、抢眼、走眼、傻眼、放眼……27/缀前 表达力嘴头1/主 表达力嘴笨、嘴长、嘴损、吃的需求嘴馋、嘴刁……25/表达嘴皮、快嘴、贫嘴、吃的需求嘴瘾、馋嘴……9例/宾拌嘴、插嘴、松嘴、住嘴、吃的需求糊嘴、戒嘴、挑嘴……39/身姿懒腰、身腰、腰身3

这一类的特点是:①清一色的身体部件单字,没有一例是分泌物次类的单字。②除“肚”外均为有[能动力]或[感知力]特征的身体部件。③除[能动力]最高的“手”外,频率在10以上的都是具有[感知力]的身体部件。特别是“脸眼嘴心”,“人之抽象隶属物”的义项在这些字的多种分布中都保持着,已成为它们的主要义项。

身体义场“具体→抽象”的引申只限于人之不可让渡的部件，特别是限于有[能动力]、[感知力]特征的部件。这反映出两条认知规律：

①不可让渡部件比分泌排泄物与人的关系更紧密，

②[能动力][感知力]可以在隶属者和不可让渡部件之间自由传递，因而更易抽象化。

c.［具体］→［抽象］　/［隶属］(224 例)。

这一类是抽象度最高的隐喻类。它也是[具体]→[抽象]的变化，但不是隶属物单方面的抽象化(如人的眼睛→人的观察力)，而是领属者、隶属物两方面的抽象化。如一个人的上部的控制部分为“头”，一个人群的高层控制者也是“头”。隐喻中保持不变的只有隶属关系的类似，也即，以部件在人体中的作用隐喻人在人群中的作用。

该类也有一部分是同义场字的并列：

耳目、心肝、须眉、首脑、头脑、喉舌、人手、心腹、爪牙、眼目、首尾

共计 11 例，均是以部件在人体中的作用隐喻人在人群中的作用的。

剩下的 213 例所涉及的单字较上一类更少，仅有 13 字。按组合频率排序如下：

心 1 脸 1 皮 1 腰 2 耳 2 背 3 臂 3 眉 3 腕 4 眼 8 脚 9 尾 25 手 61 头 90

这 213 例又可细分为隐喻无生物和隐喻人群两种。下面是实例：

面子门脸/表面事务扯皮/位在两侧且较小的耳房、耳门/位置在反面的背衬、背景、背面/中点两侧长条状的力臂、支臂、重臂/位置在上条状的眉板、眉批、眉题/重要关键处板眼、报眼、腰眼……8/基础或位置在下或等距隔开物阵脚、脚注、韵脚、针脚……9/时间处所端或剩余的岁尾、末尾、收尾、尾矿、尾随……25/抽象物端好头、风头、气头……13/泛指处所岸头、床头、肩头、心头……34/抽象位置在前的头鹿、头人……6/时间位置在前的2/头晌、头午 共计71例

人群之首 头儿、电头、教头……16/抽象作用类似 部件代人 心尖1/后腰、前腰2/腕儿、大腕、名腕、神腕4/副手、高手、扒手、歌手……61/苍头、孱头、刺头……15/幞头、肉头、寿头3 （?蛇头） 共计87例

该类是前两类自然的进一步隐喻。既然人脸可以隐喻为人的抽象脸面，当然也就不难引申为一个铺面的抽象脸面。值得注意的是高频的“尾头”。这两个字抽象度最高，特别是“头”，一方面已引申为表达抽象的时间处所的位置关系，由此再进一步，“头”就虚化为序数词、量词，配合能力更大大扩张。因这最后一步的虚化牵涉到了单字的转类，本章没有包括进来。另一方面，“头”意义空灵化，仅留“以部件代整体人”的含义而转义为表人，如“肉头、苍头”。细分的话。这一转义方式应归为典型的换喻。

d. XX转抽象位置（2例）。该类是两字层级上的引申，涉及实例很少，只有“膝前、膝下”，是由与人体具体部件的具体位置关系隐喻转指与人的抽象位置关系。

通过以上分析可以看出：

(1)保持隶属关系不变的"与 X 隶属关系类似"是身体义场单字特有的转义方式，以这一方式单字可以大量产生新的义项或临时义项。这生动地说明，"整体－部分"，特别是"人体－人体部件"是人类认知的基本意象图式，而引申中意象图式的拓扑结构是恒定不变的(Lakoff 1990)。

(2)人体分泌排泄物不能进入"整体－部分"认知意象图式，至少不能进入"人体－人体部件"这一基本认知意象图式。

(3)以这一方式引申的组合高频字主要集中在"嘴93 手106 眼108 头160 心439"这 6 个单字上，它们的所指也是被认为是承担着人体最重要功能的器官：头和心控制整个人体，手管做事，眼管看，嘴管说和吃。位置关系的凸显(如"在上"或"居中")，看来也首先需要功能上的凸显。这些单字引申义在组合上的高频，也同样是由认知规律决定的。

四　两义场单字及两字组转义类型比较(二)
——相似性隐喻的差异

再看"与 X 属性相似的"的转义方式。

这一方式两义场的单字和两字组都有实例出现。但身体义场实例的数量，从与动物义场的比较来看，比例较小；从与本义场其他转义方式的比较来看，远较前一方式为少，并有其他一些限制。先看具体数据：

转义类型	转义层级	动物　(举例)	身体　(举例)
像X一样的	前字	143　鼠标、蚕豆、龟缩	24　发菜、奶白、血腥
像X的他物	后字	84　海豹、天牛、竹马	82　零蛋、火舌、泉眼
像XX的他物	两字组	16　猫眼、狗腿、蛇足	0
像XX的他物	两字组	34　青鸟、银燕、蛀虫	11　鸡眼、马脚、懒蛋
像XX的属性	两字组	8　鸡尾、鸭嘴、蝇头	0
像XX的时状	两字组	3　马上、马下、立马	6　头前、眼前、眼下
像XX的时状	两字组	0	8　前脚、转眼、眼看
像XX的抽象活动	两字组	7　出马、藏猫、吹牛	1　放屁
总计	—	295	132
比例(%)	—	9	2.6

身体义场单字以“像X一样”方式引申的，不仅比例数不到动物义场的1/3，而且在最重要的、单字转义的两小类上（a、b）有非常显著的差别。下面主要讨论这两小类。其他小类是两字组整体转义的，个例都不多，不再列举和讨论。

首先看前字位置为考察字的a小类。所考察的前字字义占据定语位置，属于认知语言学中所说的“凸显属性”。

动物义场的这一方式十分自由，不仅数量多且广泛分布在义场的各个单字（因篇幅限制，同一类型个例多者只举3—6例，用斜线隔开，阿拉伯数字为该小类个例总数。下同）。如：

外观类似　另种动物 狗獾、狼狗、熊狸、羊驼、猪獾……22/无生物 虫草、蝶装、兽环门饰、鼠标、鸟书……16/部分外观相似、人之部件 豹眼、鹅颈、蜂腰、鸡胸、驴脸、鹰眼……11/无生物 蚕豆、虎符、鹿砦……9/大小类似马蜂、雀鹰2/味道相似虾片……4/颜色相似兔灰、蟹青2/声音相似蜂鸣、牛蛙……3/嗅味类似狐臭1/姿态类似猴拳、蛙泳、鸭步……10/具体属性相似猴筋、虎钳2/抽象属性类似鸽派、狐媚、雀盲、蚁命……30/方式类似蚕食、蛇行、燕好、雁序、鱼跃……28/动作类似猫冬、猫腰2。共计143例。

其特点为:①这一转义方式在动物义场中分布广泛,涉及46个考察字中的35个,比例高达76%。没有出现于这一方式的"骡蛆虱蝎蝇蚤狮蚊",均为组合能力L级的,除"狮"外,还都是低于基本认知等级(人们一般把"骡子"看做"马"的一种,"蛆虱蝎蝇蚤蚊"看作"虫豸")。②隐喻所根据的相似点遍及属性的各个方面,如外形、大小、味道、声音、动作姿态,等等,这充分体现出动物是独立有生个体,其内涵属性的多个方面都有可能在组合中凸显出来。

而身体义场以这一方式引申的仅有24例,现全部列举如下:

外观类似或部分类似翅果、蛋形、发菜、眉豆、舌鳎、腰果/颜色类似奶白、屎黄、血红、牙白/抽象属性类似鼻祖、鼻识、鼻准、奶毛、奶名、奶声、奶牙、屁话、屁钱、屁事、屁寿、屁用、血腥、血霉

其特点与动物义场完全不同,①组成的两字组数只有动物义场的1/6,涉及考察字只有"蛋奶屎血屁//翅发眉舌腰牙鼻"12字,仅占身体义场44个考察字的27%。更重要的是,其中近一半单字属分泌物小类而非典型身体部位小类。涉及真正的身体部位字的只有"发菜、眉豆、舌鳎、腰果、鼻祖、鼻识、鼻准"7个

两字组，只有动物义场同类两字组的1/20！②隐喻所根据的相似点只有外观、颜色、抽象属性3小类，而以抽象属性为主。以上特点均说明，对于典型的身体部位来说，形音色味姿等物理属性在认知中很少独立凸显，也就很难以它们为纽带而转义。

再看后字或缀前位置为考察字的b小类。后字位置一般表示认知语言学所说的"非凸显的实体"。

动物义场计有84例：

人 网虫 1/另种动物 海豹、土鳖、天鹅、金龟、蝇虎蜘蛛、河马、熊猫、袋鼠、蠹鱼、江猪……77/无生物 跳马、竹马、拨鱼 3/抽象物 逐鹿治权、拱猪傻人、装熊无能样 3

身体义场计有82例：

无生物共57 形似 蛋儿、蛋子缀前 2/粪蛋、脸蛋、零蛋……后字 6/脑儿 1/牙儿、牙子缀前 2/房牙、檐牙、月牙后字 3/腰子、腰花 2/石耳、木耳、银耳 3/麸皮、铁皮、凉皮……6/笔舌、冰舌、焰舌……7/触手 1/洞眼、风眼、孔眼、扣眼、卯眼、纽眼、炮眼、气眼、钱眼、枪眼、泉眼……后字 24/端点突出物 鼻头、葱头、坟头、窝头……9/抽象属性相似物 龙脑、樟脑、电脑、橡皮、闸皮 5/剩余小者 布头、料头、裤头……10

可以看出，两义场这一类在数量上的差别不大。经分析我们发现，两义场仍有明显区别，区别在于是转义为其他动物还是转义为无生物。动物义场以转义为其他动物为主，身体义场以转义为无生物为主，百分比为：动物义场：人 1%、其他动物 92%、无生物 7%；身体义场：人 0%、其他动物 0%、无生物 100%。也就是说，动物类以相似性为基础而隐喻投射为其他种类实体的，基本上都保持了[有生][动物]的基本属性，而身体类以相似性为基础而隐喻为其他种类实体的，却是取[无生]的属性。

综上，以相似性为纽带做前字而转义为凸显属性，是动物义场而不是身体义场的主要引申方式；做后字而转义为其他事物的，动物义场大多保持了[有生]和[动物]的特征，而身体义场却是取[无生]特征。总体来看，脱离整体部分的隶属关系而以"像X一样"方式引申，不是身体义场单字转义的主要方式。以上各点都反映了身体义场单字独具[+隶属]特征的特殊性，反映了部分/整体关系具有特别的稳固性，而人体整体/部分之间的关系在认知模式上更具有特殊重要的作用。

五　小结

本文对涉及动物、身体两义场单字及其组构两字组情况进行了基于大规模语料的穷尽性考察和分析，得到如下初步结论：

义场和语义特征在复合型黏合字组的构造中有重要作用，特别是对于黏合结构与组合式自由结构不一致的转义规则来说。

动物、身体两义场单字及其两字组在转义方面有明显差异，而这些差异主要与身体义场具有[隶有生]特征、形成人体整体－部分关系的基本认知模式，而动物义场不具这些特点有直接关系。认知图式说可以很好地解释和在相当程度上预测两义场转义的这些差异。

参考文献

黄月圆（1995）复合词研究,《国外语言学》第 2 期。

刘叔新（1990）《汉语描写词汇学》,商务印书馆。

陆志韦等（1957/1964）《汉语的构词法》,科学出版社。

宋柔、戴伟长、邱超捷、李飞（1998）现代汉语二字结构工程,《1998 中文信息处理国际会议论文集》,清华大学出版社。

孙茂松等（2001）《信息处理用现代汉语分词词表》,中国教育部九五科研项目结项成果,未刊。

王洪君（1994）从字和字组看词和短语——也谈汉语中词的划分标准,《中国语文》第 2 期。

——（1998）从与自由短语的类比看“打拳”、“养伤”的内部结构,《语文研究》第 4 期。

——（1999）“逆序定中”辨析,《汉语学习》第 2 期。

徐通锵（1994）“字”和汉语研究的方法论,《世界汉语教学》第 3 期。

——（1997）《语言论——语义型语言的结构原理和研究方法》,东北师范大学出版社。

袁毓林（1994）一价名词的认知研究,《中国语文》第 4 期。

张　敏（1998）《认知语言学与汉语名词短语》,中国社会科学出版社。

周　荐（1991）复合词词素间的意义结构关系,《语言研究论丛》第六辑,天津教育出版社。

Fillmore, Charles J.（1982）Frame Semantic, in *Linguistics in the Morning Calm*, pp111 - 137, The Linguistic Society of Korea ed. Seoul: Hanshin Publishing Co.

Jackendoff, R. S.（1990）*Semantic Structures*. Cambridge, Mass.: MIT Press.

Lakoff, G.（1987）*Women, Fire and Dangerous Things: What Categories Reveal about Mind*. Chicago & London: University of Chicago Press.

——（1990）The Invariance Hypothesis: Is Abstract Reason Based on Image-schemas? *Cognitive Linguistics*, Vol.1 - 1. pp39 - 74.

Langacker, R. W. (1991) Cognitive Grammar, in Droste, F. G. & J. E. Joseph eds. *Longustic Theory and Grammatical Description*, Amesterdam: John Benjamins Publishing Company, pp275 - 306.

Packard, Jerome L. (2000) *The Morphology of Chinese—A Linguistic and Cognitive Approach*, Cambridge University Press.

Traugott, E. & R. Dasher (2002) *Regularity in Semantic Change*. Cambridge: Cambridge University Press.

补记

本篇是上一篇的姊妹篇。两篇原来其实是一篇的两大部分:上一篇从结构的角度讨论动物、身体两义场单字的构词规律,本篇从意义引申(隐喻)的角度讨论动物、身体两义场单字的词法规律。也即前者着重的是与短语结构大致相同的、可类推的结构规则,后者着重的则是基于对现实事物之间联系认知的新义浮现规律。两大部分本来是互相补充的,但由于没有一篇杂志可以容纳三万字的篇幅,所以只好拆成了两篇。这次,姊妹两篇终得团圆,彼此的密切联系和分工得以更好地展示。

试论现代汉语的类词缀*

提要 本文旨在从句法音系接面的角度、根据大规模语料库的统计材料论证类词缀是现代汉语的一个独立的、重要的单位类别。作者发现：与词根相比，类词缀与词缀、助字一样具有单向高搭配性、结构类型个别化和类化作用的特点，意义也较词根明显泛化。与词缀、助字相比，类词缀主要与双音词和多音节类词相配，而词缀只能与单音字和部分双音词相配，助字则是自由地与包括自由短语在内的所有单位层级相配。另外，类词缀新生类推潜能极强，可根据接收向周遍性组配规则大量新创语义透明的类词字组，也与词缀明显不同。

零　引言

词根和词缀是词法中的一对儿重要术语。一般的定义是(如高校用各种《语言学概论》、《现代汉语》)，词中表达概念义(或称“实在意义”、“词汇义”、“基本义”)的部分是词根，意义虚化、在词中起改变概念义的附加作用和/或语法作用的部分是词缀。并且，词根语素可以是自由的、不定位的，而词缀只能是黏着的、定位的。

---

* 原文发表于《语言科学》2005年第5期3—17页，笔者为第一作者，第二作者是富丽。

不少论著还谈到，除词缀外汉语还有大量的“类词缀”（或称“准词缀”，下面除转引外一律称“类词缀”）。常提到的类词缀有“-化、-家、-型、-式、超-、准-、类-、反-”等（详见吕叔湘1979，陈光磊1994，马庆株1995）。类词缀比词缀还多，被认为是汉语的一个特点。

什么是“类词缀”呢，一般的说法是，它的意义不像真词缀那么虚化也不像词根那么实，虚实介乎词缀和词根之间。但意义的虚实不好把握，因此马庆株（1995）提出如下标准：(1)真词缀的意义是虚化了的（词典单列词条），准词缀的意义是实在的或抽象的（词典不单列词条且不是第一第二义项）；(2)真词缀是成虚词语素或绝对不成词语素，准词缀是相对不成词语素（在基本义项上可成词）；(3)真后缀基本都轻音化了，准后缀通常不轻声。这三条标准中，前两条的可操作性依赖于词典是否单列词条，而是否单列词条还需要另有语言内的标准，也还有个操作标准问题。

也有学者不主张设立“类词缀”这一类，比如朱德熙（1982）明确指出“-性、-式、自-”等是词根语素，理由是它们是不定位的。但如果像马庆株（1995）所主张的那样区分词的基本义项和非基本义项，将“-性、-式、自-”的类词缀义看作非基本义项，则在该义项上它们是定位的。

我们认为，“-性、-式、-化、自-、超-”等是当代汉语中自由地创造新词语的活跃成分，的确有不同于一般词根和也不同于词缀的独特功能。特别是对于汉语信息处理和汉语作为第二语言的教学来说，它们更是有必要作为独特的类单独处理。目前对于类词缀的认识尚无法满足语言应用中已经提出的新问题。

本文试图在充分利用统计等新的研究手段、充分考虑单位的韵律特性的基础上，首先通过与词根的对比说明类词缀与词缀、助词的共性，再进一步分析类词缀不同于词缀、助字的独特性质，以期为“类词缀”的设立提供更为充分的理由。最后，再简要说明类词缀在信息处理和第二语言教学中如何处理的设想。

本研究依据的语料主要是《现代汉语词典》、《现代汉语逆序词典》、北工大智能所基于2亿字符语料建立的《二字结构库》(1999版)和清华计算机系开发的《信息处理用汉语分词词表》(2001版)及其相关的8亿字符语料库。该库包括报纸、小说、中小学课本、科技类和法律类等多种语体的文献，语料相对均衡。

一 词缀、类词缀、助字的共同点——与词根之比较

1.1 词缀、类词缀、助字共同点总表

词缀、类词缀、助字三者的共同之处，也即它们与词根的基本区别是“虚”。我们把这些共同点总结为下表：

表1

	词缀	类词缀	助字	词根
1.单向高搭配性	+	+	+	−
2.结构类型个别化	+	+	+	(−)
3.类化作用	+	+	+	(−)
4.定位	+	+	+	−
5.意义泛化	+	(+)	+	−

以上5条标准中，1、2是我们新提出的，下面将作为重点来阐述；3、4、5是不少语法书已提到过的，讨论就相对简单一些，重在补充新的可操作性标准。

1.2 单向高搭配性

单向高搭配性是指，在保持结构整体性质不变的前提下，结构的一个位置上的成分可替换的同类成分不多，而另一个位置上可以有很多可替换的成分。

词缀、类词缀和助字都具有单向多搭配性的特点，下面分别以"－子"、"－式"、"－的"作为典型给出具体实例：

－子：矮子、庵子、案子、鞍子、袄子、鳌子、把子、靶子、坝子、摆子、稗子、扳子、班子、板子、绊子、瓣子、梆子、棒子、梆子、帮子、膀子、包子、雹子、刨子、被子、杯子、辈子、褙子、本子、锛子、绷子、蹦子、鼻子、秕子、箅子、篦子、鞭子、辫子、婊子、槟子、饼子、柄子、脖子、跛子、钵子、步子、堡子、槽子、册子、层子、叉子、岔子、茬子、杈子、汊子、铲子、场子、厂子、肠子、车子、橙子、蛏子、撑子、池子、痴子、匙子、尺子、翅子、虫子、冲子、铳子、绸子、厨子、橱子、杵子、搋子、椽子、串子、钏子、窗子、床子、锤子、镩子、戳子、丛子、汆子、镩子、村子、撮子、矬子、锉子……（8亿字语料库中检索出"－子"缀两字组共702例，上面仅列出首字拼音a－c起头的，计91例。其中一些不独用，如"（打）摆子"；一些只在方言中用，如"（几）层子"。）

子虚义－：0例

子实义－：子鳖、子城、子畜、子弹、子代、子堤、子弟、子儿、子房、子妇、子宫、子股、子鸡、子金、子句、子爵、子窠、子棉、子民、子母、子目、子囊、子埝、子女、子实、子兽、子嗣、子孙、子息、子媳、子系、子弦、子项、子婿、子叶、子音、子鱼、子侄、子猪（《信息处理用现代汉语分词词表》一共收有实义“子－”的两字词39例。）

－式：西式、美式、藏式、明式、版式、盒式、钟式、蛙式、台式、楼式、钳式、立式、卧式、老挝式、哥特式、明清式、土耳其式、雷锋式、孔子式、丘吉尔式、路易十六式、《变形记》式、波浪式、闪电式、旋风式、水桶式、拖鞋式、蜂窝式、蒸汽式、梭鱼式、飞檐式、朋友式、母亲式、家长式、买办式、男孩子式、大丈夫式、螺旋桨式、纪念碑式、最后通牒式、防护林带式、铁路工人式、爱抚式、螺旋式、扩散式、输血式、车载式、充气式、返回式、半封闭式、搭积木式、倒栽葱式、提纲挈领式、放任自流式、古典浪漫式、豪华服务式、半英半俄式、罗密欧与朱丽叶式、“男人对男人”式、“西方英雄救中国美人”式、“我从此就是你的人了”式……（8亿字语料库中检索得到303104个含“式”句，经人工鉴别和去重后实得3466例。）

式实义－：式样、式子（《信息处理用现代汉语分词词表》收有2例。）

－的：我的、他的、大的、黑的、跑的、中国的、社会主义的、花园式的、我妈妈的、买了东西的、昨天买了东西的、昨天买了我妈妈的东西的……（数量极大，确切数字难以统计。）

的虚义－：0例

上面的统计材料表明，作为词缀、类词缀、虚词的典型代表的“子”、“式”、“的”都体现出单向高搭配性的特点：位于后字位置时可搭配率极高，而位于前字位置的可搭配率则分别为低、极低、零。

词根没有单向多搭配性的特点，也即词根在两字的前字或后字位置上的可搭配性基本平衡。王洪君（2005）整理了《信息处理用现代汉语分词词表》中动物义场常用单字的所有两字组合，下面是“马”、“骡”、“驴”在两字组中的搭配情况：

马－：马鞍、马背、马草、马场、马肚、马队、马房、马粪、马夫……　（共100例）

－马：川马、儿马、军马、骡马、口马、龙马、木马、肉马、石马、天马……　（共95例）

“马”在前后两个位置的搭配性都相当高，双向基本平衡：

骡－：骡背、骡肉、骡子、骡马　（共4例）

－骡：驴骡、马骡、石骡、辕骡　（共4例）

“骡”在前后两个位置的搭配性都极低，双向也平衡：

驴－：驴背、驴鞭、驴车、驴犇、驴驹、驴骡、驴马、驴群、驴肉、驴屎、驴蹄、驴腿、驴脸、驴子　（共14例）

－驴：脚驴、毛驴、藏（西藏）驴、草驴、公驴、叫驴、黑驴、母驴、牝驴、骚驴、小驴、野驴、秃驴、蠢驴　（共14例）

“驴”在我们的统计中属于低搭配与中搭配的交界处。可以看到，它的搭配也是双向平衡的。

以上只是3个例子，其实我们统计过许多单字。在词根义项上体现出搭配性的双向平衡性，而在词缀、类词缀、助词的义项上体现出单向高搭配性，是普遍的规律。

有一类王洪君(1994)称之为"类名定中"的结构,似与类词缀有纠葛,它的后字也有很高的搭配性。例如"鲤鱼、鲫鱼、甲鱼、平鱼、鲈鱼、带鱼、黄鱼、胖头鱼……",它们的后字都是表大类名的"鱼",前一成分则表示鱼的具体小类。但要注意的是,类名结构后字的高搭配性往往是双向而不是单向的:"鱼肚、鱼鳔、鱼翅、鱼鳞、鱼皮、鱼头、鱼尾、鱼鳃、鱼油、鱼肉、鱼松、鱼肠、鱼干、鱼酱、鱼缸、鱼池、鱼船、鱼网、鱼篓、鱼鹰……","鱼"在前字位置上同样有很高的出现频率。另外,类名后字的意义泛化情况也与类词缀不同,我们将在1.6中讨论。

1.3　结构类型的个别化

词根与词根的组合,不论是词法性质的还是句法性质的,都可以归纳为定中、联合、述宾、状中、述补、主谓等有限的几种类型(王洪君1998)。下面我们把这几种普遍通用的结构统称为"基本复合结构类型",也简称为"复合结构"。

词缀、类词缀、助字参与构造的结构则个体性很强,结构意义或功能基本由这些虚化成分决定。具体来说,三者的结构个别化有程度的差别。词缀、助字参与的字组完全不能归入上述基本复合结构类型,只能以个体命名为"-儿"缀词、"的"字结构等。类词缀的结构个别化进程稍差,有的还勉强可以归入某种复合结构,有的则完全不可以。

先看定中结构。定中结构的特点是结构整体表示中心语的一个下位次类。尽管有些构词结构附加了特殊的意义,其中的字义也或有引申或转移,但从更抽象的意义组合模式上看,它们仍不超出定中结构的意义整合模式。如"白菜"是"菜"的次类,

“河马”、“海马”是“像马的动物”的一个次类。

名词性词缀、助字虽然与定中的中心语一样可以决定整体结构的性质，但所组成的结构不具备“整体表示中心语的下位次类”的特点。比如，“刀子”、“刀儿”不等于一种“子”或一种“儿”，我们不能问“这是个什么‘子’呀？”或“这是什么‘儿’呀？”这样的问题。同样，“数学的”也不等于一种“的”，问“这是一种什么‘的’呀？”更是无稽之谈。

类词缀的情况有所不同。它组成的结构在一定程度上仍可看成复合结构。比如“数学家”可以看作一类“家”，我们可以问“他是个什么‘家’呀？”。但“一定程度上可以”，也就是说已经有了很大的困难。定中结构的基本鉴别式是“数量 AB→数量 B”（如“一条鲤鱼→一条鱼、一朵红花→一朵花、一双拖鞋→一双鞋”），而“－家”和其他类词缀字组基本都不适用这一鉴别式，如：

一位数学家→＊一位家　　一个炊事员→＊一个员

一名拖拉机手→＊一名手

类词缀字组的复合结构类型已经十分模糊，它们常常不适用复合结构的基本鉴别式，个别的连基本意义模式都不适用了。下面再比较其他几种类型：

(1)超短、超硬、超自然、超阶级——超车、超龄、超期、超支

(2)丑化、绿化、个性化、多元化——火化、变化、消化、融化

每组左边的结构是类词缀字组，右边的则是词根复合字组。

第(1)组左边的类词缀结构一般被认为是述宾式,但它与右边的词根的述宾式复合结构有明显差异。典型述宾式的功能特点是 V+O→Vi,即述宾式的整体功能相当于不及物动词;其语义组合模型是"动作+特定物→与特定物相关的自足活动";其鉴别式是可中插和/或后加"了",构成"V 了 O(了)"格式,其基本的整体功能是加时体成分后做谓语(王洪君 1998)。即使是有附加义或字义有引申的述宾式双音词,也都符合上述规则。比如"谢幕"、"打拳"的抽象语义分别是"与幕相关的致谢活动"和"与拳有关的广义活动",它们的入句功能都如同 Vi,它们都可以变换为"谢了幕了"、"打了拳了"。

第(1)组右边的"超车"等字组符合上述特点,如它们都可以中插或后加"了":"超了车了"、"超了龄了"。加时体成分后可入句做谓语,不能再带其他宾语(相当于 Vi)。

而左边含有类词缀的字组则不具有这些特点,如"*超了短"、"*超了自然"。它们的基本功能是在名词性成分之前做定语,起修饰作用,例如:"超短(裙)、超硬(材料)、超自然(能力)、超阶级(立场)"等。它们的基本意义是区别名物,而不是表活动;总之,是区别性的而不是不及物动词性的。

再来看第(2)组。"化"本为动词,它用于构词有两种组合方式,一是与另一动词组成并列式,如:"变化"、"消化"、"融化";二是与前边的名性成分组成状中式,如"火化";这两种方式都列在了(2)的右边。

第(2)组左边的类词缀字组,从形式上看,与状中式的"火化"类一样是"N+化"。但是名性状语在状中式中的典型意义是表示方式，如“火化”义为“用火化”，“手举”义为“用手举”。很明显，第(2)组左边各例无一能进入这一结构语义模式(“丑化→*用丑化”)。其他类型状中的鉴别式，比如说能否插入“地”、“然”，能否用“怎样 V”提问，等等，也都不适用“-化”结构。所以，很难把“-化”字组归入状中。与并列式的“V+化”也明显无法类同。

总之，类词缀字组的结构类型个别性较强，很难归入复合结构的基本类型。与其勉强归入某个复合结构类，还不如像词缀、助字那样每条都独立一类为好(如“的”字结构、“-子”缀等)。

1.4 类化作用

类化作用是词缀、类词缀、助字与词根共同的重要区别，前人已有过讨论(马庆株 1995;朱亚军 2001 转引自朴爱阳 2002)。类化作用指的是词缀、类词缀和助字有决定整个组合的语法功能的类范畴，词根则没有这样的功能。例如：由后缀“-子”构成的字组都是名词，“__然”则都是形容词；由类词缀“-手”和“-感”构成的字组都是名性的，“ 式”则都是区别性的；带助字“的$_3$”的结构都是名性的，带“了$_1$”的都是动性的。

在名性类化作用方面，词缀、类词缀与名性词根的差异还不那么明显。比如，“箱”、“刷”分别为名词性和动词性的，加词缀后的“箱子”“刷子”都为名词性；“拖拉机”、“狙击”分别为名词性和动词性的，加类词缀后的“拖拉机手”“狙击手”也都为名词性。但是，后置的名性词根也有同样的功能，如“菜”“水果”为名性的，“砍、切割、切菜”为动性的，而后加了名词性词根“刀”的“菜刀、水果刀、砍刀、切割刀、切菜刀”都是名词性的。

但细分析起来，名性词缀、类词缀与词根还是有细微的差别，这就是名性词根与动性定语的配合还有音节方面的限制。与名性词根相配的动性定语一般是双音的：①单音动做定语很不自由（如“砍刀”，但“? 切刀”、“ * 削刀”、“ * 割刀”）。②三音节 VP 基本不做定语。如“削铅笔刀”一般说成“转笔刀”。而名性词缀不受①的限制，类词缀则①②都不受限制（如“滚雪球式、拉大锯式、赶大集式、侃大山式、查家宅式[追问]、缠头巾式[小帽]”）。

区别词性类词缀与词根的差别最大。比如，“式”、“型”是名性的，而“－式”、“－型”组成的结构都是饰词性的；“超”、“反”是动性的，而“超－”、“反－”组成的结构也都是饰词性的。

由于助词有决定整体结构功能的类化作用，所以近期的生成语法中，已经把它们处理为结构的中心成分。这一处理的确能够使“中心语支配原则”成为语言中一以贯之的重要原则。同理，词缀和类词缀也有决定词或类词整体功能的特点。从这一重要原则也可以看出，类词缀在语言体系中与词根不同而与词缀、助词相同的特点。

1.5 定位性

所谓定位性是指词缀、类词缀、助词都出现在组合的固定位置上。前缀和类前缀只出现在组合的最前，后缀和类后缀只出现在组合的最后，汉语的助字一般处于组合的后面。而词根在组合中的位置是不固定的，它可前可后，例如“花”在“鲜花”、“茉莉花”和“花朵”、“花卉”中位置不同，“人”在“人民”、“人类”和“男人”、“成人”中位置也不同。

这是类词缀很显见的特点，这里不再多说了。需要说明的一点是:有的缀字的出现位置似乎可前可后,如"有"可以在前(如"有色、有机、有线、有轨、有理、有期"),也可以在后(如"写有、刻有、画有、装有、种有、记载有、安装有、保存有、出版有")。但我们认为其中的"有"是不同的两个成分:前者是区别词性的前缀,而后者是动词性的类后缀,含有这两种附缀的字组的语法作用是不一样的。

1.6 意义泛化

意义泛化指的是它们都不具有实实在在的词汇意义。词缀、类词缀原本都有词汇意义,但在以特定身份参与构造大批相似组合的位置原有的词汇意义变得抽象、概括。

类词缀的抽象、概括跟定中式类名结构中类名的概括抽象层级已经有了明显的不同:(1)类名的抽象度比定语所表示的小类名仅高一级,是相邻的上位,如"鲤、鲫、鲩"都是"鱼"的一种。而且较高搭配的类名基本上都属于认知上的"基本概念"层级。也就是说,日常生活中经常可以以"鱼"来指称各种各样的"鱼":买了一条鲤鱼,或者鲩鱼都可以说"买了一条鱼",晚宴上的一条鲤鱼、或者鲩鱼只吃了一半都可以说"鱼只吃了一半"。而类词缀的抽象度却高于"基本概念"层级,晚宴上请的语言学家只来了一半绝不可以说"*家只来了一半"。(2)类名也可以大量地出现在组合的另一位置而表示抽象度相同的意义。比如"鲤鱼"的"鱼"与"鱼头"的"鱼"的抽象层级相同。而"人类、人民"的"人"与"经纪人、中介人"的"人"的抽象层级不同。

这种语义抽象度的不同是可以用形式标准验证的,这就是我们在1.3(结构类型的个别化)中已经阐述过的复合结构的基本鉴别式来检验。比如是否适用“数量AB→数量B”(“一条鲤鱼→一条鱼”,但“一位数学家→*一位家”),可以说明类词缀“-家”的意义已经抽象到了相当泛化的程度,而类名后字“-鱼”的意义还在基本概念的层级,两者的性质有所不同。也即意义方面的泛化会反映到形式方面,结构类型个别化就是其形式方面的体现。

类词缀意义泛化的程度较词缀和助词低,这一差别我们将在下一章讨论。

二　类词缀与词缀、助字的差异

类词缀与词缀、助词同为语言中的虚化成分,但类词缀既有与词缀、助词相同的一面,也有与它们不同的一面。找出它在语言系统中不同于词缀和词缀的独特性质,才能确立它是独特的单位类别。

2.1　类词缀、词缀、助词差异点总表

我们把类词缀、词缀、助字三者的不同归纳为下表:

表2

	词　缀	类词缀	虚　词
1.所黏附层级	单字/双音词	单字/词/类词	单字/词/类词/短语
2.意义泛化度	高	次高	高
3.组合能力	强	强	超强
4.新生类推潜能	弱	强→无限	无限
5.结构的规则性	−	(+)	+

表中的第1点前人没有提到过，下面将重点阐述。2、3、4、5点已有学者不同程度地论述过，本文将利用语料库检索到的材料给予更详细、更全面地说明。另外，明确地区别“组合能力”和“新生类推潜能”这两个概念也是本文的特点。

2.2 所黏附的层级

词缀、类词缀、助词本身都是虚化成分，它们必须定位黏附于某个实义性的单位。而这三者的一个重要差异，就是它们所黏附的单位层级不同。

2.2.1 汉语的单位层级——通贯语音－语法的定义

一般认为汉语语法的单位层级是(由小至大)：语素－词－短语－小句－句子。由于不像英语那样有词重音做形式标记，汉语的“词”很难找到可操作的形式上的标准。这就使得汉语的词在与语素、与短语这上下两个方向上都难以从语法或语义上找到一刀两断的分界标准。无论是语法上的扩展插入法(陆志韦 1957)、语义推断法(如“白菜”≠“白”+“菜”，所以是词)，还是“平行周遍原则”(陈保亚 2000，如“鸡蛋”的前一位置上所有的卵生动物名都可以周遍地替换而整体结构义不改变，所以“鸡蛋”是词组)都不能完全解决问题(详细讨论可参考 富丽 2001)。

近几年来从韵律和语法接面的角度讨论语言单位层级的思路很值得注意，它突破了只用语法或语音形式来定义单位层级的旧有思路，坚持了形式上的可操作标准，得出的结果与初步调查的社会心理一致。下面着重介绍这一思路。

冯胜利(1997)首先提出，“韵律词”是汉语的基本单位。韵律词用“音步”来定义：两音节的为标准音步，2+1式的三音节定中为超音步,四音节的成语为 2+2 式复合音步,这些都是韵律词。而“种大蒜、大房间”等 1+2 式述宾或定中结构为韵律短语。

从属于语音层面的韵律的角度(或更具体地说,是节奏、节律的角度)观察词与非词,超越了国内一直以来对于词和短语的区分标准。在这里,语法、语义方面的因素变得不是那么重要了。对于一个组合,无论它的中间能否插入其他成分,无论它的整体义是否等于部分义加结构义,也无论它的某个位置是否能平行周遍地替换成员,只要满足两个音节一音步的条件就是韵律词,像“白菜”、“茶杯”、“鸡蛋”、“木桶”等,据此都归为标准韵律词。

还请注意,根据冯(1997)的定义,双音单音步的字组,即使是含两个词根(如“蔬菜、白菜、鸡蛋、砍刀、大蒜”),也不再是复合词,而是标准词了。标准词的再复合,如“公共汽车”才是复合词。端木(2000)也是这样处理的。

王洪君(2000,2001,2002)连续发表论文从韵律的角度讨论汉语单位层级问题,区分出韵律词(简称“词”)、类词短语(简称“类词”)、自由短语(简称“短语”)这三级单位。我们同意这三级单位的区分,但认为她提出的四条韵律标准可以再简化为下表中的两条:

表3

韵律标准	词	类词	短语
1.稳定的单音步,即更大组合中音步从不分裂	+	−	−
2.更大组合中内部成分间停延总是小于外部停延	+	+	−

根据上表所列标准而得到的分类，与语法语义的某种分类有很好的对应，如下表所示：

表 4

	词	类词 也称黏合短语、句法复合词	（自由）短语
韵律	内停延总小于外停延； 稳定的单音步	内停延总是小于外停延； 可能多音步	内停延可以大于或总是大于外部停延；可能多音步
性质	黏合结构。音义对应单纯化的最小单元	黏合结构。按规则临时组配的单元，不涉及指示、情态、数量、时体等句法范畴	非黏合结构。按规则临时组配的单元，涉及指示/情态/数量/时体等句法范畴
结构	黏合两字，2+1式黏合定中、动结、动趋	1+2式黏合定中，2+2黏合状中，多字黏合定中、4字成语	组合定中、状中，两字以上或特殊动词的述宾、主谓、等立结构
实例	雨伞、买纸、手举、骤降、看清、飞来、冷热、再也、雨伞厂、有助于	大房间、纸雨伞、并肩前进、认真学习、中文画报、小纸雨伞、中华人民共和国、一衣带水、冷冷清清、马达加斯加	这书、俩壶、敢去、想买、是他、爱你、买雨伞、种大蒜、也去、不干、刚走、“苹果、梨、柿子”

该方案值得特别注意的是：

①韵律标准考虑的是一个字组在不同更大组合中的所有韵律表现而非某一语段中的韵律表现：

标准1考虑的是字组在各种更大的组合中是否都在一个音步中。比如，：“种大蒜”在“他喜欢|种大蒜”中是一个音步，但在“不种|大蒜”中却分在两个音步。“种大蒜”不是“稳定单音步”，就不归为韵律词。而“雨伞厂”在更大组合中总在一个音步中，

如“找|雨伞厂”、“雨伞厂|好”,“雨伞厂”是“稳定的单音步”,就归为韵律词。

②标准2考虑的是某字组在更大组合中内停延与外停延的相对大小。比如,“中华|人民|共和国”内部可有两个小的停延,但无论是在“热爱||中华|人民|共和国”还是在“中华|人民|共和国||主席”中,其内部停延总是比外部的停延小。内停延总是相对地小,说明它是一个内部黏合的类词。而“一辆|凤凰牌|自行车”如果放在“我丢了|一辆||凤凰牌|自行车”的更大组合中,表数量的“一辆”节奏上就会与“凤凰牌自行车”分开,而与“我丢了”结合。内停延可以大于外停延,说明该字组内部成分比较松散。

与冯(1997)不同,标准1明确地把“这书、俩壶、能去、想去、爱你、不去、也去、刚走”等带有句法层次范畴的两字组排除出了韵律词,这与语法学界的一些研究成果有很好的契合。如,朱德熙(1982)已指出,指示、领属、数量定语跟“的”字结构定语一样与中心语关系较松(组合结构),其他不加“的”的定语与中心语关系较紧(黏合结构),句法作用相当于单个词。生成学派近年来的研究指出,指示、领属、数量成分是比NP还高一层级的DP短语的限定语,负责表达与说话人和语境的关联;而其他不带“的”的定中式黏合结构(如“中华人民共和国”、“小纸雨伞”等),生成派处理为“句法词”。

我们的韵律单位与以上语法理论契合应该不是偶然的,考虑了所有分布的稳定性韵律特征才是语言底层的本质性的特征,才可能与语法语义的单位层级有很好的关联。

根据我们的标准而划定的“词”，与汉语拼音方案规定的词儿连写规则基本一致，也与王立针对“什么是公众语感的词”而进行社会语言学调查的结果（王立 2003）相一致，这应该是确实存在通贯语音语法层面单位层级的证据。

2.2.2 类词缀所黏附的单位层级

从“字—词—类词—短语”的单位层级来考虑词缀、类词缀、助字组配成分的区别，我们发现，体词性（名性或区别性）类词缀有自己既不同于词缀、也不同于助词的鲜明特点。如下表所示：

表 5

	词缀	类词缀	助字
典型例	-子	-式	-的
单字	案/子、刷/子	京/式、立/式	我/的、买/的
词	哈喇/子	牌楼/式、扩散/式	牌楼/的、购买/的
类词	*玻璃转门/子	清代牌楼/式、双向扩散/式	清代牌楼/的、集体购买/的
凝固短语	*桌与椅/子 *桌对桌/子 *人坐椅/子	“罗密欧与朱丽叶”式 “男人对男人”式 “西方英雄救中国美人”式	罗密欧与朱丽叶/的 男人对男人/的 西方英雄救中国美人/的
自由短语	*这暗门/子 *二混和二流/子 *一个好的案/子 *刮了胡/子	*这种牌楼/式 *中国和蒙古/式 *一个好的国家/式 *去了头/式	这种牌楼/的 中国和蒙古/的 一个好的国家/的 去了头/的

先以“-子”和“-式”为例看词缀与类词缀在组配单位层级的区别。

《信息处理用分词词表》收录的以“-子”收尾的、名词性条目共1310条。其中的多音节条目也不少,但“-子”大多并不加在多音节上。如“大/帽子”、“二道/贩子”中的“-子”是加在单音词根“帽”和“贩”上。由于“帽子、贩子”在词表中已经单独收录了,条目“大帽子、二道贩子”实际上并未增加“-子”的组配数目。经过字组内部的结构分析再经去重,与“-子”直接搭配的词干就更少了。这些词干的音节数分布如下:

“-子”:单音 702 例> 双音 60—240 例 > 三音 1 例(?)> 四音以上 0 例

双音后附“-子”的数量有较大的变动范围,是因为这部分条目的构词层次有三种可能的情况:(1)只能分析为“-子”加在双音词根上的2+1式60例。如“半语/子、耳刮/子、哈喇/子、后生/子、麻雷/子、幺蛾/子、澡堂/子”等。②只能分析为“-子”与单音字之后再前加单音字的1+2式280余例。如“八/辈子、表/蒙子、大/帽子、电/梳子、老/儿子、熊/瞎子”等。③既可以分析为1+2式也可以分析为2+1式的180例。如“暗/门/子、笔/杆/子、车/牌/子、菜/团/子”等。这样,如果从严掌握,双音词根配“-子”最少只有60例;如从宽掌握则可多至240例。“-子”直接配三音成分的可能只有1例,是方言词“一塌刮子”,我们不太清楚它的内部结构,但至少它不是普通话,可忽略不计。总之,词缀“-子”配单音成分的占了绝对多数,配双音成分的骤减至配单音的1/3到1/11,配三音以上成分的是0。

与“-子”不同,“-式”与单音节的搭配反倒有较大的限制。先看数据。8亿字符语料库中共检索到已经结构分析和去重处理的"-式"3466例，其组配成分的音节数目如下：

"-式"：单音节 152 例＜双音 2160 例＞ 三音 451 例＜四音以上 703 例

数据显示，类词缀跟单音节搭配的最少，与双音搭配的最多，两者数量之比为7/100。而与三音及四音以上的成分搭配的已超过总数的1/3，并远远超过与单音节搭配的数量。

"-式"可以相当自由地与3音节字组搭配，包括属于韵律词的2+1式定中，也包括属于类词的1+2式定中和属于凝固短语的1+2式述宾主谓等。如：防震棚式、保险柜式、打火机式、"豆腐块"式、宽横梁式、大转盘式、"倒宝塔"式、大关门式、大团圆式、"满堂灌"式、"一带二"式、搭积木式。与"-子"不同，这些"-式"都是加在3音节整体的后面，无一可再分析为单音节或双音节加"-式"，如"*防震/棚式、*倒/宝塔式、*大/团圆式"。

"-式"与四音节以上字组搭配的实例更多。其中不乏成语，但更多的是一般性类词短语。如"产品性能定中式广告、江湖英雄定中式告别、长袍马褂并列式学位服、富商巨贾并列式洋场阔少、鞭打奴隶述宾式的批判、纯吃咖啡述宾式午茶、产权分割倒置述宾式交易、"炉边谈话状中式"会议、牧师布道主谓式高亢的嗓音、病妇呻吟主谓式、买断贩卖复谓式、暗藏玄机式语言、"揠苗助长式"的城市、"贼喊捉贼"式的伪书案"，等等。它们的构造类型十分全面，定中、状中、并列、复谓、述宾、主谓等都有，但大多是由两个基本词组成的典型类词，共计677例。只有13例是由三个基本词组成的6音节以上的字组，穷尽列举如下：彩色屏幕显示式电脑刺绣机、多点汽油喷射式发动机、“个人储蓄积累式”的社会养老保险制度、公民投票表决式、安妮女王复兴式风格、“两师四旅八团”式编制、斯皮尔伯格心理不健全式英雄、分段课题研究式培养、巴黎时装样本式的显贵夫人、“巢格立体花园式”养蝎技术、成果评估机构式中介机构、碟形卫星天线式眼睛、“浓眉大眼红脸蛋式”婚纱照。虽然它们内部有三个或更多的基本词,但没有助词且结构为偏正或并列,因此仍然是类词字组性质。

再看“-式”与“-的”在组配成分上的差别。

四音节以上的“-式”还有13例从表面看是自由短语结构(占703例四音节以上“-式”的1.8%,所有3466例“-式”的0.38%)。它们或带有短语标记或是由三个以上基本词构成的“主动宾”式。下面先按内部结构的不同分类穷尽列举这13例:

> (1)“罗密欧与朱丽叶”式爱情、“淑女与大盗”式、“骑红马,扛大刀”式、“天不怕地不怕”式人物、(2)“大马拉小车”式运行、“猴子掰包谷”式、“西方英雄救中国美人”式、“男人对男人”式的谈话、微波加酥烤式微波炉、“五分加绵羊”式学生、(3)“泥做的骨肉”式、“发射后不管”式导弹、(4)“我从此就是你的人了”式的爱情表白

我们把这些特例分为几种情况与自由短语对比。(1)并列结构。作为自由短语的并列结构,其主要特点之一是可以并列简缩,如“我的和你的”可简缩为“我和你的”。而(1)中的实例虽然有并列连词或顿号出现,但与自由短语的并列紧缩有明显不同:“罗密欧与朱丽叶式”并不是“罗密欧式爱情与朱丽叶式爱

情”这一自由短语的并列紧缩，而是“罗密欧与朱丽叶”结合起来代表一种特定的爱情关系，先已形成了不可分割的凝固语。同理，“骑红马、扛大刀”一起先合成了一个农民革命者的形象，而不是分别两类形象的并列简缩。其他例同此。(2)含有三个以上基本词的“主动宾”或复谓结构。这些结构虽然与句结构类似，但未出现指示词、时体助词，也即它们具有不跟具体说话语境相联的超时空性，这是构成成语、惯用语的一般条件。这些例子也的确是表示已经在大众心目中构成了固定样式或方式的单一形象的。(3)含有自由短语的标记“－的”、“－后”。但含“的”的(“泥做的骨肉”)是贾宝玉的明言，是“污浊男人”形象的代表，已成凝固语。含“－后”的“发射后不管”没有主宾语和时体助词出现，与“饭前洗手”等标示语一样属于半自由半凝固结构。(4)最为极端，既有时体助词“了”出现，又主谓宾俱全，是典型的句结构。但“我从此就是你的人了”是套话式引证语，引号不能省略。这可以看成一种特殊的凝固语。

总之，“－式”的前接成分大部分是典型的词或类词，也有极少的凝固性习用语(带引号标记)出现，但绝不出现真正意义上的自由短语。

综上，在体词性的范围内，词缀的核心搭配范围在单音字，延展到了一部分双音词；类词缀与单音字的搭配已不太自由，其核心搭配已转移到了双音词，并延展到了多音节词和类词；助词则可与长短不限的自由短语搭配。可以说，词缀只是基本词的标记，类词缀兼是基本词和类词的标记，助词是自由短语的标记，它们各有分工。

2.3　意义泛化度

类词缀在意义上尚未完全虚化，一般来说，它们在类缀字组中仍部分保留了原有的词汇意义，我们总是能在词典中发现跟类词缀关系密切的义项，但是类词缀的意义并不能从该义项中得到完全的解释。如“家”由“家庭的住所”、“家庭”引申为“经营某种行业的人家”（“农家、船家、渔家”）、“具有某种身份的人”（“东家、行家”），再引申为“掌握某种专门学识或从事某种专门活动的人”（“科学家、艺术家”），意义引申的线索很清楚。但随着社会的发展“专门的学识”或“专门的活动”门类越来越多，更新越来越快，“-家”的配合能力也就越来越强，“在某种学科或活动门类中”和“地位高”的附加义也就越来越强，“人家”的意义则完全失去了。

2.4　组合能力

这里首先区分两个概念：一是参与构造已有词语的能力，我们称之为“组合能力”，放在本节讨论；另一个是构造从未出现过的新词、新语的能力，也即构造新词的潜能，我们称为“新生类推潜能”，放在下节讨论。许多论著仅笼统地讨论“构词能力”、“生成能力”或“能产性”，这样会遗漏许多重要的现象。

组合能力可以用某个共时语料库的统计得出。

词缀、类词缀和助字的组合能力都很强，但有量的差别。比如在8亿字符语料库中有：

“-子”缀词760—1000余例（详见2.2.2.的分析）。

“-式”类缀词或类词3466例。

“-的”短语接近2 000 000（200万）。此数为估算数值：根据北工大2亿字符语料库中"的"的字频减去所有含实义"的"的词和成语的频率再乘4倍而估得8亿字符语料库中助词"-的"频率为1 868 440。

可以看出,"-子"和"-式"虽然有频率上的差异,但都还可以归入"高频"范畴;而"-的"却与它们有较明显的差异,属于"超高频"的范畴。这是助词不同于词缀或类词缀的根本特点。

2.5 新生类推潜能

新生类推潜能指根据现时需要随时创造新词新语的能力。

新生类推潜能与组合能力不是一个概念。词缀、类词缀、助字的组合能力都属于"强"的级别,只是程度上有不同。而它们的新生类推潜能却有本质性的区别。

词缀的新生类推潜能极弱,甚至弱于一般词根。比如,以最严格的标准,"-子"缀词也有760余例,不可谓不多;但近年来大量出现了各种新生名物,如"微波炉、香波、鼠标、光盘、手机、邮编、网页、U盘、闪存"等,许多构词能力不如"-子"的单字都参与了新词的构造,但却不见"-子"的身影。也就是说,"-子"在现代汉语中已丧失了类推构造新词的潜能,"-子"缀词已经是历史造词的遗留,属凝固词语。可以预见,今后它的搭配频率将会逐渐减少而不是增多。同理,只要我们使用的语料库足够大且足够平衡(比如说2亿字),就几乎可以涵盖词缀的所有搭配,即使增加新的语料,也很少会有新的用例出现。

类词缀的新生类推潜能却很强,以致统计出的搭配频率总赶不上变化。比如,已有的"-家"的数量并不一定比"-子"多,我们从8亿字符语料库中随机抽取1000例含"家"字组后人工鉴别只得到"-家"类缀组合68例,通过其他参考资料和内省又得到38例。但这106例绝不是“-家”类缀可能组配的全部。最近我们用“百度网”搜索，又发现有“性学家、周易预测学家、信息产业学家、军事历史学家、农经学家、茶学家、激光物理学家”；在报纸的一版上又发现有“电波传播学家、核农学家、大地构造学家、土壤化学家、职业神经病学家”等我们以前未见过的新组合。以上偶尔拾得的就又有12例。可以想见，每出现一门新学科或新分支学科，某一领域突然热了起来，就会出现一种新的“-家”，它今后的搭配频率只会增加而不是减少。同理，只要扩大新的语料，类词缀的搭配频率就可能有较大的变化。

通过对语料库的检索我们意识到，类词缀的能产性比我们设想的还要强许多，很多类词缀都有所有词典（包括新词新语词典）均未收录的、我们从来没有听说过、用内省法也无法得到的用例。仅以“-式”为例。我们从8亿字符语料库中检索到含“式”语段共303 104例，经人工鉴别和去重得到“-式”缀字组3466例。这些用例许多都是根据需要、根据说话人个人对样式、方式的分类临时创造的。比如对结婚方式的分类有“家庭结婚式、教会结婚式、佛前结婚式、神前结婚式”，对管理方式分类有“超前预防式、大棒压制式、放任自流式、金屋藏娇式、全权委托式”的分类。还有许多用例，孤立看时甚至要怀疑其合法性，但在前后文中却的确是很自然的用例。比如“全面透过式（取景屏）、西服背心式（防刺服）、‘浓眉大眼红脸蛋’式（婚纱照）、老伯式（眼镜）、旅游式（三包）、抛弃式（隐形眼镜）、拖鞋式（凉鞋）、香肠式（奶酪）”等。由于4音节以上类词性质的VP和NP的数量实际上是无限的，所以从理论上说，这些类词缀的搭配潜能也是无限的。

据(张家太 1988)考察,二十世纪八十年代产生的新词中,有相当大的一部分是由类词缀构成的,如"优化、企业化、一次性、可读性、一把手、外语热、留学热、气功热、开放型、外向型、知名度、回头率"等。最近几年产生的新词也有很多跟类词缀有关,例如"无公害、无抗、纯天然、网员、股评家、量贩式、美白型、信息化、房地产热、非典"等。

新生类推潜能强是类词缀不同于词缀的重要特点,是类词缀需要单立一类的重要原因。

助字的新生类推潜能最强。任何新的思想,都可以用助字短语的形式表达出来。虽然体词性类后缀的搭配潜能已经是无限多,但体词性助词搭配潜能的集合显然要大大多于类后缀。比如,凡"-式"的后面都可以再加"-的",而"-的"还可以加在自由短语的后面,还可以层层套用,"-式"则不可以。关于这一点似无不同意见,不赘述。

2.6 组配的规则性

组配的规则性是指搭配的成分及搭配后的整体意义是否可以用语法或语义的类来控制。规则可分为两类:生成向周遍性的和接收向周遍性的①。

生成向周遍性的规则是指某一语义类的全部成分均可周遍地与另一类(或一个成分)搭配,搭配后的整体义也都可以用成

① 陈保亚教授指导思想的李洪彦同学 2004 年本科论文首次提出这两个概念,只是"接收向"称为"理解向"。

分义和结构义的相加来预测，“第－”是这一类的典型代表。

接收性周遍的规则是指某一语义类的不少成分(不是所有同类成分)可以与另一类或另一个成分搭配，但只要能搭配，搭配后的整体义总是可以用成分义和类后缀义的相加来预测。

词缀基本上不是生成向规则的，它们大多无法用语法或语义的类来控制。如“－子”、“－儿”、“－头”是名词性词缀，但它们并不是可以加在所有的名词或单音名的后面。语义的类也很难控制。比如一般的说法是“小的事物可以与‘儿’搭配”，但缝衣服的针很小，却不能加“－儿”，打毛衣的“针”反而要加“－儿”；缝衣服的线很细不加“－儿”，抽象的“线索”义的“线”却可以加“－儿”，等等。词缀从接收向来看也很难说是规则的，因为加词缀后的整体义也很难从类的搭配来预测，如“眼”加“儿”义为“窟窿”，“门”加“儿”可以表抽象比喻义的“门路”，但“灯”加“儿”并不表抽象比喻义，等等。因此，由词缀构成的词大多需要在词典中一一收录，语言学习也需要一一学习。

少数词缀与少数语义类可以周遍地配合，如“老/小＋单音节姓氏”，和“第＋数词结构”。这样的情况在词缀中并不多见。而且，如果另外分出“类词缀”这一类，“第－”恐怕要改归为类词缀才更加合适，因为它可以自由地与类词性质的表数字组搭配。

与词缀不同，大多数类词缀的组配成分不少可用生成向的规则控制。例如“－式”具有跟所有表国家、民族的名词性成分相配的潜能(如“中式、中国式、日式、日本式、美式、美国式、藏式、蒙式、蒙古式、满式……”)，类前缀“副”可以与所有官名相配(“副经理、副总经理、副部长/局长/司长/科长/股长/班长/组长、副主任……”）。有些组配之前也许从来没有被使用过，但今后有出现的潜能。比如我们的语料中没有出现过“通州式”，但如果今后几年它的发展速度极快，并被立为典型而广泛宣传，则“通州式发展速度”就一定会出现。

从生成向看不能用周遍性规则控制的类词缀组配，从接收向看基本上是周遍性可理解的。例如类前缀“总”并不能与所有表示官职的名词性成分组配（“总经理、总工程师、总参谋长、总司令”，但“*总主任、*总部长”）；类后缀“家”也不可以与所有表示乐器的名词性成分组配（“小提琴家、钢琴家”，但“*黑管家、*大号家、*笛子家”），但凡能搭配者，其整体意义就可以从成分义和类词缀义的相加来推知，也即它们的语义是透明的。

当然，所谓“语义透明”也是有层次的。“专名+式”语义透明的层次比较浅，比如从“伊斯兰教式[建筑]”的组配中，人们都能得知的只是伊斯兰教有一种特定样式的建筑，至于该样式到底有什么特点，则依赖于个人的百科知识。一般来说数字式武器型号可以提供的词汇语义内容最少，而四音节以上 NP 或 VP 提供的语义内容最多。

考察发现，几乎每个类词缀都有一条或几条生成周遍性的规则，而接收向的周遍规则性对于类词缀来说则几乎是无一例外适用的。这是类词缀与词缀最大的不同。

三 类词缀与词典收词和第二语言教学

由于类词缀字组语义上的透明性，母语者并不需要通过查字典来得知其语义，所以以母语者为对象的语文词典几乎不收录它们是合理的。但计算机和第二语言学习者并不具备母语者这种潜在的语言知识，因此需要对类词缀字组做相应的处理。怎么处理呢？以下几点应注意：

(1)与词缀不同，类词缀目前正处于能产活跃期，其新生类推潜能是无限的。因此任何一部词典，即使是大型词典也不可能穷尽地收录类词缀所搭配的所有字组。

(2)与词缀字组不同，不少类词缀字组(特别是其中多音节的)的复现率极低，它们是根据需要而临时创造的。如"'浓眉大眼红脸蛋'式[婚纱照]"在8亿字符语料库中仅出现一次，再增加语料也未必会再次出现。也即，许多类词缀字组收录在词典中是很不经济的。

(3)与助词不同，类词缀字组的内部不涉及句法语义范畴，也即类词缀字组的句法作用只相当于一个词。如果类词缀字组能与句法分开处理，无论是对于信息处理还是外国人学习汉语都是十分有必要的。正确地划定类词缀字组的界线，自动处理这一部分的语义信息，是进行句法分析之前的前期工作。

类缀字组的整体功能由类词缀决定。也即一旦确立了类词缀的性质，就可以相应地确立了类缀字组的语法类别，类词缀可成为计算机标注词性或第二语言学习者理解句子结构的一个指示灯，可以用它来确定整个字组的语法性质，切分出句子结构的一些较大的单元。

也就是说，虽然词典无法也无须收录所有的类词缀字组，但信息处理和第二语言习得却又都需要在运用句法之前判定类词缀字组的边界和整体语义。

(4)与词缀、词根不同,类词缀字组有相当部分是生成向周遍可控的,几乎全部都是接收向周遍可控的。因此,它们可以不收录词表而又能够达到自动划界和理解。

其策略应该是:把类词缀单独列表,并给出每个类词缀有哪些生成向周遍的搭配规则,有哪些接收向周遍的搭配规则。

计算机只需要接收方向的组配规则。有了这些规则,知道了某个类词缀可以与哪些格式或哪些语义类的成分搭配,就可以在相当程度上自动处理文本中类词缀字组的外边界(还会遇到歧义切分问题)和整体语义。

第二语言习得者不但需要接收方向的组配规则,还需要生成方向的规则,以避免生成不正确字组(如“*笛子家”)。

此外,单音节与类词缀搭配的字组有些特殊。除一些封闭性义场(如地名或民族的简称、姓氏、英文字母)外,它们中有不少语义不透明、同类类推能产能力差、产生时代早(如“作家、画家”,“版式、复式”)。这些组配的后字虽然与类词缀同形且有语源上的联系,但其实该组配产生之时后字尚未虚化为类后缀,是按普通复合词创造的,之后又以复合词的身份增加了附加义。它们与类缀字组差别较大,而与一般复合词性质相同,最好收录词典。

目前,信息学界对类词缀问题已有不少关注和研究成果,如“中研院”资讯科学研究所中文词知词库小组(1996)、吴赣(1998)、富丽(2001)等。当然,要计算机能够自动处理类词缀字组的识别,还需要更多、更细致的研究。

对外汉语教学方面对类词缀的重视明显不够。比如，一位教员曾告之笔者，一个留学生曾经抱怨，课本上出现的"无权"一词，自己从未学过，为什么没收入生词表。可以想见，确定一些常用的类词缀，给留学生讲解类词缀接收向的意义推导规则、生成向的音节搭配规则和哪些语义类可以周遍生成的限制，定会提高留学生理解和运用汉语的能力。

总之，从应用方面看词根、词缀、助词与类词缀应该采用的不同处理策略，这也说明了在汉语中把类词缀作为单独一类的必要性。

参考文献

北京大学中文系现代汉语教研室编（1993）《现代汉语》，商务印书馆。

卞成琳（2000）《汉语工程词论》，山东大学出版社。

陈保亚（1999）《20世纪中国语言学方法论》，山东教育出版社。

陈光磊（1994/2001）《汉语词法论》，学林出版社。

端木三（1999）重音理论和汉语的词长选择，《中国语文》第4期246—254页。

——（2000）汉语的节奏，《当代语言学》第4期203—209页。

冯胜利（1997）《汉语的韵律、词法与句法》，北京大学出版社。

——（1998）论汉语的"自然音步"，《中国语文》第1期40—47页。

——（2003）韵律制约的书面语与听说为主的教学法，《世界汉语教学》第1期87—97页。

富　丽（2001）现代汉语类词缀研究——兼论附缀字组的成词性及词库收词问题，北京大学中文系硕士论文（未刊）。

葛本仪（2001）《现代汉语词汇学》，山东人民出版社。

胡明扬主编（2000）《语言学概论》，语文出版社。

胡裕树主编（1981）《现代汉语》（增订本），上海教育出版社。

黄伯荣、廖序东（1990）《现代汉语》（增订版）上册，高等教育出版社。

黄居仁等（1997）《资讯处理用中文分词规范》设计理念及规范内容，《语言文字应用》第1期92—100页。

梁 源（2000）二字结构凝固度分级考察，《语言文字应用》第2期21—32页。

刘叔新（1990）《汉语描写词汇学》，商务印书馆。

刘源、谭强、沈旭昆（1994）《信息处理用现代汉语分词规范及自动分词方法》，清华大学出版社、广西科学技术出版社。

陆志韦（1957）《汉语的构词法》，科学出版社。

吕叔湘（1979）《汉语语法分析问题》，商务印书馆。

马庆株（1995）现代汉语词缀的性质、范围和分类，《中国语言学报》第6期101—137页，商务印书馆。

朴爱阳（2002）现代汉语派生词研究，南开大学博士论文，未刊。

沈 阳（1997）现代汉语复合词的动态类型，《语言教学与研究》第2期24—40页。

孙茂松、李行健、王洪君、富丽等（2001）《信息处理用现代汉语分词词表》（教育部九五社科重点项目结项报告，未刊）。

"中研院"资讯科学研究所中文词知词库小组（1996）"搜"文解字——中文词界研究与资讯用分词标准(技术报告96-01)，未刊。

王洪君（1994）从字和字组看词和短语——也谈汉语中词的划分标准，《中国语文》第2期102—112页。

——（1998）从与自由短语的类比看"打拳"、"养伤"的内部结构，《语文研究》第4期1—11页。

——（2000）汉语的韵律词和韵律短语，《中国语文》第6期525—536页。

——（2001）音节单双、音域展敛(重音)与语法结构类型和成分次序，《当代语言学》第4期241—252页。

——（2002）普通话中节律边界与节律模式、语法、语用的关联，《语言学论丛》第26辑279—300页，商务印书馆。

——（2005）动物、身体两义场单字组构两字的结构模式，《语言研究》2005年第1期1—11页。

王　立（2003）《汉语词的社会语言学研究》，商务印书馆。
吴　赣（1998）现代汉语文章中后缀词语的动态归并，北京工业大学人工智能研究所硕士论文，未刊。
叶蜚声、徐通锵（1981）《语言学纲要》，北京大学出版社。
俞士汶主编（1999）《现代汉语语料库加工——词语切分与词性标注规范与手册》，北京大学计算语言学研究所，未刊。
张家太（1988）汉语新词语琐议，《沈阳师范学院学报》（社科版）第2期125—130页。
赵元任（1979）《汉语口语语法》（中译本），吕叔湘译，商务印书馆。
朱德熙（1980）《现代汉语语法研究》，商务印书馆。
——（1982）《语法讲义》，商务印书馆。
朱亚军（2001）现代汉语词缀的性质及其分类研究，《汉语学习》第2期24—28页。

补记

这篇与后面的两篇（《两字短语凝固度分级初探》、《〈信息处理用现代汉语分词词表〉的结构和汉语的结构特点》）可以组成一个小单元，它们都是参与了信息处理的具体工作、对于黏合两字、三字组在汉语中的重要地位有了充分的认识、有了汉语韵律词这一重要概念之后的作品。

参与信息处理有关词切分和词库建设的工作，使我充分认识到了汉语两字、三字组在汉语系统中的重要作用，同时也更加肯定了应该以字为基点确定汉语两字、三字词的思路。信息处理的多项应用性任务表明，汉语必须有两字、三字词库，而且词库所收词的数量应该大大多于一般的语文词典。汉语信息处理有所谓“分词不落单”的应用性要求。这是因为，自动校对、文字的繁简体自动转换、键盘输入等任务需要与词库中多字词条进行对比才可以有效避免一对多的对应，文本自动转换为语音则必须分词单位是与韵律的两音节三音节音步相对应，等等。这些任务表面看是应用性的，其实直接关乎汉语汉字的语言学特点。即汉语汉字是“单字有义有形有声调”和“双字定义定形定节奏”（可参考收入本文集的《字本位与汉语二语教学》一文）。汉语的“词”很难用语法上是否“自由运用”来定义，但可以从韵律上是否是底层稳定的单音步来定义。

本文依然与我本人音系学的研究有密切关系，特别是收入本文集的“汉语韵律词和韵律短语”一文的研究。在那篇文章中，我抓住汉语两字组三字组在更大的组合中韵律上是否可以从中拉开，以此作为形式标准，区分出韵律词（底层单音步的黏合字组，2至3音节）、韵律类词（底层多音步的黏合字组，3至9音节，一般4—7音节）、韵律短语（底层多音步或有前置韵律外成分的自由字组，2音节以上）。

有了韵律词、韵律类词、韵律短语的区分标准，才可能从形式上区分开本文所讨论的词缀、类词缀和助字。韵律单位和语法单位既不等同，又密切关联！

从两个同级义场代表单字搭配的异同看语义特征和语义层级*

——以“锅”和“碗”为例

提要 基于聚合向的单个最小义场内成员的语义对比而确定义素的分析方法，很难推广到亲属、军衔之外的其他义场，其语言学价值有限。本文尝试对比有低层差异的两个同级实体义场（炊具、盛具）在组合向黏合定中结构中搭配能力的差异（以“锅”、“碗”为例），以确定实体和属性两域的语义层级及彼此之间的关联关系。

一　对义素分析法的疑惑

将词根义分门别类地放到高低不同的语义层级中，将词根义分析为更小的语义特征（也称“义素”），是半个世纪以来语言学重要的任务，也是至今尚未解决的难点问题。

义素分析法曾被寄予厚望，它用于分析亲属关系、军衔等封闭的语义场效果不错。但除了这极少数的几个义场，这一分析法却难言成功。比如，得到语义特征的重要方法之一是通过最

---

* 原文发表于《世界汉语教学与研究》2010年第2期。初稿曾在2009年7月的语言教学与研究国际学术研讨会暨《语言教学与研究》创刊三十周年庆典大会上宣读。成文后蒙董秀芳、宋作艳两先生提出宝贵意见。

小义场中成员的对比来确定词的义素。汉语学界常举的一个例子是:“穿在脚上的东西”是一最小义场,该义场含“鞋、靴子、袜子”三个成员。对比三个成员的意义可以得出,“鞋”和“靴子”同具[+着地]特征,而“袜子”为[-着地];“靴子”和“袜子”同具[+有靿]特征,而“鞋”为[-有靿](贾彦德1992:58—59)。

面对这样的研究成果不少人都很疑惑。一是,按照这样的分析,需要有多少语义特征?有学者说,语义特征与语音特征性质不同,语义特征的数量相当多(贾彦德1992:125)。那么,第二个问题是,语言分析真的需要数量如此多的语义特征吗?找出这么多的语义特征对描写语言真有什么好处吗?

二 特征与组合,特征与上级单位的分类

我们认为,语义特征与语音特征固然性质不同,但一些大的工作原则却是相同的。这就是,为什么要把单位再分析为更小单位,怎样的分析才是有系统价值的,这些对于任何性质的分析都是相同的。

分析为更小的单位的好处是可以以少驭多,因为大单位是由小单位按照一定的结构构造出来的。比如世间万物都是一百多种元素按不同的结构组成,而元素又是由原子核(中子、质子)和核外电子组成。

只有真正分析出了有系统价值的小单位,才可以更好地对上级单位进行分类,才可以更简明地说明上级单位在整个系统中的活动模式。比如世界万物形态各异,我们也可以按照大小、

按照颜色、按照形状、轻重、甚至干湿、软硬来分类，但唯有按照其构成的最小化学单位——元素——进行分类，才能正确预测不同物质在特定条件下会发生什么样的分解或化合。同样，只有把元素分析为电子、质子、中子等更小的单位，找出元素的原子结构成分和结构方式，才能更好地说明各种元素化学性质的成组性（元素周期表）和预测新元素。

任何事物都有多方面的属性，按照一定的自然属性都可以对事物进行分类。比如对于一个班的学生可以按照性别、身高、体重、视力、当前学习成绩、入学成绩、居家的远近等等众多不同的特征进行分类。好的分类取决于与分类的目的是否密切相关。比如安排上课时的座位需要考虑性别、身高、视力等而不需要考虑体重、居家远近。对于语言学来说，是否要把某个层面的最小单位分析为更小的特征，采用什么样的属性作为该级单位的特征，取决于是否能够更深层次地揭示语言的系统性，是否能够使语言描写更加简明。

音位可以按照声学、发音生理等不同的自然属性来分析为区别特征，从何种角度分析出的特征才具有更高的语言学价值呢？唯一的标准是——能否很好地反映音位在组合搭配中成组活动的能力。区别特征方案从 1952 年的声学特征方案到 1968 年的发音生理的偶分方案再到 1980 年代的基于发音生理的特征几何方案，几次改动都是为了更好地反映音位在组合搭配中的成组活动能力（可参考王洪君 1999/2008《汉语非线性音系学》第三章）。

也即，把大单位分析为小单位，把音位分析为区别特征，必须有自然属性上的基础（所以区别特征的聚合也称“自然类”）。但特征分析绝不是为了分析而分析，不是为了更琐碎而分析，而是为了以少驭多，为了更简明地说明上级单位的活动模式——上级单位组合时活动方式的成组性。

对照一下义素分析法找到的语义特征。除亲属、军衔等少数义场外，[±着地]、[±有勒]等语义特征对于说明语素在组词造句时成组活动的能力几乎全无价值，在语言学的研究中能够发挥的作用十分有限。因此我们认为，通过最小义场中成员的语义对比而得到的语义特征，并不是具有语言系统价值的语义特征，这样的义素分析方法不足取。

三　好的语义层级体系

语义场和语义特征需要有高低不同的层级，这跟语汇单位组合向的搭配框架有精度上粗细不同的等级是相对应的。比如，主谓、述宾、定中的搭配是大类的搭配框架，有生主语－不及物动词、制造动词－结果宾语等是次类搭配的框架，烹调动词－食物名词是小类搭配的框架，而“烤－白薯”则是具体词汇的搭配，等等。与之对应，语义场和语义特征也就有名物、动貌、属性等高层义场，有生名物、行为、人造物等次级义场，等等。

各种不同学派的语言学理论，即使是专门着重语法形式分析的理论，也都或多或少地引入了语义特征。比如，生成语法自第二期（标准理论）（Chomsky 1965[原著]/1986[中译]）开始，就在词库中增加了[±有生]、[±人]、[±可数]、[±抽象]等特征。这些特征对于限制不合格句的生成发挥了很大作用。越是层级高，语义特征越少，越能跟句法搭配的大框架发生关联，而且层级低的义场又可自动继承高层义场的特征。比如[+人]必定[+有生]，这就保证了低层的小类的组合框架仍然蕴含高层的大类的组合框架。

语义场不仅有层级高低的分别，而且还有相互叠交等复杂关联。比如及物动词和不及物动词都可能有内部有动态持续段（如“读”和“睡”）、没有动态持续段（如“知道”和“塌”）的次类（郭锐 1993）；表人名词既可以是具体的，也可以是抽象的。语义特征的重要性在于，通过语义特征的聚合场，可以揭示由层级高低、相互叠交、动名关联等多种关系而构成的词义网络系统。Wordnet、中国知网（董振东、董强 1999）等著名的语义系统各有不同的理念，但在这一点上是共同的。

宋作艳（2009）较详细地介绍了美国生成词库学（代表作为 Pustejovesky 1995）的理论，从中不难看出，该学派的高层语义场结构与造句时的大类组合框架有很好的关联。该理论把词义首先分为自然、人造、合成三大类和实体（≈名词）、事件（≈动词）、性质（≈形容词）三大域，类和域彼此叠交。因为，实体域根据概念所指可以分为自然、人造、合成三大类，而事件、性质则可以根据与实体的关联也分为同样的三个域。三个域各分三大类，就有了九个下级类。下面给出以上中译术语的英语原文、相关词例及三个域所大致对应的词类，再给出三大类与三大域关系的图示（引自宋作艳 2009）：

自然类（natual type，如 water，woman，rabbit，tree；

die, walk, rain, put, have; red, large, flat)

人造类(artifactual type,如 knife, chair, beer, husband, dancer; cut, sew, donate, spoil; useful, good, effective)

合成类(complex type,如 book①, university; read, perform; rising, frightend)

实体域(entity,≈名词);事件域(event,≈动词);性质域(quality,≈形容词)

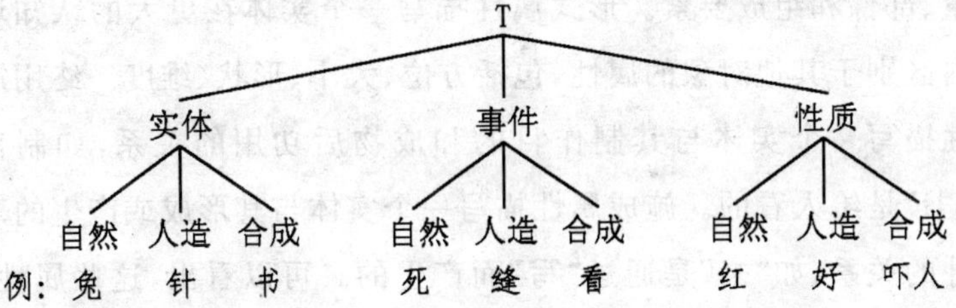

此外,实体等域也还有自己特有的语义层级。比如:

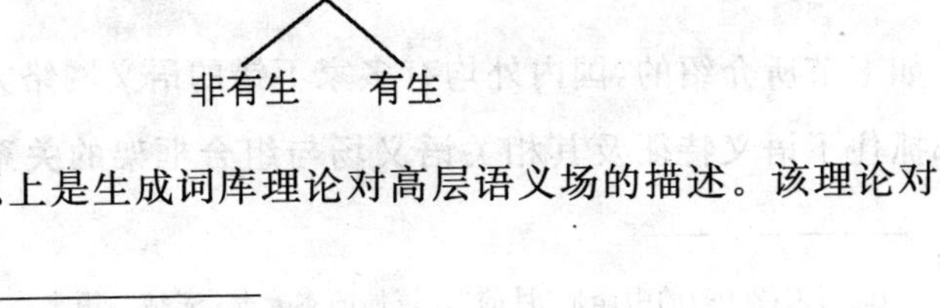

以上是生成词库理论对高层语义场的描述。该理论对低层

---

① book 兼物质实体(具体)和信息(抽象)这两类。

语义的描写，比如说单个词词义的特征描述，也同样是紧扣词义与组合框架的关联。

比起配价理论，该理论的突出优点在于对名词（实体）同样进行了形式化的动名关联的特征分析，不仅有论元结构的分析，还有“物性结构（qualia structure）”的分析。物性结构主要包括“构成属性（constitutive quale）”、“形式属性（formal quale）”、“终用[1]属性（telic quale）”、“施成属性（agentive quale）”。构成属性描写一个实体与其组成要素之间的关系，包括它的材料、重量、部件和组成要素。形式属性描写一个实体在更大的认知域内区别于其他对象的属性，包括方位、大小、形状、维度。终用属性描写一个实体与其制作目的和成物后功用的关系，如制作“书”是给人看的。施成属性描写一个实体与其形成或产生的事件的关系，如“书”是通过“写”而产生的。可以看出，这些属性，特别是后两个属性突出了实体与事件的关联。

生成词库理论对于语义特征和语义场层级的描写抓住了词义在组合中的关联，因而语言学的系统价值很高。

四　有待解决的问题和本文的目标

如上节所介绍的，国内外均有多家不错的语义网络方案，它们都抓住了语义特征及其相关语义场与组合框架的关系，思路

① telic，宋（2009）的中译是“目的”。该词的本意是“完结”，用来指人造物的制造目的和成物后的功用。为更贴近 telic 的本意，笔者改译为“终用”。

是正确的。但是，面对众多的语汇和语汇间复杂的关系，全面的语义网络的建设还远未建设完善。较高层的语义场和实体的语义特征应该说大致有了共识，最下层的一部分词汇也有了较合理的特征矩阵分析。但是，高层和最低层之间的语义层级还问题多多，性质属性是否有层级、如何确定层级也尚未有好的方案。

本文拟尝试一种新的确定语义特征和语义场层级的方法。作为一种尝试，本文的工作限制在"属性－实体"关系之内的一个很小的范围中。这就是，在相近又有明显差异的两个同级的小义场中各选择一个代表性成员，尽可能地收集它们跟其他成分的最小搭配，同时尽可能地利用已经比较成熟的实体域高层语义层级体系，由此而确定它们语义特征和相关属性特征的异同及其层级关系。

具体来说本文的工作是：1.以"锅"和"碗"这两个单字在两字组和个别使用频率极高的三字组中做后字为条件，全面收集它们分别能跟哪些前字或两字组搭配。2.分析"锅"和"碗"所搭配的前置成分的同与异，参考学界有共识的高层实体域义场，确定属性特征的层级。3.根据"锅"、"碗"与前置属性的搭配层级，进一步细致讨论实体域的语义层级体系及"锅"、"碗"的语义类归属。

通过这些考察我们试图揭示：如果我们跳出最小的实体义场，从更宽泛的实体域等级义场去观察；如果我们不但着眼于最小义场内部成员的纯语义的聚合向的对比，也同样重视它们在组合搭配上的对比；就可以发现，不仅实体是分层级的，实体的属性也是分层级的，两个不同域的分层体系通过组合的修饰关系而相互关联。

五 从“锅”、“碗”与属性的搭配看实体、属性的语义层级

5.1 所用资料来源

本文所用研究实例来自：①《信息处理用现代汉语分词词表（修订版）》（孙茂松等，2003）中后字为“锅”“碗”的所有定中结构两字组和部分高频三字组，②根据实例①，以内省的方法加以补充，再经互联网验证确定。这样得到的字组并不完全，特别是三字组还只能说是举例性的，但大的搭配类应已大致收齐。收集到字组如下所示，圆括号中为出现语境或注释，方括号中的是同类型中四字以上的词例。四字以上的词例只为说明该类型的能产性，未全部收录。下同。

大锅、小锅、花锅、紫锅（指紫砂锅）、薄锅、厚锅、扁锅、高锅、套锅、好锅、坏锅、新锅、旧锅、古锅、破锅、洋锅、土锅、粗锅、深锅、浅锅、漏锅、砂锅、陶锅、铁锅、铝锅、铜锅、泥锅、瓦锅、石锅、纸锅、紫砂锅、搪瓷锅、铸铁锅、钢精锅、耳锅、双耳锅、平底锅、夹层锅、复底锅、不粘锅、?日本锅[1]、铸锅、空锅、满锅、冷锅、暖锅、热锅、油锅、炒锅、煎锅、蒸锅、炸锅、焖烧锅、蒸煮锅、火锅（兼烹调方式）、汽锅、电锅、高压锅、压力

[1] 互联网上查到一例，出现在日常对话的实录中。这种说法似乎并不通行。

锅、饭锅、奶锅、药锅、面锅(面锅里面煮锅盖)、开水锅、猪食锅、炒菜锅、电饭锅、(电比萨锅、)电炒锅、电煎锅、电火锅//?单锅[①](爆米花机)、?双锅(爆米花机)//染锅、(电)锡锅、烧锅、杀菌锅/白锅(白汤的火锅)、绿锅(有机蔬菜的火锅)、汤锅、酥锅、羊肉汤锅、麻辣锅、鸳鸯锅、罗宋锅、黑锅

大碗、小碗、黑碗、白碗、紫碗、黄碗、青碗、绿碗、蓝碗、花碗、薄碗、厚碗、扁碗、高碗、套碗、好碗、坏碗、新碗、旧碗、古碗、破碗、洋碗、土碗、粗碗、细碗、深碗、浅碗、海碗、漏碗、瓷碗、泥碗、石碗、铁碗、木碗、金碗、银碗、玉碗、陶碗、纸碗、铜碗、锡碗、白瓷碗、青瓷碗、均瓷碗、象牙碗、玛瑙碗、珐琅碗、玻璃碗、塑料碗、盖碗、高足碗、深腹碗、薄胎碗、青花碗、黄釉碗、双碗(饮水器)、单碗(饮水器)、莲花碗、莲纹碗、蝠纹碗、兽纹碗、(婴戏鸡图碗)、均窑碗、龙泉碗、醴陵碗、刑窑碗、程窑碗、波斯碗、(耀州窑碗)、御制碗、宋碗、明碗、清碗、锡铸碗、空碗、满碗、平碗、饭碗、菜碗、茶碗、酒碗、面碗、水碗、汤碗、粥碗//?单碗(宠物饮水器)、?双碗(宠物饮水器)//冰碗、皮碗

5.2 从搭配看“锅”“碗”属性(前字)的语义层级

“锅”、“碗”同属“人造器皿”这一层级不高的义场,所以它们共享的搭配前字/字组比较多。下面把这些共享的前置成分也分为高低不同的层级。这其实是参考了它们跟实体域不同层级

① 这里及下面的3个问号表示拿不准这些例子是否算后字转指。作为爆米花机部件的“锅”和作为宠物喂食器的“碗”,只是功用与典型的锅、碗相同或相似,但外形差距很大。

上其他义场字的搭配能力。比如说,“爱”“智”可代表抽象物、心智物,“山”“竹”可代表自然物,“水”“酒”可代表不可切分物,“人”“狗”可代表有生物,“刀”可代表非器皿人造物,等等。属性跟这些高层级实体域成员的搭配能力考察起来相对简单,一般不会有不同的意见,因此下面也就直接列出考察结果,不再说明除“锅”“碗”之外所比较的后字。

1. 通用义

收集到的实例中这一类的数量最多,下面按特征与名物搭配的通用性大小为序分列。

实体通用特征:大小

炊具:大锅、小锅

盛具:大碗、小碗

具体物质通用特征:颜色、形状

炊具:花锅、紫锅(指紫砂锅)、薄锅、厚锅、扁锅、高锅

盛具:黑碗、白碗、紫碗、黄碗、青碗、绿碗、蓝碗、花碗、薄碗、厚碗、扁碗、高碗

个体物特征:数量

炊具:套锅

盛具:套碗

抽象物与人造物通用特征(不适用于非人造具体物):好坏、新旧、洋土、质量等

炊具:好锅、坏锅、新锅、旧锅、古锅、破锅、洋锅、土锅、粗锅[①]

① 这里的“粗细”指质量的精度。

盛具：好碗、坏碗、新碗、旧碗、古碗、破碗、洋碗、土碗、粗碗、细碗

容器特征：深浅等

炊具：深锅、浅锅、漏锅

盛具：深碗、浅碗、海碗、漏碗

人造物特征：质料

炊具：砂锅、陶锅、铁锅、铝锅、铜锅、泥锅、瓦锅、石锅、纸锅、紫砂锅、搪瓷锅、铸铁锅、钢精锅

盛具：瓷碗、泥碗、石碗、铁碗、木碗、金碗、银碗、玉碗、陶碗、纸碗、铜碗、锡碗、白瓷碗、青瓷碗、均瓷碗、象牙碗、玛瑙碗、珐琅碗、玻璃碗、塑料碗

部件特征或特定属性的部件特征：

炊具：耳锅、双耳锅、平底锅、平底锅、夹层锅、复底锅

盛具：盖碗、高足碗、深腹碗、薄胎碗、青花碗、黄釉碗

特殊属性：

炊具：不粘锅

盛具：莲花碗、莲纹碗、蝠纹碗、兽纹碗、［婴戏鸡图碗］

产地、品牌、朝代：

炊具：?日本锅

盛具：均窑碗、龙泉碗、醴陵碗、刑窑碗、程窑碗、波斯碗、［耀州窑碗］、御制碗、宋碗、明碗、清碗

制造方式：

炊具：铸锅、压模锅

盛具：锡铸碗、［玻璃铸碗］

临时状态：

炊具：空锅、满锅、冷锅、暖锅、热锅、油锅

盛具：空碗、满碗、平碗

炊具专用特定功用（下级分类以单斜线隔开）：烹调方式/烹调介质/烹调对象

烹调方式＋对象 / 烹调介质＋烹调对象 / 烹调介质＋烹调方式

炊具：炒锅、煎锅、蒸锅、炸锅、焖烧锅、蒸煮锅/火锅（兼烹调方式）、汽锅、电锅、高压锅、压力锅/饭锅、奶锅、药锅、面锅（面锅里面煮锅盖）、开水锅、猪食锅、炒菜锅/电饭锅、（电比萨锅）/电炒锅、电煎锅、电火锅

盛具：（无）

盛具专用特定功用：盛装对象

炊具：（无）

盛具：饭碗、菜碗、茶碗、酒碗、面碗、水碗、汤碗、粥碗

2. 后字转指

后字转指跟“锅”“碗”形状类似的其他人造物；前字表部件、功用、质料等，不再细分：

炊具：单锅[①]（爆米花机）、双锅（爆米花机）、染锅、（电）锡锅、烧锅、杀菌锅

---

① 典型的“锅”、“碗”不是隶属于某个更大整体的部件。但通过互联网，我们检索到了“锅”、“碗”作为部件的三对实例。它们可看作根据“锅”、“碗”的功用类推到其他物品上的隐喻性用法。

盛具：双碗（宠物饮水器/喂食器）、单碗（宠物饮水器/喂食器）、皮碗（打气筒部件）

3.整体转指

转指吃食：

炊具：白锅（白汤的火锅）、绿锅（有机蔬菜的火锅）、汤锅、酥锅、麻辣锅、鸳鸯锅、罗宋锅

盛具：冰碗

转指抽象物：

炊具：黑锅

盛具：无

从上面分列的实例可以看出，“锅”、“碗”所参与的“属性－实体”搭配，其差异大致可以分为三种类型：①共用的属性特征一致，共用的具体属性也基本一致。如大小、厚薄、粗细（质量）、好坏、单双、深浅。这些属性的特点一是属于“锅”、“碗”所共享的实体域高层义场层级的属性，二是属性的下级成员为偶分性的封闭集合。②共用的属性特征一致，但对其具体属性的选择却有相当大的差异，颜色、部件、产地、质料、制作方式、临时状态等属性属于这一类。比如“锅”、“碗”都有构成部件，但“锅”有“耳”这个部件，“碗”却没有。这一类属性也用于搭配“锅”、“碗”所共享的实体域义场层级，但更多的只限于与人造物搭配。为与第一类区别，姑且称为高中层义场层级的属性吧。另一点区别更为明显，这就是这一类属性的下级成员为多成员的集合，甚至是开放性的集合，而不是偶分型的。③ 具体属性的选择完全不同。这就是“锅”、“碗”的专用特定功能（即“终用属性”）。比

如,“锅”的终用属性选择了“烹调方式/烹调对象/烹调介质”三个下级具体属性,而“碗”的终用属性却只选择了“盛装物”一个下级具体属性。“锅”的终用属性的三个下级成员“烹调方式/烹调对象/烹调介质”既可以单独与实体搭配,也可以组合起来与实体搭配。比如“蒸锅”是单选“烹调介质”,“电饭锅/电比萨锅”是复选“烹调介质+烹调对象”,“电炒锅”是复选“烹调介质+烹调方式”。“碗”只有“盛装物”一个属性,没有复选的问题。终用属性的个异性极强,具体选择极多,正适合用作低层义场的区别性特征。“锅”和“碗”所分属的不同子义场的差异正是功用属性的差异——前者为“炊”,后者为“盛”。

总之,根据搭配,属性可以分为三大类:高层的偶分型普遍属性、高中层的多分型可选属性、低层的终用属性。反过来看,越是普遍性的属性越难用作区分实体事物的区别性属性。所以,个异性最强的终用属性是最常用作实体名词或实体域下层小义场的区别性属性的。

5.3　从搭配看后字“锅”、“碗”的实体域语义层级

上节我们分析了跟“锅”“碗”可以搭配的前字和部分字组,从中可以看出属性的不同层级和大类。如前所述,如果反过来进一步考察“锅”“碗”所共享的搭配前字跟后字位置上不同层级的其他实体义场代表字(如“爱、智、山、竹、水、酒、人、狗、刀”等)的搭配能力,还可以进一步区分“锅”“碗”共享的上级语义场的层级体系。由于这些搭配相对简单,下面只介绍上述思路的考察结果。

已有的研究认为,实体域有两个并行的层级系列,相同的系

列中下级义场蕴含上级义场：

实体——物质——个体物——无生物

实体——人造物——用品——器皿——厨房器皿

这两个语义层级是相对独立而又相互关联的，比如人造物既可能是物质物的（比如“锅”），也可能是抽象物的（比如“小说”），既可能是无生的（比如“碗”），也可以是有生的（比如“博士”）。

与属性的搭配可以证明区分如上两个实体系列的正确性和必要性。因为，某些属性只跟以上两个实体层级系列中的一个系列的某一个特定层级有固定关联，而放到另一个实体层级体系中就失去了跟某一特定层级的固定关联。比如：

物质——[产地][①]

人造物——[评价]、[质料]、[制造方式]、[制作时间]、[制作地点]、[功用]

个体——[有下级部件]

人造物特有的属性特征[评价]、[质料]、[制造方式]等不跟同属一个系列的、同级的“自然物”相搭配，而如果放到“实体——物质/抽象”的系列中，就既可以跟“物质——质料/个体”中的某些小义场搭配、跟另一些小义场不能搭配，也可以跟“抽象——心智/观念”中的某些小义场搭配、跟另一些小义场不能搭配。确定属性所属的实体域系列和层级是十分重要的，因为

---

① 产地与人造物（如“藏刀”）、自然物（如“湘竹”）、合成物（如“磁州窑碗”）都可以联系；与个体物（如“藏刀”）和非个体物（如“茅台酒”）、有生物（如“华南虎”）和无生物（“湘竹”）也都可以联系。

只有同处一个层级系列的下级义场才能继承上级义场的属性。

此外,“锅”和“碗”前搭配成分的差异或许也会跟实体义场的层级有关,需要进一步细致分析一下。

“锅”和“碗”前搭配成分的差异主要有如下四种:①终用属性的差异。②颜色属性的具体选择差异。作为物质实体,“锅”“碗”都有颜色属性。但从搭配看,“锅”的颜色属性很少进入不带“的”的黏合两字、三字组,这与颜色属性在多定语序列中通常处于外围位置是一致的。比如,受单音颜色字修饰的“白锅”、“绿锅”,其实都是转指的菜名。“碗”的情况却完全不同,“白碗”、“绿碗”的的确确是指某种颜色的“碗”。③作为人造物,“锅”“碗”都有制作地、制作年代、品牌等属性。但“锅”的产地、朝代、品牌特征一般不进入黏合两字三字组(如“韩锅”不说,说“韩国的锅”),而“碗”的这些属性却大量进入两字三字组,如“均窑碗”,还有本文未收的“磁州窑碗”、“饶州窑碗”、“吉州窑碗”,等等。④“锅”的特殊属性较少,我们只收集到了“不粘锅”;而“碗”的特殊属性却非常多,大多是关于碗的图饰的,如“莲纹碗、蝠纹碗、兽纹碗、婴戏鸡图碗”,可以看出,这是一个极为开放的、很特殊的属性集合。

差异①,在上一节已经有过较详细的分析,它是“锅”、“碗”所归属的“炊具”、“盛具”两个小义场的区别性属性的反映。差异②③,上一节也有过简单的讨论。虽然具体事物都有颜色属性,人造物都有产地、品牌、制作时间属性;但这些属性都属于多成员或开放性集合,因而不是属性的所有下级成员都能与所属实体义场的所有成员共现。或者说,多成员或开放性属性集合中哪些具体属性可以成为哪些实体的区别性特征，要受到现实世界中属性与实体的实际关联的制约。比如，锅过去一般是黑色的，现在一般是不锈钢或铝的颜色，个异性弱，不足以作为锅的分类特征；而碗，特别是作为古董拍卖的碗，颜色就成了重要的分类特征。锅目前没有著名的产地或品牌；而碗是一种瓷器，中国历史上著名的瓷窑屈指可数，是中国文化重要的组成部分，这样，产地、窑口就成了碗（特别是作为古董拍卖的碗）的分类性区别特征。也即，这些属性与实体的搭配有较大的个体差异，但原因主要在于属性集合的多成员性和开放性。

差异④，笔者感觉比较独特。“锅”的特殊属性“不粘”与炊具的区别性属性“炊”是密切相关的，而“碗”的“图饰”属性却与盛具的区别性属性“盛”完全没有关联。笔者认为，“图饰”并不是“盛具”的属性，而是艺术品的属性，具有属于第三世界的观念造型上的价值。也就是说，在“自然类/人造类/合成类”的大类区分中，“锅”是单纯的“人造类”，而“碗”却似乎是像“书”、“画”一样属于“合成类”？这是本文写作之前笔者完全没有想过的一个问题，但“属性－实体”的搭配实例却似乎说明了这一点。不过，要确认“碗”属于“合成类”，还需要考察述宾等更多类型的搭配，还是留待以后再做结论吧。

四　结语

本文尝试以有低层差异的两个同级实体义场的代表字为例，以两字搭配为基础，探索实体和属性两域的语义层级及彼此之间的关联关系。

根据搭配，我们把属性分为三大类：高层的偶分型普遍属性、高中层的多分型可选属性和低层的终用属性。

根据搭配，可以证明实体确有两个并行的层级体系：

实体——物质——个体——无生物

实体——人造物——用品——器皿——厨房器皿

根据搭配，还可以确定某些属性只与以上两个实体层级中的某一个层级体系的某一个特定层级有固定关联。比如：

物质——[产地][1]

人造物——[评价]、[质料]、[功用]、[制造方式]、[制作时间]、[制作地点]

个体——[有下级部件]

总之，从组合搭配着手确定语义特征和语义层级的方法，适用性更广，语言学的价值也更高。从低层级的两个或数个同级义场代表字的搭配差异入手描写语义特征和语义层级，有望补充语义层级模型的中间层级和属性层级体系的许多细节。

参考文献

董振东、董强（1999）知网，《计算语言学文集》58—63页，黄昌宁、董振东主编，清华大学出版社，北京。

郭　锐（1993）汉语动词的过程结构，《中国语文》第6期。

① 产地与人造物（如“藏刀”）、自然物（如“湘竹”）、合成物（如“磁州窑碗”）都可以联系；与个体物（如“藏刀”）和非个体物（如“茅台酒”）、有生物（如“华南虎”）和无生物（“湘竹”）也都可以联系。

贾彦德（1992）《汉语语义学》，北京大学出版社，北京。

宋作艳（2009）《现代汉语中的事件强迫现象研究——基于生成词库理论和轻动词假设》，北京大学博士学位论文。

孙茂松、王洪君、董秀芳（2003）《信息处理用现代汉语分词词表（修订版）》，根据国家社科“九五”规划重大项目 97@YY001 结项成果《信息处理用现代汉语分词词表》（孙茂松、王洪君、李行健等）修订，两版均未刊。

王洪君（1999/2008）《汉语非线性音系学：汉语的音系格局与单字音》，北京大学出版社。

Chomsky, N.（1965）*Aspect of the Theory of Syntax*. 1965, Cambridge: MIT Press. 中译本《句法理论的若干问题》，黄长著、林书武、沈家煊译，中国社会科学出版社，1986 年。

Pustejovesky, James（1995）*The Generative Lexincon*. Cambridge: MIT Press.

补记

对义素分析法不满意，却感到形式语法或信息处理方面常常提到的一些语义场和语义特征十分有用（比如名词的“有生/无生”、“人/非人”、“人造物/自然物”“部件/非部件”，动词的“移动”特征等），这是激发本文写作的原因。

文章的构思开始很早。某年（2001 或 2004，记不清了），詹卫东向我约稿，说是在北大计算语言所要召开一次词汇语义学的会议，我就把基于两个同级义场的对比，基于组合向搭配能力的对比，从两字搭配入手，同时考察实体和属性两方面的语义层级体系的思路写了个提要递交了上去。从炊具盛具两义场中选取“锅”“碗”为代表字，主要考察两字定中字组，也是那时就确定下来的。但是，由于与另外一个会议冲突，我未能参加这个词汇会议，递交的提要也就一直放置下来了。

这之后曾经跟我过去的学生、当时在新加坡国立大学任教的王惠谈起过我的设想，她认为很有意义，特别是确定属性的语义层级的方法很有新意，这增强了我的信心。于是，2009 年夏天，参考刚刚看到的宋作艳

2009年博士论文中介绍的生成词库理论，我终于把放置多年的摘要扩展成了一个纲要性的PPT，在《语言教学与研究》的庆典大会上做了简单的报告。会后得到赵日新教授的肯定和鼓励。

直至2010年寒假编辑这本文集，才最后写成这篇文章。写成最晚，也一定最不成熟。初稿写成后，董秀芳、宋作艳两先生提出了重要的修改意见，使文章有所完善。希望文章面世后能够更多地听到学界的批评，之后能有更好的改正。

给《世界汉语教学》投稿翻译英文题目和提要时，又切身体会到有关语义层级的一个重要问题：语义层级究竟是适用于所有人类语言的概念层级呢，还是适用于特定语言的语义层级呢？本文的工作方法，只适合找出汉语语汇的语义层级，肯定不能用于英语。比如，英语没有与汉语的"锅"相对应的词汇，pan是平底煎锅，pot是罐和水罐形状类似的高帮的壶或锅；英语中也没有与汉语"炊具"完全对应的词汇，大致对应的是kitchen ware，汉语从功用命名而英语从使用的场所命名，其所包含的下级成员自然也是不完全对应的。我以为，不同语言的人所看到的世界切分（概念）是不同的，还是建立具体语言的语义层级比较现实可行。

二字短语凝固度分级初探*

提要　为解决二字短语扩充词表带来的歧义切分大幅增加问题，我们对扩收的二字短语进行了凝固度的分级。我们首先考察验证了已曾提出过的各种标准和方法。考察证明，结构类型、“成分字替换率”、“前/后接歧义度”与凝固度密切相关，也与接续类型(A/BC～AB/C)密切相关。其中，定中、状中、述宾三类结构以前字为基准的后字替换率价值最高，该频率高的字组多为A/BC型接续，其他字组多为AB/C型接续。在此基础上，我们提出了二字短语扩充词表的分级方案和具体的分级排歧策略。

一　二字组的特殊地位和二字短语扩充收库带来的新问题

二字组在汉语里有着特殊重要的地位(王洪君1994)。(本文的“二字短语”指“‘字义＋结构义＝整体义’且‘结构规则可自由类推使用’的两字组合”，“二字词”指“‘字义＋结构义≠整体义’，且/或‘整体功

---

*　原文发表于《计算语言学文集》(黄昌宁、董振东主编，清华大学出版社，1999年10月)64—71页，梁源为第一作者，王洪君为第二作者。论文曾由王洪君在1999年的全国第五届计算语言学联合学术会议(JSCL－99)上报告。研究得到国家863(863－306－JDZ03－04－2)的资助。

能不同于同类短语'的两字组合","二字组"或"二字结构"则是"二字短语"和"二字词"的统称。)

二字词在汉语词汇中所占比例最大。

二字短语的成分搭配严重受限。许多意义上可以搭配的组合,汉语一般不用二字短语表示。如:*脏糖、*窄布、*凉脸、*香饭(朱德熙 1982)。常用的二字短语(如"凉饭、香花")或多或少带有一些熟语的性质。二字短语搭配严重受限也得到语料库研究的支持(宋柔等 1998)。

许多二字短语扩展严重受限。吕叔湘(1979)指出,"大树"顶多可以扩展为"大松树"、"大杨树"等,而"大 de 树"可以随便扩展,如"挺大 de 一棵百年老树"。吕据此而提出"大树"是短语词的观点。

以上特点与汉语的韵律结构有直接的关系。双音节的"标准音步"是汉语的基本韵律单元,冯胜利(1997)提出,对于没有形态变化的汉语来说,从语法上区分词和短语并不那么重要,以音步为标记的"韵律词"(多为两音节)才是汉语中"自由独立运用的最小单位"。

二字组在汉语中的这种特殊地位,可定义为"基础的结构小单元",它是基本单位"字"向上组配最重要的阶梯。二字短语具有像词一样收入备用单位库的语言学基础。

计算机信息处理也提出了将两字短语作为分词单位扩充入库的要求:机器翻译、繁简转换、校对、文语自动转换等多种实用目的都需要尽可能地减少落单单字。为此,北工大的"二字结构工程"(宋柔等 1998)率先建立了收有 8 万余条二字短语的"二字短语扩充词库”。

然而，在分词词库中加入大量的二字短语，又带来了新的问题——分词歧义大幅增加，特别是交集型歧义。比如，“严厉、不仅”是二字词，“最严、仅有”是二字短语。在未收二字短语之前，“最严厉、不仅有”分别只能切分成“最/严厉、不仅/有”；收了二字短语后，就增加了“最严/厉、不/仅有”等错误切分的可能。新收了二字短语“此画”和“画风”之后，原来只能三字都落单的“此/画/风”新增了“此画/风”和“此/画风”两种切分可能，前一种错误。

对于前一类分词歧义，只需规定分词时“先使用凝固度高的原有词库，再使用凝固性低的二字短语扩充词库”，即可排除。“二字结构工程”正是这样处理的。这样处理后，新增加的分词歧义就只剩下了后一类。他们称之为“全新词歧义”。

我们认为，全新词歧义仍可以从凝固度等级差异的角度入手解决：正如“最严”的内部凝固度松于“严厉”一样，“此画”和“画风”的凝固度也不一样。如果我们能找到判定“画风”的凝固度高于“此画”的标准，把它们分别放入不同层级的词库中，或给出一些优先组合的规则，上述歧义也就可以解决和排除了。本文就是根据这一思路开展的研究。

二　短语凝固度的标准及其验证

凝固度分级关键在于能否找出判定二字短语凝固度的有效标准。

“二字结构工程”提供给我们的开发调试环境，包括了从大量语料[1]实际统计得到的各种频率数据和全部歧义切分实例（以下简称“语料库数据”）。汉语学界对结构凝固度也曾有不少研究。本文试图找出同时契合两者的、判定二字短语凝固度的客观标准。

从语料库数据中，我们选择可能与凝固度有关的如下数据建立了“二字短语特征库”[2]：

1. 短语整体出现频率。如“此画”在1亿字符语料中共出现38次。

2. 以前字为基准的后字替换率（简称a率，或“后字替换率”），按定中、状中、述宾、述补、主谓、联合、名方、动介8类结构分类统计。如前字“此__”在1亿字符语料中曾与282个不同后字组配成定中，则在定中库中，“此画、此人、此书……”等短语的后字替换a率为282，记作“此__(282)”。

3. 以后字为基准的前字替换率（简称b率，或前字替换率）。亦按结构分类统计。如后字“__画”在1亿字符语料中曾与36个不同前字组配成定中，则在定中库中，“此画、该画、名画、布画、窗画……”等短语的前字替换b率为36，记作“__画(36)”。

4.（成分字）单用/不单用：利用北京大学计算语言所的提供的数据设立：成分字都可单用的记为+，不可单用的具体标明（如“__鸭”）。

5. 前接歧义度：有前接歧义且被向前拉开的（如“麦区～产麦/区”），记为+；没有前接歧义的（如“棋力”）或虽有前接歧义但不被向前拉开的（如“业界～各/业界”），记为－。

6. 后接歧义度。有后接歧义且被向后拉开的(如“此画～此/画集”),记为+,没有后接歧义的(如“棋力”)或虽有后接歧义但不被向后拉开的(如“进价～进价/高”),记为-。

语言学界的研究成果我们考虑了如下几项:

①多层定语的次序:表指代、数量的外层定语与中心语的关系松散,表质料、部分等的内层定语与中心语的关系凝固,表性质的定语居中,其中“大/小/新/旧/黑/白”等最常见的性质在较外层。如:“这鞋、这/布鞋、*这布/鞋、新/布鞋、*新布/鞋、*布新鞋”。

②多层状语的次序:表语气、时间、时态、否定的外层状语与中心语的关系松散,表动作情状的内层状语与中心语的关系凝固。如:“先攻、先/猛攻、*先猛/攻、*猛先攻”。侯学超(1998)则将状语虚字分为可修饰短语和句子的,只修饰单个动词的、只修饰单音节动词的。

③体宾动词与宾语的关系比谓宾动词与宾语的关系凝固,谓宾动词可加在体宾动词短语的外层。如“担水、想/担水、*想担/水”。

④中插:只能插入某几个短语标记成分(“的、了、得”)的较凝固;如“羊肉”的中插式只有“羊的肉”,而“*羊肥肉、*羊澳洲肉”不成立。还能插入其他成分的,较松散,如“大花”的中插式除“大的花”,还可有“大白花”,也就还可以有“大红花、大绢花”等等(王洪君 1994)。

我们利用所建的“二字短语特征库”各项特征进行了多种排序,观察验证哪种排序结果与语言学的短语凝固度相关。验证结果是：

1. “单用/不单用”，不相关。如“臭鸭、黑衣、其画”的“鸭、衣、其”不单用，“镀膜、签章、蒸丸”的成分字都可以单用，但我们很容易自造出前者的前接、后接、中插式，如“臭鸭蛋、黑衣裤、黑秋衣、其画风”，等等，后者却不那么容易。

2. 短语在大规模语料中的整体出现频率，不相关。高频、中频、低频都各有凝固和不凝固的例子，以定中为例（下面有下划线的前字为松散的外层定语，无下划线的是较凝固的内层定语。）：

极高频（1000次以上）：类属（12132）、类号（12132）、栏名（11557）、总类（2314）、台资（1203）；本报（26404）、这项（10758）、这位（9693）、这家（6279）、本次（4000）、这条（3026）、这类（2815）、这座（2502）、我军（2318）、大幅（2308）、省区（1910）、这批（1808）、这番（1693）、这块（1560）、这件（1559）、这支（1551）、这笔（1523）、这套（1453）、大类（1317）、这届（1316）、每吨（1291）、该书（1189）、新路（1186）、那天（1151）、此项（1125）、本书（1115）、这本（1062）、此事（1041）、大省（1025）、新品（1024）、各报（1009）。（注：“村民、球队、库区、鸡蛋、猪肉”等高频定中短语“二字结构工程”已收入二字词，所以前字为内层定语的例较少。）

中频（同为23次）：大缸、大井、该届、各团、满纸、某型、其价、其境、全片、全台、石坝、石旁、小矿、小嘴、新牌、这病、长凳泪光、区系、饭费、食源、盘式、层级、镍矿、磁条、火塘、冻精、邮袋、独门、鼓曲、色系、渠系、狗屎、麦秆、吊牌、税政、线缆、果商、下档、棋势、村容、猪种、铝矿、雪野、死账、画书、热汗、诸事、低钠、棉秆、煤种、银线、花伞、花王、主板、主级、山草、前道、红丝、铜匾、铜管、绿毛、神眼、老帅、重税、红布、涝区、货单、天风、天将、墙砖、山溪。

最低频(1 次,音 qiao 和 zhè 的):锹棒、桥灯、桥索、桥尾、桥影、侨史、巧活、巧缘、鞘口、翘功、翘皮、这棒、这背、这兵、这财、这餐、这城、这池、这丑、这墩、这缸、这岗、这罐、这礁、这胶、这剧、这卷、这泪、这礼、这利、这粒、这力、这炉、这缕、这谜、这牌、这屁、这票、这谱、这枪、这圈、这坛、这帖、这雾、这秧、这羊、这灾、这章、这仗、这字。

3. 成分字替换频率,呈"成阶突变型"相关。即,小距离的替换率差异,对凝固度无明显影响。但大距离地观察会发现,几乎每种结构,或前字或后字,在替换率 100 上下会有一个相当明显的突变点,将二字短语分为两阶:替换率低的 1 阶几乎都是较凝固的,替换率高的 2 阶几乎都是松散的。下面按 a 率、b 率的次序依次讨论各类不同结构的情况。

a 率　述补、主谓、联合、动介、名方的 a 率没有超过 100 的,均为 1 阶。1 阶内 a 率的排序与凝固度无关,如述补中 a 率最高的是"打__(59):打湿、打烂、打坏、打赢、打平、打错、打死、打满、打好…",最低的是"睁__(1):睁大",最高和最低的凝固度无差别。

定中、状中、述补中 a 率超过突变点的 2 阶短语占将近一半,a 率 2 阶短语的基准前字局限在有限的几种,与后字的关系明显松散，易造成向后拉开的A/BC型接续。以定中为例：

定中a率的突变点在“本＿(95)”。2阶短语如：X＿(95)：本片、本品…；X＿(97)：好风、好马、满园、满纸…；X＿(98)：老黑、老井…；X＿(99)：巨峰、巨片；X＿(100)：各次、各股…；X＿(107)：长堤、长信…；X＿(109)：白马、白墙…；X＿(111)：黑脸、黑衣…；X＿(113)：旧币、旧路…；X＿(122)：石佛、石粉…；X＿(130)：全书、全院…；X＿(191)：该病、该网…；X＿(196)：每磅、每车…；X＿(214)：新版、新船…；X＿(247)：小虫、小锅…；X＿(275)：大杯、大市…；X＿(282)：此笔、此表…；X＿(321)：这把、这事…；X＿(362)：其长、其道…。除带浪线的“巨＿、石＿”外，均限于表指代、范围和最常见的性质，属松散定语。

定中a率的1阶短语如　X＿(1)：殡仪、过法、忌语、镜匾、预案、鎏金、氦气、她家、圩区、使法、酯类、笛声、羸墩；X＿(21)：碧浪、海鸟、海鹰、活鸡、活牛、活羊、活猪、活鱼、墙布、墙材、墙边、墙砖、墙板、伞翼、雄才、碧水、海涛、墙面、墙体、他家；X＿(41)：高峡、高炮、高球、高塔、高息、高值、高坡、高质、画派、画书、画页、画风、画作、画集、玉龙；X＿(60)：草害、草业、草坡、草袋、草量、花格、花棍、花海、花伞、花王、花菜、花帽、花城；X＿(84)：水泊、水边、水轮、水气、水声、水温、水雾、水价、水村、水法、铁骨、铁壳、铁粉、铁钉、铁锅。1阶短语的前字几乎都是名字或具体形容字，属内层定语。

1阶的凝固度高于2阶主要表现在:1阶短语较少出现后接歧义,即使出现也很少被向后被拉开,中插也较难。如:“贡菜/叶、*贡蕨菜、*高坡顶、*活/鱼鳞”。2阶短语则可以较自由地出现后接歧义并被向后拉开。如:“全/车组、全/院部、该/馆员、该/网站、小/虫卵、大/杯盖、此/笔市、这/病狗、这/病服”。1阶和2阶需要个别人工调整。如“巨__(99)、石__(122)”应调入1阶,“某__(82)”应调入2阶,但阶的界线总体来说还是比较分明的。

状中、述宾的情况与定中类似:状中的突变点在“常__(116)”,突变点之下的1阶短语的前字多是表方式、手段、情状等修饰单个动词的状语(如“磁控、钢制、古称、患有、烤制、煞是、丝织、威震、惜售、迅跑、极佳、外购、互免”等),之上的2阶短语的前字多是表时间/范围/频次/否定的、可修饰动词短语或句子的状语(共有:常__(116)、专__(116)、别__(119)、刚__(145)、早__(159)、好__(168)、每__(174)、少__(189)、乱__(190)、虽__(190)、更__(223)、先__(227)、都__(238)、全__(264)、共__(264)、没__(326)、也__(343)、未__(381)、已__(430)、再__(601)、不__(862))。述宾的突变点在“没__(119)”,它之下的1阶短语的前字多是普通体宾动词(如“掣签、较之、隆胸、汰劣、穿山、传艺、夺金、返城、交公、交粮、脱毒、除虫、除垢、换笔、换岗、求胜、求诊、收杆、收粮、买布、买花、卖菜、卖瓜”等),它之上的2阶短语的前字是心理、情态、助动等典型的谓宾动词(共有:没__(119)、敢__(117)、怕__(120)、爱__(155),为__(164)、该__(196)、有__(325)、无__(342)能__(421)、可__(450)、要__

(506))。

和定中一样，2阶的状中、述宾二字短语也可以自由地在后面接上一些成分并被向后拉开。如状中的“刚/进家、虽/好吃、更/差得多、共/打坏、全/靠他、没/吃饱、也/摆出、未/变好、已/备好、再/高些、不/报忧”，述宾的“没/买房、敢/说他、怕/你哭、爱/看书、为/你好、该/买房、能/干完、可/看清、要/出国”。而1阶短语则后接不自由或后接不被拉开。如状中的“外购/莱、*速射球”，述宾的“*掣签进、换笔/人、卖菜/车”。两阶的凝固度，特别是向后拉开的可能性有明显差异。另外，状中、述宾的两阶也需要个别人工调整。

b率　主谓、联合、状中的b率没有超过100的。述宾的b率虽有超过100的，但在接续歧义、中插等指标上没有差异。如述宾b率高达223的“__人打人、雇人…”与b率仅为2的“__厂爱厂”。可一律归为1阶。

定中有少量b率超过100的：“__类(138)、__区(121)、__种(115)、__价(105)、__头(104)、__形(100)”，名方则除“__东/__南/__西/__北”外，b率均超过100。这些后字与后缀性质相类，极易造成向前拉开的AB/C型接续，如：“酒类～红酒/类，院内～后院/内”。这些类后缀短语可归为2阶。

述补的大部分、动介的几乎全部b率过100。b率过100的2阶述补后字是虚化动词或趋向动词：__到(469)、__出(445)、__上(404)、__起(290)、__好(230)、__进(215)、__下(213)、__完(208)、__去(198)、__入(197)、__掉(149)、__回(144)、__至(141)、__满(133)、__向(125)、__走(121)、__住(118)、__开。动

介的后字介词都是虚化的。述补、动介都不能多层套合，内部关系较紧密。但虚化的2阶后字较之实义的1阶后字还是要松散些，在前加表情状方式的状语时可被向前拉开。如2阶的"偷抓/到、大唱/起、抢修/好、偷录/下、直飞/入、紧捆/住"，1阶则"*偷堵死、*抢占尽、*强冲毁"。

总之，经验证，单用/不单用、短语整体频率与短语的凝固度无显著相关，而成分字替换频率与凝固度密切相关：①同结构短语中2阶较1阶更易出现接续歧义；② 后字替换率(a率)高与前字替换率(b率)高引起的接续类型不同：后字替换率(a率)高的2阶短语易出现A/BC型接续，前字替换率(b率)高的2阶短语易出现AB/C型接续。③a率高的2阶短语可多层套合，比b率高的2阶短语更松散。据此，二字短语可先分为如下两大类三小类：

Ⅰ甲　a率、b率均1阶：主谓、联合的全部，定中、状中、述宾的一半，述补、动介的少部分；

Ⅰ乙　b率2阶：名方全部，动介、述补的大部分，定中的类后缀。

Ⅱ　a率2阶：定中、状中、述宾的一半。

三　各类结构接续类型的综合比较

解决交集歧义的关键在于找出AB/C型接续和A/BC型接续的出现规律及特例。上章尚未解决的问题是，①同结构同阶短语孰松孰紧，因同是1阶短语也可能出现少量接续歧义；

②异结构同阶短语孰松孰紧。前面曾提到“二字特征库”中的“前接歧义度”、“后接歧义度”两个指标，是解决以上问题的关键。

根据这两个指标首先可以把同阶的短语再分为 2 小阶：

(1) 前接歧义－、后接歧义－：无歧义，较凝固。

(2)前接歧义＋、后接歧义－：AB/C 型接续(修好～抢修/好)，松散。

前接歧义－、后接歧义＋：*A/BC* 型接续(此画～此/画集)，松散。

前接歧义＋、后接歧义＋：AB/C 且 A/BC 型接续(出油～钻出/油～不/出油)，松散。AB/CD 型接续(活鱼～水活/鱼肥)。

(1)(2)两小阶的区分可解决同结构同阶短语孰松孰紧的问题。如，“每本”和“本书”均为定中 2 阶短语，“便纸”和“纸篓”均为定中 1 阶短语，但“每本”、“便纸”属“－－”的(1)小级，“本书”、“纸篓”属“＋－”的(2)小阶，如果同阶中先切分结合更紧的(1)小阶，即可得到“每本/书”、“便/纸篓”的正确切分。

根据 A/BC、AB/C 和 AB/CD 三种接续类型中的反映还可观察不同结构接续的规律。

1. AB/C 型还是A/BC 型接续，与前章得出的Ⅰ Ⅱ两大类有相当密切的关系，而与Ⅰ甲/Ⅰ乙的区分基本无关。也就是说，b 率(前字替换率)高的 2 阶短语(Ⅰ甲)的接续类型同 1 阶(Ⅰ甲)，而 a 率(后字替换率)高的 2 阶(Ⅱ)却与 1 阶接续类型截然不同。请看下面的两个表及说明：

表1　Ⅰ类短语(含Ⅰ甲、Ⅰ乙)接续表

	宾	补	定	状	联	谓	方	介
宾			遇劫案 除锈垢	向东流 用盒装	吃鱼虾 种瓜菜	挣钱少 染发好	派兵后 坐床上	
补	冲毁桥 端上桌		开大门 插满头	搞准是 往外有			停稳后 饿死前	推倒在 调低至
定			外墙体 右下图	蛇身为	穷省市 低层级	岸坡陡 果粒大	营区内 浮冰上	
状	乱挖井 抢修堤	挑射中 反扣上	半旧屋 冷压法	回唱道 狂笑说		引燃快 播洒急	喂服前 辟建后	雄居于 滑落在
联	采选虾 推拉我	传接到 抓扣住	假劣药 蚊蝇药			花果小 德才好	读写后 瓜菜里	烧杀在 推拉至
谓			肢残人 蜂鸣声		腿酸疼 人悲喜		天冷前 气顺后	
方			碑上角 站前街					
介	带给他 耻于做							

Ⅰ类短语相接绝大多数形成AB/C型接续(表中无下划线例),即位置在前的二字结构大多优先结合。少数例外(有下划线例)表明:联合结构最凝固,它们即使位置在后也形成A/BC。定中结构较凝固,在前接述宾(较普遍)和述补(较少见,限“__大、__小”)时形成A/BC。名方后字需进一步区分为表处所的和表时间的两类,前者较凝固,在前接述宾时形成A/BC。述宾较松散,它出现在前而被后面短语拉开的情况最多。

表 2　Ⅱ类短语与Ⅰ类短语接续表

	宾	补	定	状	联	谓	方	介
宾	会用脑 可卖书	要看清 能唱好	买这套 产茶区	要早吃 可先学	是鱼虾 用油盐	看人多 是天寒	看包内 会写前	能嵌在 可藏于
定			此画集 大板柜		各省市			
状	不用脑 别想去	先想好 刚印上		不太难 也常去	先采选 再拆装		再看时 另搞后	不早于 已砸在

Ⅱ只出现在Ⅰ之前，且Ⅱ与Ⅰ几乎都形成 A/BC 型接续。Ⅱ被向后拉开，说明它的结构松散。只有时间方位后字和定中类后缀比Ⅱ更松散，在Ⅱ后也形成 AB/C 接续(有下划线例)。

综观两表可看出，Ⅱ(定中、状中、述宾的 a 率 2 阶短语)与Ⅰ(其他短语)的区分，于接续类型的不同有特别重要的价值。

2. AB/CD 型接续与短语结构类型和短语的阶无关，它们都遵循一条简单的规则：

如果 AB、BC、CD 都是两字组，且 BC 是两字短语，则 AB/CD。

(如：本小/利薄、东西/侧院、该罚/则罚、倾其/家有、秋去/冬来、由小/变大、一跃/升至、以老/带新、以进/补出、按入/水中、看到/此书、救出/人畜、富含/钙质、换入/内道、缺钱/少物、小利小干……)

四　二字扩充词表分级方案和分级排歧策略

根据前述Ⅰ Ⅱ两大类和(1)(2)两小级凝固度的不同，我们为扩充入库的二字短语作出如下二字短语分级方案（按凝固度从低到高的次序排列）：

Ⅰ(1) 无前后加歧义。主谓、联合、动介；述补；处所名方；a率1阶定中、状中、述宾。

Ⅰ(2) 有前后加歧义。同上。

Ⅱ(1) 无前后加歧义。a率2阶定中、状中、述宾。

Ⅱ(2) 有前后加歧义。同上。

Ⅲ 时间名方“_时、_前、_后”、类后缀“_类、_区、_法……”、后附虚字“_的、_了”。

在分级方案的基础上采用如下**分级排歧策略**：

1.二字词＞短语Ⅰ＞短语Ⅱ＞短语Ⅲ（＞表“先切分于”）

2.$AB + BC_{\text{短语}} + CD \rightarrow AB/CD$

3.短语相遇：

(1) $AB + BC_{\text{时间名方、类后缀、后附虚字}} \rightarrow AB/C$

(2) $AB_{\text{Ⅱ}} + BC_{\text{Ⅰ}} \rightarrow A/BC$

(3) 短语Ⅰ(1)＞短语Ⅰ(2)，短语Ⅱ(1)＞短语Ⅱ(2)

(4) ①$AB_{\text{Ⅰ}} + BC_{\text{Ⅰ联合}} \rightarrow A/BC$

②$AB_{\text{Ⅰ述宾}} + BC_{\text{Ⅰ处所名方}} \rightarrow A/BC$

③$AB_{\text{Ⅰ述宾、述补“-大、-小”}} + BC_{\text{Ⅰ定中}} \rightarrow A/BC \sim AB/C$

④其他：$AB_{\text{Ⅰ}} + BC_{\text{Ⅰ}} \rightarrow AB/C$

以上方案可排除1亿字符语料库的大部分切分歧义，扩大语料后的效力尚待验证。

注：

①语料库分为：2亿字符语料库（共386.1M字节）包括：经济日报1992年37.0M（约1939万字），经济日报1994年41.0M（约2149万字），人民日报1993年44.7M（约2343万字），人民日报1994年41.6M（约2181万字），人民日报1996年49.0M（约2569万字），人民日报1997年50.2M（约2631万字），新华社电讯稿1994年13.2M（约692万字），新华社电讯稿1995年50.4M（约2642万字），新华社电讯稿1996年43.0M（约2254万字），市场报1994年16.0M（约838万字）。8万二字短语由2亿字符语料库得出。1亿字符语料库（共229.9M）包括：经济日报1992年37.0M（约1939万字），人民日报1993年44.7M（约2343万字），人民日报1994年41.6M（约2181万字），新华社电讯稿1994年13.2M（约692万字），新华社电讯稿1995年50.4M（约2642万字），新华社电讯稿1996年43.0M（约2254万字）。短语出现频率、成分字替换频率和歧义实例由1亿字符语料库得出。

②为提高效率，"二字特征库"只选取了整体频率较高的词条。具体数据如下：定中，原21405条，取23次以上的，2025条；状中，原22473条，取23次以上的，2334条；述宾，原16410条，取25次以上的，1979条；述补，原7415条，取25次以上的，1036条；主谓，原616条，取23次以上的，57条；联合，原1482条，取23次以上的，186条；名方，原1966条，取23次以上的，365条；动介，原907条，取26次以上的，217条。库的6个特征举例如下：

二字短语	结构	整体出现频率	a率	b率	前歧	后歧
镜匾	定中	42	1	21	–	–
贡菜	定中	33	11	57	–	–
票务	定中	31	31	19	–	–
煤浆	定中	68	50	17	–	–
水温	定中	136	84	11	–	–
本报	定中	26404	95	32	–	+
此画	定中	38	282	36	–	+
其画	定中	25	362	36	–	+

参考文献

冯胜利（1997）《汉语的韵律、词法与句法》，北京大学出版社。
侯学超（1998）《现代汉语虚词词典》，北京大学出版社。
吕叔湘（1979）《汉语语法分析问题》，商务印书馆。
宋柔、戴伟长、丘超捷、李飞（1998）现代汉语二字结构工程，《1998 中文信息处理国际会议论文集》，清华大学出版社。
王洪君（1994）从字和字组看词和短语，《中国语文》第 2 期。
朱德熙（1956）现代汉语形容词研究，《语言研究》第 1 期，科学出版社。

补记

这篇文章是我在梁源硕士论文的基础上摘要而成，较详细的论述可参考梁源《二字短语凝固度考察》（2000，《语言文字应用》第 2 期），更详细的论述可直接参看梁源的硕士论文《二字结构凝固度分级研究》（1999，北京大学中文系）。

大约是在 1998 年，时任北京工业大学人工智能所所长的宋柔老师希望我参加他正在做的 863 课题的一个子项目，关于信息处理用分词词表中二字结构的收库问题。宋老师在二字结构方面已经工作了好几年，对于二字结构在信息处理中的作用有很好的阐述。在实践方面，他用综合了《现代汉语词典》等多部词典的大词典作为词库，对 2 亿字符的大语料库进行了自动分词，然后将分词后所有剩余的接续性落单成分进行了人工鉴别，凡意义上的确处于同一语法层次的收入"二字结构库"，跨层非直接组合的两字则予以剔除。比如自动切分为四个落单单字的"采石垒坝"将收入"采石"和"垒坝"，而不收"石垒"；"该行业的吨铅耗电量 20 千瓦时"中的"吨铅"将被收入，而"一吨铅锭"中的"吨铅"则不收。所收两字组还都可以用一个软件返回文本中去查看其出现实例。可以看出，这是多么大工作量的工作！不仅如此，该工程还把所得到的近 10 万个两字组按内部结构定中、述宾、述补、并列、状中、后缀等分为分库，还把每个两字组中前字位置、后字位置、前字前位置和后字后位置的可替换率都做了统计。宋柔老师希望我参与的是，这些两字组入库后，虽然有利于把落单单字捆绑为双，但随之而来的不利是，增加了多种切分的可能：机器无法自动判定“一吨铅锭”是“一/吨/铅锭”还是“一/吨铅/锭”。

我之前从未接触过此类工作，但对信息处理有浓厚的兴趣，很愿意一试。我的学生梁源，语言学学得很好，是班上成绩拔尖的学生。而且，她对于数学、计算机都有浓厚的兴趣和不错的基础。只是，她将于1999年夏毕业，当时距毕业只有大约一年的时间了。我跟梁源商量，是否愿意冒这个险。我觉得即使研究失败，最后仍未找到解决两字切分自动排歧的策略，也可以尝试分析其中的原因，使后人免走弯路。她欣然同意冒险。

一开始，梁源对于宋柔老师的思路很不理解，觉得把“不可”“可说”都收入二字库有什么意义呢？我由于与文本自动转换为语音方面的学者多有接触，对这种处理的意义还能够理解，对梁源进行了不少疏导工作。我很不同意有些语言学学者对计算机信息处理学者的不以为然，好像只有规则才是语言学的，统计就不是。我认为统计能够在很大程度上反映语言的实质。梁源跟宋老师联系密切，慢慢地进入情况了。我和梁源一起学习各种工具的使用(梁源去宋老师那里学，我跟梁源学)，一起分析各种统计数据，不觉就到了1999年春天。梁源只差三四个月就要毕业了！

面对一大堆数据，简直有些不知如何下手。梁源想了个办法，首先是从宋老师给的、区分了结构类型的不同类型的两字库中只选取整体出现频率在23次以上的条目，从而既保证各类结构都有足够的量的统计基础，也把工作量减少到可以在毕业前做完。之后，梁源把宋老师给的各种统计量值特征(前字、后字、前字前、后字后的可替换率)，和之前有语言学家提到过可能影响二字凝固定的各种特征(如前字或后字能否“单说”、二字整体出现频率)，一起放入Excel数据库，然后按各种不同的特征进行排序，观察排序结果是否对二字凝固度有影响。结果是，成分字能否单说(如“养鸡”和“养鸭”)、二字整体出现频率(如2亿字符语料中出现过30次的“此风”与出现过109次的“此景”似乎并无凝固度上的差别)和前字前、后字后位置上的可替换率对于凝固度并没有大的影响。一天，我突然发现，前字不变情况下的后字替换率十分重要，定中、述宾、状中这三类最重要的结构中，后字替换率在100上下时出现了明显的不同，一是100之下的前字分布密集，而100之上的前字分布稀疏；比如前字固定且出现频率在2条件下后字替换率为1和2的两字组分别有12个(氦气、忌语、镜匾、鎏金、圩区、预案、氮素、赢墩、过法、酯类、笛声、使法）和 56 个（弊案、川猪、答辞、代币、岱峰、跌风、盾构、功法、广货、镀膜、沪股、混肥、技协、郊县、价差、晋煤、惊涛、课长、课目、欧币、类属、类号、控区、清波、闪速、试区、守方、卫校、烯酸、详讯、需方、招数、乘员、签章、望台、氩气、易事、越共、债市、蹼泳、像带、怨声、籽粒、自体、驻区、业界、拉法、业户、焊管、治权、累活、焊机、需量、叫法、她家①、谁家），前字几乎都各不相同；而后字替换率为 130 的，前字只有"全"一字，后字替换率为 131—190 的无字，直至后字替换率 191 才有"该"字。二是替换率为 100 以上的不但前字少，而且这些前字还落在了封闭字类的集合中，大多是朱德熙先生所说的"组合类结构"的前字，比如做定中结构前字的"该、此、其、本、各、这、那"等指代成分，做述宾结构前字的"敢、要、想、能、可"等助动词成分。也即这一类两字组内部相当松散。

有了以上发现我们很高兴，但这个能够连接统计数据和语言学分析结果的规律对于排除两字组歧义切分有什么作用呢？一天，梁源兴奋地告诉我，她发现上述两大类对于排除歧义切分十分有用！这就是，由后字替换率在 100 以上的、属于封闭集合成员的前字组成的两字组，可以自由地将后字替换为两音节甚至三音节的成分，比如"这书""这书架"都可以；但后字替换率低的则不行，比如"笛声"不能说成"笛声音"；相反，后一类的前字可以较自由地替换为多音节成分，如"笛声"可以说，"笛箫声""笛子声"也都可以说。这样，就可以据此得出排除歧义的规则，如果遇到一个 ABC 字串，机器既可能自动切分为 AB/C 也可以切分为 A/BC；则 A 如果属于封闭集合、结构松散那一类，就切分为 A/BC，反之，则切分为 AB/C。

有了这些发现，论文就有了非常扎实的基础。时间已经只剩不足一个月了，还要把以上发现落实为文字，落实为规则呢。于是梁源几乎天天挑灯夜战，写完一章就赶紧送我。我也常常开着夜车修改，以便第二天就

---

① "她家、谁家"的前字为指示代词，这两个两字组的凝固度不高属于例外："她"经常也写作"他"，"谁"则较少组成两字组，并且很少用于书面语体的报纸中。"她爹、她娘、她哥、她弟"在语料中都没有出现，"谁爹、谁娘、谁哥、谁弟"则可接受度不强。

返回梁源。这样各章都反复加工过两三遍，终于在系里规定的期限内按时完成了论文。

回忆那段万分紧张的日子，心里很是满足和幸福。其实，梁源文中在我们看来十分像样的规则，未必能够在计算机上顺利实施，实施起来很可能还会遇到意想不到的新问题。但是，这一研究成果对我后来的韵律研究发挥了重要作用。可以说，我于 2000 年对于汉语韵律词、韵律类词、韵律短语的研究（见本文集中《汉语的韵律词和韵律短语》一文），灵感就来自于这一研究。

《信息处理用现代汉语分词词表》的内部构造和汉语的结构特点*

提要 本文讨论《信息处理用现代汉语分词词表》与一般语文词典收录标准的不同，词表的分库与一般语法体系构词法分类的不同。重点讨论了汉语的如下特点：1.单字（特别是绝大多数不单说单字）组合上的自由性，2.单字形音义对应的多向性（多义项、多功能、多同音性）与两字、三字组形音义对应的单一性，3.单双音节对组合搭配的强制约。基于汉语的这些特点，本词表的收录及分库采取了淡化语素与词、词与短语的区别，突出单字、两字、多字区别的策略。

最近，我和我的学生富丽参加了由清华大学孙茂松主持的《信息处理用现代汉语分词词表》项目最后一期的工作，负责设计词表的内部结构，即对所收条目进行分库、分类、分级和某些特征的具体标注。通过这些标注，词表成了一个有内部多维结构的数据库，能为汉语信息处理提供一些最基本的信息。在工作中，我们一直在考虑信息处理用词表与一般语文词典收录范围的异同，和如何设计词表的下级结构才能更好地反映汉语的结构特点，更好地为信息处理服务。下面简单介绍一下我们的

---

* 原文发表于《语言文字应用》2001 年第 4 期 90—97 页。

设计方案、所涉及的理论思考和一些遗留问题，希望得到同行和专家的指教。

一　分库、分类、分级的标注符号和示例

我们将所收条目分为7个子库、2个结构次类、2个频度级，并标注了3个特征。

各分类及标注符号如下：

子库：单字词库 s、带字母词库 e、普通词库 b、专名库 p、常用接续库 g、成语库 i、俗语库 c

次类：基础类（不做标记）、合成类 - 或 =

频度级：一级常用 1、二级常用 2

标注特征：缩略语 a、 象声词叹词 o、 当代口语特殊用语 j

频度级的区分和设立目的比较简单。“一级常用”是指“8亿字语料库中出现频率在200次以上”的条目，“二级常用”是指“8亿字语料库中出现频率在22次以上”的条目。这两个频度级的标准是根据对语料的覆盖率确定的。这一区分，可以为小型字典的编撰、本族人和外族人的语文教学课程设计等提供重要参考，也可为信息处理处理交集歧义提供参考。

其他分类先给出一些典型例，后面再讨论分库的标准和功用：

单字词库 s

鸡　打　大　鸭　金　沪　的　率

普通词库 b

基础类 b 白菜 杂交 游泳 立正 拥有 白兰地 啪啦 o 哎哟 o

合成类 b- 杂交稻 西红柿 白兰地酒 总司令 大熊猫 红四方面军 a 划时代 坐机关 有起色 打前站 拿大顶 安乐死 红通通

b= 账房先生 积极分子 红头文件 移动电话 机会主义 保外就医 包产到户 南水北调 祖祖辈辈 高高兴兴 吹吹打打 噼里啪啦 o

带字母词库 e

IC 卡 X 射线 三 K 党

专名库 p

基础类 p 法国 北京 哈尼 法兰西 昆仑

合成类 p- 北京市 哈尼族 昆仑山 维吾尔族

p= 北京市委 昆仑山脉

常用接续库 g

基础类 g 猪肉 猪头 木梳 左耳 母猪 东门 白云 翠竹 笛声 桌上 湖边 全国 各厂 有声 拉紧 穿上 永驻 尤为 再也 赖以 说道 写有 测得 改为 一个 第一

合成类 g- 铁栅栏 圆桌面 远距离 月产量 包饺子 找工作 预算外 不起眼 组织上 再就是 再一次 找罪受 百分之 得益于 脏乱差

冤假错案 a 这就是说

g＝ 注意事项 百分之百 在天之灵 增收节支 择优录取 拥政爱民 尊师重教 自找麻烦 自找苦吃、碍手碍脚 挨门挨户 在此期间 总而言之 综上所述

俗语库 c

基础类 c 着呢 j 的话 j 这不 j 他妈的 j

（句层面成分） 南无阿弥陀佛

眉头一皱，计上心来 祖宗十八代

合成类 c－ 够意思 不够意思 没商量 赶明儿 等着瞧 仰八叉 左不过 老掉牙 干瞪眼 狗吃屎 八辈子 走后门 装孙子 动真格 犯不上 不得了 j

c＝ 七老八十 龇牙咧嘴 不尴不尬 丢人现眼 没完没了 没大没小 不是东西 j 过意不去

成语库 i

基础类 i 学而时习之 心有灵犀一点通

风马牛不相及 庐山真面目

合成类 i－ 破天荒 执牛耳 走麦城

i＝ 开门见山 南辕北辙 一衣带水 狐假虎威 拈花惹草 獐头鼠目

二 分库、分类标准、功用及存在问题

2.1 带字母词库 从示例不难看出，该词库只收录了“字母、汉字混合词”。这是从它们会造成计算机自动分词的困难考虑的：字母与汉字的分界计算机可以自动处理，但哪些汉字要和字母串捆在一起成为一个分词单位，就必须依赖词表了。如果从语言本身考虑，则语料中大量存在的“纯字母词”也是词（如“WTO”）。在今后的修订中，我们准备增收纯字母词。

2.2 单字词库 该词库中收录的单字词较语言学界一般的定义宽。它不但包括可单说的单字实词（如“鸡、吃、好”）和不可单说的单字虚词（如“的、地、得”、“了、着、过”、“也、和”），还包括不可单说的区别词（如“女、金”）、专门量词和临时量词（如“个、次、桌、撮”）、常在“之”后等位置上单用的单字（如“窗”）和经常组成自由短语的单字（如“鸭”）等。

也就是说，我们放弃了以“单说”作为鉴别单字词的标准。这样做有以下3点理由：

①一部分不能单说的单字可以相当自由地构造两字组，而这些两字组没有收录词库。比如，“鸭”不能单说，但它不仅可以自由地构造两字定中（“鸭肉、鸭头、鸭毛、鸭血、鸭翅、鸭汤”……），还可以相当自由地构造两字述宾（“养鸭[技术]”、“放鸭[路上]”、“送鸭[上门]”……）。这些两字组，特别是述宾式的，一般认为是临时性自由组合，不是词。它们的成分替换也很自由，很难穷尽收录。由此带来的问题是，根据未收录这些两字

组的词库去分词,“鸭”等单字就一定会落单而成为独立的分词单位。这样就陷入了两难境地:“鸭”等不收入单字词库意味着它们是“不成词语素”,不是词;而分词时落单又意味着它们是自由短语的直接成分,是词。如果做“汉语中不少不成词语素也常常可以做独立的分词单位”的姑且式处理,在定义上是自相矛盾的。

②应考虑与“的”等单个虚字的处理平行。“的”等虚字也是不能单说的,但似乎没有人认为它们不是词。这是因为,它们“词”身份的确定,不是根据“单说”原则而是根据“单用”原则。即,将句子中所有是词的成分去除后,剩下的成分是可“单用”的,也是词。根据同样的原则,“养鸭”未入词库就要继续切分为“养/鸭”,去除是词的“养”,剩下的“鸭”也应该是词。

③应考虑与不能单说的两字组的处理平行。需特别指出是,实际上两字组是否成词的判定,也不是依据“单说”原则。比如,“埋头”不能单说,但即使是《现代汉语词典》也予以收录。这样的处理是合理的。与“埋头”搭配的其他成分有较强的可替换性:“埋头干活/拉车/苦干……”,既然我们不能把这些搭配都作为词收入词典,就意味着它们是自由组合。“埋头”作为自由组合的成分,就应该具备词的身份。也就是说,这里实际上依据的依然是“单用”原则:一个组合,去除已确定为词的成分,剩下的成分如果不能再切分,就也是词。

综上,如果以能否单说定义单字词,会使“不成词语素”与“分词单位”的定义相互矛盾,会使实义单字与虚字、单字与两字的成词标准不一致,因此我们弃“单说”而取“单用”标准。

能否单说研究者比较容易自己判定，而能否单用的判定则比较难。单字或两字组是否单用其实是相对的：如果一个单字或两字组的上级组合数量很多，不可能都收入词表，则它就是可单用的，应该入词表；反之，如果它的上级组合数量不多，有可能都处理为词或凝固接续收入词表，或可以用特定格式控制，则它就是不单用的，应该不入词表。怎样处理更合算，有的凭语感就可以确定，如"的"等虚字肯定属于前一种情况；而另外一些就很难凭语感来确定，如实义单字。

有了计算机自动分词的手段和大规模的语料库，就可以在更为可靠的统计的基础上确定"单用"。如，语料中"碍"除了出现在已收入《现代汉语词典》的二字词条外，只出现在"碍手碍脚"、"碍手"、"碍脚"中。那么，如果这三条都收入了词库，"碍"就不能收单字词。对这三条还可进一步分析频率："碍手碍脚"频率最高，一定要收库。其他两条除去用在"碍手碍脚"中，独用的频率如果不到 2 亿字 22 次，就应该不收；如果超过这一频率，就应该再单收。不单说的两字也可用同样的标准处理。如，语料中不单说的"一新"出现在"焕然一新"、"面目一新"、"门脸一新"等四字组中。如果这些四字组都收入了词表，"一新"就没有必要收录；而如果词表只收录了"焕然一新"，其他"～～一新"都没有收录，而它们在 2 亿语料中的总计出现频率又超过 22 次，那么"一新"就应该收录。

通过对一些个案的考察，我们认为以上程序合理可行。但由于时间人力有限，这次我们未及对所有不能单说的实义单字和两字组都做同样的考察，这一工作的最后完成还需进一步的投入。

2.3 专名库、成语库、俗语库 专名库收录“表达所指唯一性概念的多字组”，由于专名的字义与所表达的所指唯一性的概念没有直接关系，在信息处理用词表中一般都专门分立专名子库，它们的区分比较容易。成语、俗语和新造四字结构（应属常用接续库）的区别在学界多有争论，我们确定的区分标准是，“五四”前就已广泛使用的或是有附加比喻义的归成语或俗语，“五四”后新出现且无附加比喻义的（如“增收节支”）归常用接续。成语和俗语的区别则根据前者为书面语色彩的，后者为口语色彩的。但在实际工作中我们发现成语和俗语的区分标准很难把握，在今后的修订中我们准备将这两个库合并为习用语库，少数文言色彩和俗俚色彩极重或只在当代口语中使用的条目分别标注 w（“文”）、c（“俚”）、j（“口”）的特征。

2.4 普通词库和常用接续库 细观上章给出的示例不难发现，普通词库的条目基本上都为语文词典所收录，而常用接续库的条目几乎都不为语文词典所收录。也就是说，增收常用接续库的条目，是本词表与一般语文词典最明显的不同。下面依次讨论一般语文词典的收录原则、本词表增收常用接续库的原因和收录标准。

语言学界关于什么是词的许多讨论早就指出，词有语法词、词汇词、韵律词的不同。语法词的定义着眼于语言单位造句时内部的凝固性和外部的可移动性、搭配的自由性；词汇词着眼于是否表达一个专门概念；韵律词着眼于是否一个单音步。这些定义相互交叉。

一般语文词典的收录范围主要是词汇词，即“不能见字知义”的条目。（可见字知义是指：①每个字都用的是常用基本义项，②字的结合关系是规则性的，可在较大的范围内类推使用，③整体义等于字义加结构义。）比如“猪肉”与“猪的肉”的结构和意义关系可以类推到所有“动物名＋肉”的组合，“综上所述”意义上等于“综合上面所论述的”，虽然它们都是内部不能中插的语法词，但有逻辑推导能力的母语者都可以“见字推义”而无须查阅工具书。一般语文词典是为本族人查阅不明其义的条目服务的，只不收录可见字知义的条目，是有充分理由的。

而常用接续库的条目都是可“见字知义”的。值得注意的是，它不但收有可“见字知义”的“猪肉、长满、综上所述”等语法上的凝固结构（语法词），还收有一些“可见字知义”但在大多数语法体系中处理为跨短语层次的条目（如“再也、赖以、走到”等）和在所有的语法体系中都处理为跨层次的条目“百分之”、“分之”。也就是说，常用接续库的收录标准只是“可见字知义的、经常在一起接续出现的高频多字组”。由于收有跨短语的字组，所以我们把该库叫做“常用接续”而不叫做“常用短语”或“常用结构”。

为什么要把这些“可见字知义”的短语或甚或跨短语成分作为分词单位呢？主要是考虑了汉语信息处理的特殊需要和由此反映的汉语整体结构上的特点，也考虑了汉语者意识中的“词”。

必须了解的是，确定分词单位只是汉语信息处理最基础的一步，它是为后续的自动检索、自动文摘、键盘输入、自动校对、自动文－语或语－文转换、自动繁简转换、机器翻译等工作服务的。而许多后续工作的要求是**避免分词单位落单**。

这是因为，尽管"字"是形音义三位一体的最小单位，但在单字层级上，形音义的对应却是异常繁复的。一方面同音而不同形、不同义的单字极多，另一方面同形的单字又绝大多数是多义项的，个别甚至是多音的（如"重"chóng/zhòng、"种"zhǒng/zhòng）。

音同而形、义均不同的单字多，使得面对字音的键盘输入或语－文转换，必须要在双字、三字的层级上才能顺利进行。可简单设想一下，"赖"和"以"如果作为两个条目用拼音分别输入，各自会有多少重码，而把"赖以"作为一个条目用拼音输入，则只对应"来意、赖以"两种字形（若再加声调信息则只对应"赖以"）。

同形单字的多义项（包括一形一语素和一形多语素）和部分多音，又使得面向文字的自动检索、自动文摘、自动校对、自动文－语转换、自动繁简转换等信息处理工作，必须要在二字、三字的层级上才能顺利进行。再设想一下，如果"白"和"云"作为两个识别单位，各自会有多少可能的义项，而作为一个识别单位，每个字的义项就单一了。"白云"作为一个条目，其中的"云"在繁简转换中就可自动转换为雨字头的"雲"，在自动校对中计算机就可自动识别为正确；而分为两个条目，则"云"的计算机繁简转换或校对就都必须人工干预。

信息处理多方面的不同要求殊途同归，都是要避免分词单位落单，说明了汉语在结构上的重要特点（基于汉语信息处理的对象，下面把汉语看作形音义三者的结合体，即把汉字字形和语音同样看作汉语"义"的表现形式）：在汉语结构中有至关重要地位的单字虽然是形音义三位一体的最小单位，也有相当自由的组合能力；但在单字层级上远未达到形音义三者间单一稳定关联（一个形体·一个音形·一个义项）。

从韵律上说，单字虽然已有稳定的音节结构和单字调，但单字调并不是语流中实际出现的稳定调。单字的实际调型（连调）要到两字或三字（音步）这一级才能稳定下来。从语义上看，前面举出的许多例子已经说明了单字的多义项性，这种多义项性到两字三字的层级大部分得到了排除。也就是说，汉语的单字大部分要到两字组（部分要到三字、四字组）才能形成形音义较为单一的关联。而再到更大的组合中，这种形音义固定的关联却不再变动了。

也就是说，汉语的单字是"有形有音有义"的最小单位，但在这一级上，形音义的关联是多选择不固定的。而以"形音义稳定单一关联"的确定身份进入句子的，是比单字字大的两字、三字或四字组。身份的不同使它们成为另一级单位——以稳定身份构造短语和句子的基本单位。

值得注意的是，从形音义关联的固定与不固定的角度看，本词表收入常用接续库和收入普通词库的条目并没有本质的区别，如"赖以"和"白菜"都是拆开来未达成形音义稳定单一性关联、而拼起来达到了形音义稳定单一性关联的单位，它们都可看作与单字相对的、作为更高一级单位的广义的"词"。根据近几年对汉语者成词心理的社会调查（陈松岑 1998；王立 1998），老百姓心目中的"词"要远远多于一般语文词典收录的条目，而与本词表所收的广义的"词"比较一致。

已收入常用接续库的条目最好仍保留内部成分的信息。比如,尽管不少学者认为"包饺子"应该作为一个条目收库,否则"包"的多词性多义项,会为后续工作带来很多的麻烦。但是,也不能不考虑的是,"包饺子"等常用接续的内部成分的语义信息,对于语义的分析,特别是揭示篇章上下文的语义联系,往往有重要作用。在对话"我们昨天包饺子吃了。——什么馅儿的?"中,"馅儿"的语义指向"饺子"。在将"包饺子"收库的同时,保留其内部的结构,可望兼顾以上两方面的需求。常用接续都是可见字知义的结构,其内部结构大都比较明确,极少争议。

常用接续库的条目是"可见字知义、可以用自由类推的规则建造"的,因此同类的结构极多,甚或是数量无限的。如"猪肉、牛肉、羊肉、鸡肉、鸭肉、鱼肉、狗肉、驴肉、兔肉、鸽肉……鲸肉、狼肉、豹肉、鹌鹑肉、穿山甲肉……",凡动物名似乎都可以后加"肉"形成可见字知义的字组。动物名称总还是个相对有限的集合,"第+数字"中的数字则完全是无限多的了。这就又产生一个问题,把这些数量极多、特别是无限能产的字组都收入词库在理论上似乎是不可能实现的,那么应该怎样确定它们的收录标准呢?

首先,应建立词库和规则配合使用的策略。这些结构的能产性极强甚或是可无限类推建造的,但产成物的使用频率却差别极大(如"第一"和"第十九");因此可以只取频率高者入库,其他则总结出"结构模"(如"动物名+身体部位名"、"质料+产物"、"名+方位"、"动+趋向"、"动+有"等)收入构词规则库,在其他分词程序运用后再以这些构词规则过滤、捆绑分词后剩余的落单字串。

其次，这些常用接续可分为如下两类：①直接成分均为实义成分，如“猪肉、白云、打败、铁栅栏、综上所述”等，它们的两个直接成分的可替换率比较有限，整个字组与普通词比较接近。②直接成分有一个为半虚化成分的。如“第+数词、N+方位词、V+完/掉/透……、V+趋向动词”等，它们都有一个直接成分的可替换率极大(如数词)，另一个直接成分却属于一个可穷尽列举的有限集合(如方位词、趋向动词)，整个字组与虚字结构比较接近。总起来看，②的可类推性、能产性比①更强，更容易用构词规则控制。因此我们对收录①②两类的频率标准也做了不同的规定：①类与普通词一样对待：凡8亿字符语料库中出现22次以上的均予收录，出现200次以上的归一级常用，22—199次的归二级常用。比如“动物名+肉”的收录了一级常用的“牛肉、猪肉、羊肉、鱼肉、狗肉、鸡肉、鹿肉、马肉、兔肉”，和二级常用的“鸭肉、蟹肉、狍子肉”。②类由于很容易用规则控制，同类的高频字组又特别多，因此只从最高频的往下顺序收录若干个代表。如“第+数词”的只收录了“第一、第二、第三”。它们基本上都是一级常用的。根据梁、王(1999)的研究，分词最好以先普通词库、然后常用接续库中①类、最后常用接续库中的②类的次序进行，再利用常用接续的一些结构信息，可以最大程度地避免切分中的交集歧义。

2.5　基础类和合成类与单字词　合成类是指“三字以上，且直接组成成分均有义的字组”。基础类则根据子库的不同而有两种定义。在普通词库、专名库、带字母词库和常用接续库中，基础类是指“两字组或多音单义多字组”，在我们看来，它们实际上是广义的“基础词”。成语库和俗语库全库属于“语”的性质，不会出现基础词，所以就用借用基础类的符号来指“句结构（“南无阿弥陀佛”等）或句层面专用成分（“－着呢”等）”，以期跟有合成结构的三字、四字组区分。

请注意我们单字词、基础类词、合成类词的区分与语言学界“单纯词”与“合成词”的区分有很大差别。如下表所示：

音义构成	单音单义字	多音单义字组	双音复合义字组	三音以上复合义字组
例	糖	巧克力	蔗糖	甜菜糖
一般分类	单纯类		合成词	
本词表分类	单字词	基础类		合成类

一般分类把“糖”与“巧克力”归为一类，而在我们的分类中“糖”与“巧克力”却有子库层级上的区别。这是由于，①在“义项单一”方面，“巧克力”与一般两字组“蔗糖”相同，都只有一个义项，而单字词“糖”则有 3 个义项；②韵律上，“巧克力”与一般两字组“蔗糖”相同，都是稳定的单音步并有固定的连调；而单字词“糖”则入句后才能决定音步和连调。③在搭配模式方面，由于汉语的节律有相当严格的双音化倾向，所以“巧克力”的搭配模式跟一般两字组“蔗糖”更近似而与单字词“糖”相差颇远。请看下面的例子：

?生产糖　　√制糖厂　　*糖（精）炼车间

√生产蔗糖　　*制蔗糖厂　　√蔗糖精炼车间

√生产巧克力　　*制巧克力厂　　√巧克力精炼车间

综上,从"义项单一"、韵律、搭配模式等多角度观察,"巧克力"等多音单义字组和一般两字组一样,都是以"形音义单一化关联"的身份在更高一层只参加自由组合的最小单位;而单字词则是以"形音义关联繁复"的身份、在更高一层多参加凝固组合的最小单位。所以我们把"巧克力"与一般两字组都归为"基础类",而把"单字词"另立一子库。

从以上事实出发再深入考虑一下,汉语的语素和词和英语有什么重要不同,使得从语素出发的、按单纯词/合成词区分的通行方案似乎不太适用于汉语呢?

先看英语的情况。首先,英语的黏着语素几乎都是不单说、不单用、定位的,也即黏着语素几乎都是只用于形态变化的词尾或只用于派生构词的词缀,只能黏附在自由语素上使用,当然也就都是不成词的。同时,英语的自由语素则几乎都是成词的、不定位的。除自由组合成短语和句子外,英语的复合词也几乎都是由自由语素构成的。因此也有学者认为,英语的复合词是由词复合而成的,它们与短语的区别仅在于重音模式不同(如blackboard)或词序不同(如 haircut)。这样英语的语法小单位就形成了三类活动模式:①黏着语素与自由语素结合成词的模式,②词和词结合成短语的模式,③词和词结合成复合词(或称自由语素与自由语素结合成复合词)的模式。其中,①与②的差别很大,而③介乎①②之间。这样,就很容易将①②一刀两断地分为语素规则的层面和词规则的层面,③则属①或②均可。其次,英语在语素的层级上没有自己的韵律结构(无音节界线、无重音位置),所以语素按韵律特点的分类是没有价值的。

再看汉语。汉语的重要特点是黏着语素也可以和自由语素一样构成复合词,汉语中,不单说语素、不单用语素、定位语素的重合率不高。汉语中存在着大量不单说、但常可单用的不定位语素,如前面举到的“*鸭”不能说,但“鸭汤、养鸭、放鸭、送鸭、左手一只鸭”可以说。“民、女、窗、桌、狮、校”等语素的情况也属这一类。汉语中还存在大量不单说、一般也不单用的不定位语素,如“江浙、浙江、浙贝”、“甘蔗、蔗糖、蔗农、蔗园、蔗渣、蔗汁”、“甘草、甘薯、甘油、同甘共苦、苦尽甘来”。但这些语素偶尔也会出现单用的实例,如“入浙考察、砍蔗人”。很明显,大量黏着语素可以跟自由语素一样构成复合词,使得不成词语素和成词语素没有明确的界线,也使得①黏着语素与自由语素结合成词的模式、②词和词结合成短语的模式、③词和词结合成复合词(或称自由语素与自由语素结合成复合词)的模式,实际上并无明显的区别。如,一般认为“鸭”是黏着语素,不是词;“鸡”是自由语素,是词。但它们与其他黏着语素或自由语素搭配的能力几乎完全相同:“鸡翅、鸡食、鸡肉、鸡蛋、鸡头、鸡毛、鸡血、鸡屁股、鸡胗、鸡心、鸡肝、养鸡、送鸡”等字组中的“鸡”都可以换为“鸭”。

英语中区分了语素和词,区分了自由语素和黏着语素,就可以以语素为出发点区分出上述三种组合模式,从而运用不同的规则生成出词和短语。这些区分在英语中的效益是很高的。而汉语中区分语素和词或自由语素与黏着语素却无法由此而区分出几种不同的组合模式,无法根据这些区分而使用不同的规则生成上级单位,也就是说这些区分在汉语中的效益很低。

汉语语法单位的音节数目倒是影响到汉语语法组合模式的

重要因素。吕叔湘、朱德熙等先生早就指出，汉语的1+1两字组比较凝固，成分替换不自由，有些像习惯搭配。陆丙甫、端木三（Lu & Duanmu 1990）指出汉语2+1述宾（*种植蒜）和1+2定中（*技工人）不是好的搭配。端木三（Duanmu 1997）指出“动+受事”做定语时因音节数目不同而取不同词序（“碎纸机”但“纸张粉碎机”）。董秀芳（1998）指出汉语1+1动结式可自由地带宾语而1+2动结式不行。笔者（王洪君 2001）指出2+1形名定中（*柔软发）不是好的搭配，2+1动名序列一般不构成述宾而构成定中结构（如出租车、种植牙）。

因此，淡化汉语中“语素”和“词”的分类，突出单音单义字与多音词的分类，以单字为出发点应该可以更好地区分出汉语语法单位组合的不同模式。区分单字与多音词，在汉语中的效益可能要远远大于区分语素和词。单字和多音词的区分有音节数目作为标准，这是一种很容易把握的绝对标准，很少会出现仁者见仁、智者见智的局面。这一区分在文字语料中也极易辨别，有利于文字信息的处理。

将单音单纯词“糖”等与多音单纯词“巧克力”等分库，而将“巧克力”与“蔗糖”等多字复合词合库，是我们在清华大学《信息处理用现代汉语通用词表》已分出单字词库的基础上设计的。如果更彻底地贯彻上面的观点，还应该进一步将单字词库与语素库合并为单字库，而能否单说、能否单用则作为单字的特征标注。作为特征标注，还可以进一步区分吕叔湘（1979）指出的一般不单用、特殊情况下单用的几种类型：特定格式中单用（如“二号楼”）、专科文献中单用（如植物学文献中的“叶”）、成语、熟语中单用(如“你一言,我一语”)、书面语中单用(如“云”)。

下面讨论合成类内部的问题。从第一节的图示可以看出,我们在合成类之下还分了“-”和“=”两小类。当时我们的定义是,“-”为“基础词与单字的组合”(如“加湿/器”、“昆仑/山”),定名为“再生类”,意为“以基础词为基础的衍生”;“=”为“基础词与基础词的组合”(如“集成/电路”、“昆仑/山脉”),定名为“再合类”,意为“若干基础词的复合”。这一分类与前述强调区分单字与基础词的思路是一脉相承的。

再生类主要是2+1式定中。由于最末一个直接成分是未达到形音义稳定关联的单字,所以要到三字的层次上才最后定型:韵律上合为一个超音步,在更大组合中作为一个整体与基础词彼此替换。也就是说,其功能与基础词比较接近。而再合类主要是2+2式。由于各个直接成分都已经是基础词,所以韵律上一定是两音步,在更大组合中的功能受词组规则支配,与基础词相差较远。

对于三字和四字组,这一区分的确是界线分明,很有作用的。

但是,在工作中我们发现,这一分类忽略了多层套合的情况。多层套合即使最后一层语法上属于“-”类,整体功能也与一个基础词相差较远,而且会出现韵律结构与语法结构层次的不一致,给两类的区分带来困难。如“技术密集型”按语法是“技术密集-型”,按韵律则是“技术=密集型”。

在今后的工作中,我们计划把合成类首先按“字数多少”分为次类(三字合成、四字合成、五字合成等),各次类下再按语法结构层次、结构类型分为小类（2+1、2+2、1+2+1……、定中、述宾、述补等）。这样，与基础类最类似的2+1定中式就会自立小类，与语法层次不一致的多层套合的韵律表现也可以由规则推算出来。

三　余论

以上我们介绍了词表的分库结构，并重点讨论了单字词的判定标准、信息处理用词表为什么要收“可见字知义”的多字组、汉语应更强调单字与多字词的区别而不是语素和词的区别等问题，提出了单音语素与单音词并为单字库，多音单纯词与多音合成词并为词库的建议。这些处理其实是相互关联的，它们共同反映了一种视角——语言的结构特点、语言单位分级取决于语音语法层面的关联，而不是单纯的语音或语法。

我们感到，始于结构主义的语音语法严格分层的理论，虽然在分析的可操作性有很大的进展，但对语音和语法系统关联的把握上却有所后退。由于忽略了语言结构的这一基本特性，把屈折变化的词处理为离散的语素序列就显得捉襟见肘。生成学派在这一方面有革新性的进展，比如他们在确定音系单位（深层音段）时必须考虑语法单位的条件，1980年代后的韵律层级说更在词、黏附词组、短语、语句等多层面上兼顾语法语音条件。我们如果也能多从语音语法关联的角度去考虑问题，可能会发掘出汉语最合理的单位层级及各级单位的活动模式，并由此而透视出人类语言的一些共同性。本文是从语音语法关联的角度观察汉语单位层级活动模式并用之于词表结构设计的一个尝试，望同行学者不吝批评。

参考文献

陈松岑（1998）词与非词的界限——语法专家标准与群众语感的异同，未刊。

董秀芳（1998）述补带宾句式中的韵律制约，《语言研究》第1期。

冯胜利（1997）《汉语的韵律、词法与句法》，北京大学出版社。

国家技术监督局（1993）《信息处理用现代汉语分词规范》（中华人民共和国国家标准 GB/T 13715-92），中国标准出版社。

梁源、王洪君（1999）二字短语凝固度分级初探，《计算语言学文集》，清华大学出版社。

吕叔湘（1979）《汉语语法分析问题》，商务印书馆。

孙茂松（2001）信息处理用现代汉语分词词表，研制报告，未刊。

王洪君（1994）从字和字组看词和短语，《中国语文》第2期。

——（2001）音节单双、音域展敛与语法结构类型和成分次序，《当代语言学》第4期。

王　立（1998）从"单音动词+单音名词"结构的拼写看正词法规则的客观依据，《语言文字应用》第1期.

Duanmu, San（端木三 1997）Phonologically Motivated Word Order Movement: Evidence from Chinese Compounds, *Studies in the Linguistic Sciences* Vol.27, No.1: 49-77.

Lu Bingfu and San Duanmu（陆丙甫、端木三，1991）A Case Study of the Relation between Rhythm and Syntax in Chinese. Paper presented at the Third North America Conference on Chinese Linguistics, May 3-5, Ithaca.

补记

本文写作于我参加了信息处理的具体工作和建立了汉语韵律词这一重要概念之后，各种想法已趋成熟。

本文根据信息处理的具体工作和大量真实语料总结出二字、三字词对于汉语的重要性，并通过与英语的对比指出，汉语中两字、三字词的重要性更加说明汉语是字本位的。

我觉得，这篇文章最有意思的是介绍了信息处理学界的一些工作策略，比如“分词不落单”在繁简体转换、自动校对、键盘输入等工作中的重要作用，词库收词与文本词切分的关系，等等。这些难道只是信息处理的应用问题吗？难道没有语言学的意义吗？“鸭”如果算黏着语素，则“养鸭”、“放鸭”、“送鸭”就必须算做“词”，这难道不是根据语言学的原则得到的吗？只是之前语言学的研究没有真正做过大规模的语料处理，才掩盖了汉语中这些重要的语言现象。

这篇文章最有理论价值的则是总结出了：“汉语的单字是‘有形有音有义’的最小单位，但在这一级上，形音义的关联是多选择不固定的。而以‘形音义稳定单一关联’的确定身份进入句子的，是比单字字大的二字、三字或四字组。身份的不同使它们成为另一级单位——以稳定身份构造短语和句子的基本单位。”这一表述，意思是有了，但不够简明有力。经过多年的沉积，现在我想，这一总结应该正面表述为：**汉语汉字的特点是“单字有义有形有声调，双字定义定形定节奏”**，单字和双字三字词是汉语重要的两级单位。

另一个理论要点是通过描写汉语字与英语语素在组合分布上的差异，论证了汉语的字词两级单位是字本位的，字就是可自由运用的最小单位，在构词中可自由地出现在前后不同的位置，在韵律上可单说。双字词之所以可以大致“定义定形定节奏”，是两字搭配在意义上彼此限制而导致的必然现象。更多的论述可参考本文集中的《“字本位”和汉语二语教学》一文。

汉语常用的两种语音构词法*

——从平定儿化和太原嵌1词谈起

零　引言

构词法分语法、语音两个方面。

讲授现代汉语的书大都要提到合成词、单纯词、派生词、复合词等分类，这是从语法角度看构词。

从语音角度看构词，需要另外的分类。比如，各成分语素的音形简单相加而成词音形的，可称做不变形加合构词，像“黑板”、“第二”等。从语音上看，该类无需另做讨论。需要讨论且已有较充分讨论的有下面两种情况：1. 各成分语素结合成词时发生有规则的组合音变，但各成分语素音形的分段界限大致清楚。如英语的复数词尾{s}。再如北京话的连上变调。这些可称做变形加合构词。2. 替换词根的部分语音形式以构成新词。如英语的 take～took。此类可遵从旧称，叫屈折构词。屈折，是一种非加合语音构词法。

---

* 原文发表于《语言研究》1994 年第 1 期。

汉语多用加合构词法(包括变形的、不变形的)。但方言中的一些合成词形提示我们,汉语也使用非加合构词手段,只是这些非加合语音构词手段和西方语言常用的屈折构词法很不相同。

本文打算以平定儿化和太原嵌 l 词为例,探讨汉语中常用的两种非加合语音构词方式。说明它们各自的特点并进一步讨论这两种构词法所反映的汉语"一音节一义"的强式结构关联。

一　两种不同的语音构词法

1.0　嵌 l 词是广泛流行于山西、河南等地的一种双音词。如太原话(赵秉璇 1979)的"拨"为 pəʔ^8 laʔ^7,"摆"为 pəʔ^8 lai^3,"吊"为 təʔ^8 liau^5,"环"为 xuəʔ^8 luæ̃^{1},"卷"为 kuəʔ^8 lyɛ^3,"圈"为 kʰuəʔ^8 lyɛ^5(音标后的上标数字表示调类)。这类词在宋人笔记中已有记载,在元曲中多有出现。

1.1　平定儿化词是当地的语素"儿"[ɭ](自成音节的卷舌边音)与词根的合音形式,属单音合成词。其特殊之处在于,儿音形仿佛是插在词根音形的声韵之间。如"豆儿"tɭɤu^5,"圈儿"tsʰɭuɐ^1,"锅儿"kɭuɤ^1,"心儿"sɭɤŋ^1,"鱼儿"zɭu^2(徐通锵 1981)①。徐文发表后,"儿"音形出现在词根的声韵之间,甚或进而使词根音形再分裂为两个音节的现象在其他方言中也报道(马凤如

---

①　徐文标注的是经处理过的音位标音,实际音值为"豆儿"t^{r}ɤ$_r$u$_r$^{5},"圈儿"ts^{hɭ}u$_r$ɐ$_r$^{1},"锅儿"k^{ɭ}u$_r$ɤ$_r$^{1},"心儿"s^{ɭ} ɤ̃$_r$ŋ$_r$^{1},"鱼儿"z^{ɭ}ʊ$_r$^{2},详见附录中的说明。

韵尾，前元音趋央。与平定儿化词不同，太原嵌 l 词后字的韵基总是与词根的韵基相同，不管是否是塞尾韵，也不管是否是前元音。

(2)声母不同。虽然平定儿化跟太原嵌 l 词的成词词形都不出现 tɕ 组声母，但词根 tɕ 组声母的变化却完全不同。平定的 tɕ 组声母词根，不论来源于精组还是见组，儿化后一律变为 ts 组，没有精、见组的对立。如精组的"尖儿"为 tsʅɐ^{1}，"心儿"为 sʅɤŋ^{1}；见组的"圈儿"为 tsʰʅuɐ^{1}，"杏儿"为 sʅɤŋ^{5}。而太原嵌 l 词则有精、见组的对立：见组来源词根的嵌 l 词前字为 k 组声母，如"卷"为 kuəʔ^{8}lyɛ^{3}，"圈"为 kʰuəʔ^{8}lyɛ^{5}，"翘"为 kəʔ^{8}liau^{5}。与存在大量见组细音来源的嵌 l 词形成鲜明对比的是，来源于精组细音的嵌 l 词至今未发现可靠的例证。在少数几个有争议的例子中，嵌 l 词的前字的声母为 tɕ 或 ts 组，与见组来源的 k 组对立。如"精(?)"tɕiəʔ^{8}liŋ^{1}，"茨(?)①"tsəʔ^{8}li^{1}。

(3) l 后的介音不同。平定儿化韵只有开合两呼，指的是声韵之间的 l 之后的位置上只出现开合两呼的韵母，如齐齿呼的"尖"的儿化为 tsʅɐ^{1}；相应的位置在太原嵌 l 词中应是后字的 l 声母之后，而不是徐(1981)所比较的前字声母之后。在这个位置上，太原嵌 l 词是四呼俱全的，与平定儿化完全不同。如"吊"的嵌 l 词为 təʔ^{8}liau^{5}。

(4)所嵌 l 不同。平定儿化韵中的 l 不仅是边音，还是卷舌音，与当地可单说的语素"儿"[ʅ]语音特征相同。太原嵌 l 词的

---

① 对于 tsəʔ^{8}li^{1} 是否是"茨"的嵌 l 分音形式，学界有不同意见。

l 只是边音，不是卷舌音，与当地可单说的语素“儿”的音形[ɚ]无关。

综合以上四点，太原嵌 l 词不可能由平定儿化词发展而来。以恰好能反映上述四点区别的、见组细音来源的、今为前元音韵的“圈”字为例。依徐(1981)的推断，应当经由下面的进程而产生下述嵌 l 词形：“圈儿”tɕ^{h}yɛ^{1} + ɭ→ts^{h}ɭuɐ^{1}→ts^{h}uəʔ^{8}luɐ^{1}；然而，太原嵌 l 词的实际音形却是 k^{h}uəʔ^{8}lyɛ^{1}；前字声母、后字介音、韵基及 l 的音值均不相符。

1.5 根据太原嵌 l 词中保持了精见组的对立而平定儿化词没有保持这一对立的情况可以推断，嵌 l 词定型的时间早于平定的儿音形 ɭ 跑到词根的声韵之间的时间。嵌 l 词的定形当在精见组细音合流之前。文献材料(宋人笔记、元曲)也可证明这一点。

1.6 我们说太原嵌 l 词早于平定儿化，绝对不意味着我们反过来主张平定式儿化由嵌 l 词发展而来。前述四点区别同样可以说明，嵌 l 词前字的韵母再弱、再含混，即使弱化到韵母完全失落，两音节完全合并为一个音节，也不可能与平定儿化同形。仍以“圈儿”为例：“圈”tɕ^{h}yɛ^{5}→(嵌 l)k^{h}əʔ^{8}lyɛ^{5}→(过渡音省略)k^{h}lyɛ^{5}，而平定“圈儿”的实际词形是 ts^{h}ɭuɐ^{1}。

因而我们只能承认，平定儿化与太原嵌 l 词不存在历史的承继发展关系，是两种独立的语音构词方式。下面我们分别讨论它们的构词机制。

二　平定儿化与"二合一"式合音构词法

2.0　对于某一种构词现象，不应该只满足于对表层繁复的词形进行分类描写，而应该力图从更高的层次上进行类型化、模式化的概括。从某一共时音系看，这种模式应该最简明、解释力最强。符合说话人的语感。达到这一目标的共时模式又往往符合该语言历史音变的情况（现在的共时深层形式的历史上的表层形式），适用于不同方言同类语言现象的描写（参看 Halle 1962）。下面先从平定儿化自身看，什么样的模式概括最简明，解释力最强；然后再从方言和历史演变的角度观察这一问题。

2.1　徐（1981）认为平定儿化是中缀-l-插在词根的声韵之间。这是结构主义 IA 模式的眼光。即力图把词音形按表层语音的出现次序离散地切分为语素音形。IA 模式适宜分析加合构词，对付非加合的屈折构词十分困难（可参看 Hockett 1954）。平定儿化也不是简单的加合构词，使用 IA 模式的中缀说同样不能简明地描写或有说服力地解释平定儿化的事实。

(1)平定儿化中词根的塞音韵尾一律脱落，如果儿音形真的是直接插在声韵之间，为什么位于韵尾末位的-ʔ一定要脱落呢？

(2)平定儿化中非塞尾的前元音韵一律央化，其他韵也附加了卷舌动作，这当然是受儿音形的影响而致。如果儿音形真的是插在声韵之间，当然能发现，离 l 较近的元音所受的影响较大而离 l 较远的尾音趋向于回复到词根原形。然而平定儿化的事实是"卷舌动作贯穿韵母的始终"。

(3)中缀说需要为每个词根设立一个连续音形,一个非连续音形,描写上繁琐。

2.2 从方言、历史、说话人的心理考虑,中缀说的解释力也很不够。方言中由词根附加后缀"-儿"形成的词音形多种多样但又明显地彼此有联系。排列各地差异可以看出,各地多样的儿音形不过是词根与后缀合音不同阶段的反映:①"-儿"自成音节且重读。②"-儿"自成音节但弱化。③"-儿"与前面的音节"急言为一,慢声为二"。④"-儿"与词根合为相当于普通音节一个半长度的长音节。⑤"-儿"与词根合为与普通音节长度相等的音节,儿音形只在韵尾收音处出现,不影响词根韵母原来的对立。⑥"-儿"与词根的韵尾化合或替换之,词根原韵尾的若干对立中和。⑦"-儿"与词根的韵尾、韵腹化合,词根韵尾、韵腹的若干对立中和(详见王洪君1994b)。

放到方言差异也即历时演变的序列中去看平定儿化,无疑应把它放入再往下的那个阶段:⑧"-儿"与词根的韵尾、韵腹、介音化合,使词根这些位置上的一些对立中和。也就是说,平定儿化和其他方言的儿化是受同一机制的制约而运转的。这一机制的本质是弱化的后字音节向同一音步的前字音节的归并。其音变的方向与逆同化相同。不同的只是逆向合音是后字音节的语音特征或前移或删去,不保留自己的根基,因而可称做"漂移"(floating);而逆同化则是后面的语音特征在移到前面的同时也还保留自己的根基,因而可称做"扩展"(spreading)。正因为儿化的历史发展是逆向由后向前逐步推移的,所以前面各阶段的合音结果(如-ʔ的脱落等)在后面的阶段上也大多保留。

中缀说只能处理前述八个阶段中的最后一个阶段，把它从历时的发展序列上割裂下来，也使得韵尾变化的原因得不到合理的解释。更为困难的是，同一方言中词根韵母如果不同，儿音形前移的程度也可能有不同。如山东阳谷方言（董绍克 1985）中有“猴儿”xour，“兔儿”t^hɭur，“街儿”tɕiɭɛr。若只从表层音形中儿音形的位置着眼，只能将该方言的“－儿”分别处理为后缀、中缀，甚至环缀。这样的处理繁复、解释力弱且不合发音人的语感。

2.3 我们认为，前述八个阶段的“儿”缀词应该放到同一个模式中去描写。这就是以“儿”为后缀，以词根在前、“儿”在后为基本形式，把儿化处理为逆向合音进程的动态模式。合音规则要到区别特征的层次才能说得清楚，因而可考虑采用非线性音系学中的特征几何（feature geometry）模型。下面以平定儿化为例，介绍特征几何如何描写这种逆向的“二合一”式动态合音进程。

2.4 在特征几何模式中，平定儿化可用下面的规则描述（附录Ⅱ有图示）：

(1)“－儿”的基本音形的特征组成是：舌前（coronal）部位、[＋边音]、[＋卷舌]。

(2)删去词根音节韵尾位置上具有[－持续]特征的音（即闭塞韵尾-ʔ）。因为闭塞音是音节的天然分界，是后一音节的特征前移的屏障。

(3)“－儿”[ɭ]失去音节身份，它原来管辖的发音要素向同一音步的词根音节逆向前移。

(4)[+边音]落脚(dock)于词根的介音位置,舌前[+卷舌]落脚于词根的韵尾、韵腹、介音三个位置。

(5)删除词根音节韵尾、韵腹、介音位置上不能与前舌[+卷舌]共容的特征。这些特征是舌体[-后](删除后前元音央化)及与[-后]共现的舌体[+高](删除后前高元音变为中元音)。

(6)删除词根声母位置上的[+腭化]特征,因为[+腭化]不能跟已占领介音位置的前舌[+卷舌]自然衔接。删除后,无标记的[+齿龈桥前]、[+点接触](即舌尖前 ts 组)自然填缺(default insert)。

2.5 平定儿化的几条规则不是任意的、无道理可言的,而是在普遍音理制约下的选择。这些普遍音理在特征几何[①]的模型中可以得到合理的说明。下面我们再结合解释平定儿化的音理基础介绍特征几何模型的一些基本思想。

(1)在特征几何的模型中没有音位这一级单位。或者说,音位不是一级实质性的实体单位。取而代之的是占有一个音位长度的时间格(timing slot,长元音占两个时间格)。时间格是语音流的主干,也是中枢。向下看它把同一时间发出的若干发音要素联系在一起;向上看它隶属于一定的音节,是音节特定位置的体现。音流中实际发出的语音要素都隶属于一定的时间格,通过时间格再隶属于一定的音节。构词中常常发生的变化是,

---

① 补注:更多的介绍可参考王洪君《汉语非线性音系学》(1999/2008)第8章"自主音段和特征几何"。

某些语素因为弱化或是成词词形有某些特殊要求而失去原有的时间格或音节身份。按特征几何模型，失去与时间格联系的语音特征或者删去（体现为省音音变），或者向前或向后漂移。受音步节拍的限制，平定的“-儿”弱化至失去音节、时间格的身份后，原有的特征逆向前移。

(2)特征几何说认为，普遍音理体现为各发音要素间存在内在的本质性的联系，这种联系可以用一种立体的几何式的结构来说明。特征几何结构首先区分出发音器官和发音特征两类不同的发音要素：发音器官指主动的发音器官（articulators），有声门、软腭、舌体（dorsal）、舌前、唇五个。发音特征则包括被动的发音器官的位置和发音方法。区分这两类发音要素很有必要。因为发音器官只有正值，在同一时间格中可以同时选择若干个发音器官协同动作。如[$\tilde{u}_r$]需要声门、软腭、舌体、舌前、唇五个发音器官。而发音特征是正负偶值的：比如[±持续]不能在同一时间实现。发音特征有的不隶属于特定的发音器官，有的只隶属于某一个发音器官，从而形成特征与特征间、特征与发音器官间关系有松有紧的立体结构。比如，[±辅音]、[±响音]、[±持续]、[+边音]不隶属某一个发音器官，是可以在不同发音器官实现的发音方法。因而发音部位的变化可以不影响这些特征。而[±卷舌]只隶属舌前，[±圆]只隶属双唇，[±后]、[±高]、[±前]只隶属舌体。因而发音部位的变化必然直接影响到这些特征的增或删。

(3)上述特征几何结构可以说明，在词根音节的韵尾、韵腹、介音位置上，哪些特征不能与前移的[+卷舌]特征共容：[+卷

1984;董绍克 1985;赵日新等 1991)。

1.2 徐(1981)最早讨论了上述两种现象间的联系。他提出,它们是同一种语言现象的不同发展阶段在今方言的地域差异中的体现,其发展的先后次序是儿化词早于嵌 l 词。理由是:①词形的中间都有个 l;②成词词形都只有开合两呼,词根为齐撮的,儿化或嵌 l 后都要转为开合;③词形的起首声母都不允许有 tɕ、$tɕ^h$、ɕ。④嵌 l 词的前字都是统一的阳入调,既跟词根的声调无关,也跟词根声母的来源是清是浊无关。因而,前字的韵母当是后来增生的过渡音。也就是说,先有"儿"插在词根的声韵之间形成 tl、pl 等复辅音声母的单音节儿化词,然后复辅音声母之间增生过渡音 əʔ、uəʔ 形成嵌 l 词。两种现象有历时承继发展关系。

1.3 有的学者曾从语法构词的角度说明过平定儿化与太原嵌 l 词不属于同一种语言现象:前者是意义上一虚一实的两个语素合成的派生词,有小称义,一般是名词。后者则是单纯词,没有小称义,也没有限于名词的倾向。然而,语法构词方式的不同还不足以说明语音构词方式也不同。

1.4 我们认为,平定儿化与太原嵌 l 词的语音构词方式亦不相同。我们的证据是,它们在成词词形方面有以下四点明显不同:

(1)韵基不同:平定的儿化词除在声韵之间出现 l 外,后面的韵基也有变化(具体变化可参看附录I)。仅根据徐(1981)的描写也可以发现,儿化后平定词根的韵基要发生如下的变化:ʌʔ→$ʌ_r$,æ̃、æɛ→$ɐ_r$,i、əʔ→$ə_r$,y→$ʊ_r$。可以看出,其规律是塞尾韵失落舌]隶属于舌前，它其实是一组复合特征：[－齿龈桥前]、[－面状接触]、[＋舌下腔]。即舌尖上扬与上腭的齿龈桥后的部位成点状接触的态势。前面说过，同一时间格内可以共容不同主动发音器官的同时动作。从生理上说，这是因为这些器官分别受不同的肌肉群控制。所以，凡与舌前部位无关的特征都可以再加上舌前[＋卷舌]，与之共容。如舌体[＋后]、[＋低]、软腭[＋鼻]、唇[＋圆]等。也就是说，后元音、圆唇音、鼻音可以与卷舌共容，前元音则不行。根据 Keating(1988)的研究，前元音，特别是前高元音，不仅使用了舌体[－后]，而且由于舌面前抬起的面积很大，因而舌前也参与了动作。即兼用了舌体[－后]和舌前[－齿龈桥前]、[＋面状接触]、[－舌下腔]。这样就与[＋卷舌]冲突了。前面说过，对某一发音器官而言，在同一时间格上，语音特征是正负偶值的，选择正就排斥负：同一个舌前部位，在同一个时间内，不可能与齿龈桥后的部位既成面状接触又成点状接触，舌下既有空腔又无空腔。于是，前元音韵卷舌后都央化了，即删除了与卷舌不共容的舌体[－后]特征。同理，卷舌就意味着舌尖上扬，舌面前就会略凹，舌面中也不可能抬得太高。所以前高元音卷舌后不仅肯定会央化，而且还会低化，并入中元音类。我们看到，只要确定了前移的特征是舌前[＋卷舌]，确定了它落脚于词根音节的韵尾、韵腹、介音位置，这三个位置上的前元音央化、前高元音趋中、齐撮变开合就都是在普遍音理的控制之中的。

(4)前移的特征在词根音节的哪个位置落脚，有若干选择的可能，但也不能超出普遍音理的制约。比如，[＋边音]是不隶属于某一特定发音器官的发音方法：堵住口腔中部的通道，舌的两边放低，让气流流出。口腔中部有阻碍决定了[+边音]必定是[+辅音]，因而边音不能跟元音同时发出。这样它在音节中可能的落脚点也就只有韵尾、介音两处了。边音实现在韵尾，多半是合音初期的选择，常常造成“急言为一，慢声为二”的结果。平定儿化已处于紧密合音的阶段，[+边音]进一步前移到介音的位置。[+卷舌]则不同。它隶属于舌前，与[+辅音]没有必然的联系：只要舌尖向上卷，做出指向齿龈桥后的态势，不管是否抵住上腭，都是卷舌。因而它既可以与[+辅音]共容，也可以跟[+元音]共容，可以在音节的任何位置上落脚。在平定儿化中，[+卷舌]落脚于韵尾、韵腹、介音位置，在韵尾和韵腹位置体现为元音的伴随特征，在介音位置上与前移来的[+边音]、[+辅音]及删除了[-后]、[+高]特征的舌体部位和留下的唇[±圆]结合，实现为 ɭ 或 $ɭ^{w}$。

(5)平定儿化中 ts、t 组的声母都没有卷舌化，这说明[+卷舌]的逆向前移只前到了介音，没有到声母。至于 tɕ 组声母儿化后变 ts 组，则是该音系要求声母、介音在[±腭化]上必须一致的规则在起作用：介音如果不是齐撮呼，声母的[+腭化]就必须删除。

我们认为，平定儿化中零声母齐撮呼字衍生 z 声母亦是受同一条规则的作用而致（如“月儿”$yeʔ^{8}$ + ɭ→$zɭuə^{8}$）。徐(1981)对此的解释是，①介音 i、y 受前移 ɭ 的影响而变为舌尖元音 ɿ、ʮ，②舌尖元音 ɿ、ʮ 的摩擦成分增加而变为 z。这一过程与邻近地区的高元音经舌尖化再擦音化的演变同模。我们不同意这种解释。因为,①平定并不位于 i→ʅ→z 音变的区域内;②从音理上说,卷舌边音 ɭ 不可能使 i、y 变为 ʅ。我们的设想是,零声母齐撮两呼字的声母位置原来就不是什么都没有,而是有舌面中擦音 j、ɥ。ɭ 前移到介音位置,使得介音 i→ɭ,y→ɭʷ,同时也使声母位置变体性的 j、ɥ 音位化了。音位 j、ɥ 与 tɕ、tɕʰ、ɕ 同为腭化音,只是多了[+浊]的特征,正好配为一套。因而 j、ɥ 在儿化中的变化也与 tɕ 组配套:①删去[+腭化](腭化亦为一组复合特征,可分为[-齿龈桥前]、[+面状接触]);②无标记的[+齿龈桥前]、[-面状接触]自然填缺。新填入的特征加上原有的[+浊]、[+擦]就实现为 z。总之,声母的变化是有规则的、成套的:tɕ、tɕʰ、ɕ、j(ɥ)→ ts、tsʰ、s、z(zʷ),声母变化的原因跟介音和韵基的变化也是深层一致的:与向前归并的[+卷舌]不能相容。

2.6 平定儿化式语音构词法,我们称之为"二合一"式合音构词法。我们认为,像上面那样以词根音节在前、"-儿"在后作为基本形式,在此基础上用特征几何所主张的、有层级结构的特征的扩展、漂移、改连、删除等表层规则加以运作,可以动态地反映合音构词法的实质。从单个音系的共时描写看,这种模式可以揭示平定儿化中声母、介音、韵腹、韵尾各个不同位置上各种变化的深层一致的原因。从历时演变和方言对比的角度看,它能够把各方言中具有历史同一性的形态各异的儿缀词都纳入同一模式描写。其基本形式从历时的角度看就是最早期的形式(自成音节的"-儿"),是各种儿缀词的共同起点。各方言不同的是表层规则的某些变量。如,"-儿"的具体语音特征是什么(是卷舌音还是鼻音),"-儿"是否失去了音节身份,是否失去了时间长度，“-儿”所辖的语音特征前移到词根音节的什么位置，词根音节各个位置原来的语音特征是什么，等等。这样，某一方言儿化的个性，它在合音进程中所处的具体阶段，也就在模式化描写的同时得以显示。因而我们认为，这种合音模式抓住了一类构词法的本质，其简明性、概括性、解释力都大大高于结构主义IA模式的中缀说，也更符合汉族人的语感。

2.7 方言中的Z变、D变等现象亦是“二合一”合音构词法的产物，只是其后缀形式已不像平定的“-儿”那样有可以单用的形式可循。对于它们只能采取对比本韵和变韵的方法来重建后缀形式，而且很可能只能做到部分重建（或曰“残缺形式”）。这个问题我们将另文讨论。

2.8 “二合一”合音构词法是汉语中至今仍很活跃的一种成词手段。它与西方语言的屈折构词法有很不相同的特点：在表层的一个单音节词的背后，总能找到顺序排列的两个有意义的单音节基本形式。若后一音节的音节身份失去，把它的语音特征在普遍音理制约下按一定的语音规则加到前面的音节上去，就能得出表层的单音节的合成词词形。

三　太原嵌l词与“一生二”式重叠分音构词法

3.0 让我们沿着上节的思路来思考问题：应该有这样一种模式，它能够简明地描写太原嵌l词的所有词形；如果再加上一些变量，还能够用来描写其他方言中相关的构词现象，从而能够表现出方言中相关构词现象的共性及其个性；最好还能做到，把各种描写统起来看，能够大致再现出一种构词法历时发展的不同阶段。

3.1　先让我们来看看太原嵌 l 词的特点。下面按词根开齐合撮的不同，分别给出二至四个嵌 l 词例（引自赵秉璇 1979）：拨 paʔ^{7} → pəʔ^{8} laʔ^{7}，棒 pɒ^{5} → pəʔ^{8} lɒ^{5}，撇 p^{h}iaʔ^{7} → p^{h}əʔ^{8} liaʔ^{7}，吊 tiau^{5} → təʔ^{8} liau^{5}，搅 tɕiau^{3} → kəʔ^{8} lau^{3}，环 xuæ̃^{1} → xuəʔ^{8} luæ̃^{1}，串 ts^{h}uæ̃^{5} → ts^{h}uəʔ^{8} luæ̃^{5}，卷 tɕyɛ^{3} → kuəʔ^{8} lyɛ^{3}，圈 tɕ^{h}yɛ^{1} → k^{h}uəʔ^{8} lyɛ^{1}。

一般认为，嵌 l 词有以下四个特点：①双音单纯词[①]，②后字声母为 l，③前字韵母为 əʔ 或 uəʔ，④前字声母与后字韵母相拼所得的单音字的意义与双音的嵌 l 词基本相同，可把该单音字看作嵌 l 词的词根。

我们认为，上面的四条还不够，一是还应增加一条⑤：全词形成强度上前轻后重的对比和响度上前暗后亮的对比，或许可统称为抑扬格。其前字不仅是阳入调，而且还是轻读的阳入（参看潘家懿 1986）。响度对比的形成依赖于前字统一用响度很小的紧喉的混元音 ^{ʔ}ə（轻读入声的喉塞成分并不占据单独的时长，只是使元音紧喉化），后字则统一用声母中响度最大的 l。

二是前述规则④并不能控制所有的嵌 l 词例，还应考虑以下更细致的情况：⑥来源于见组的今为细音的词根，其嵌 l 词的前字声母为 k 组声母。跟词根旧时的声母相同，而跟现在的声母（tɕ 组）不同。其嵌 l 词后字的介音又依来源的不同而分为两

---

①　补注：稍后孙景涛（2005）指出，嵌 l 词并不是单纯词，而是增加了"特殊化/具体化"意义的派生词。

种情况：a. 见系三四等字的嵌 l 词的后字为细音，与今词根的介音相同。除前面举过的“卷、圈”外，还有“翘”($tɕ^h iau^7 \rightarrow kəʔ^8 liau^7$)、“僵”($tɕiɒ^1 \rightarrow kəʔ^8\ liɒ^1$)等例。b. 见系开口二等的嵌 l 词后字为洪音，跟词根现在的介音不一致。除前面举出的“搅”外，还有“腔”($tɕ^h iɒ^1 \rightarrow k^h əʔ^8\ lɒ^5$)、“巷”($ɕiɒ^7 \rightarrow xuəʔ^8\ lɒ^7$)、“角”($tɕiau^1 \rightarrow kəʔ^8\ lau^1$)等例。由这些情况可以看出，嵌 l 词定形的时间在尖团合流之前，更在见系开口二等字细音化之前（该类字在太原有的有洪音白读)。⑦词根介音的[+高][±后][±圆]三个特征在嵌 l 词形中表现不一致：[+高] [-后]只在后字介音出现，不在前字介音出现；[±圆]则在前后字的介音都可以出现。即齐撮呼词根的嵌 l 词前字为开合呼。这种现象或许可以解释为，嵌 l 词定形时太原音系的[+圆]既是介音的特征，也是声母的特征（即凡介音圆唇者声母必圆唇)；而[+高][-后]则只占据介音位置，与声母无关。太原嵌 l 词的词根其实只把介音实现到后字上，并未实现到前字上。前字 əʔ、uəʔ 的不同是声母[+圆]影响而致（可参看赵元任 1931)。

综上所述，前述规则④的运用必须先满足下述三个条件：a. 设见系开口二等字的基本形式为 k 组洪音，如“搅”为 *kau。b. 设见系三四等字的基本形式为 k 组细音，如“翘”为 $*k^h iau$。c. 设合口撮口字的基本形式为圆唇声母，并且明确“前声后韵相拼等于词根”的规则中的“前声”不包括介音，“后韵”则包括介音。

3.2 太原嵌 l 构词法的内部机制应该用什么模式来概括和解释呢？有下面六种可能的方案：

(1)复辅音说　该说认为嵌 l 词的基本形式(单音节词根)是上古的复辅音声母字。即基本形式中已有“字首主辅音 + 流音 l”(可记作 Cl -)序列。Cl 之间再增生过渡音 əʔ 就形成嵌 l 词。但不少学者已指出,从与上古谐声字所反映的复辅音字的对应看,从与汉藏系其他语言中现存的复辅音词根的对应看,从汉藏语 *Cl 式复辅音的演变规律看,从嵌 l 词前字的声调与上古声母的清浊无关来看,嵌 l 词来源于上古的复辅音声母说还没有足以服人的证据。

(2)儿化嵌 l 再增生过渡音说(徐通锵 1981)　该说的不足我们在第一节已做了阐述,兹不赘述。

(3)反切分音说　即宋人笔记中“切脚语”的说法。该说可以解释嵌 l 词“前声 + 后韵 = 词根”的事实,但对于为什么前字要填入响度低的 əʔ 和音强弱的阳入调,后字则填入响度大的声母 l 则缺乏解释力和必要的限制。从其他方言的同类构词现象看,该说亦很难概括一些方言中前字、后字的主元音均与词根相同的事实。

(4)重叠加变形说　这是朱德熙(1982)描写北京、潮阳话象声词的语音结构时提出的一种模式:先以某个单音节为基本形式重叠之,再或者逆向变化前一音节的韵母(换为响度较小的高元音),或者顺向变化后一音节的声母(换为响度较大的 l)。该模式的好处是既解释了许多双音象声词为什么前字后字总有语音部分相似的关系(基于重叠),又进一步通过变声和变韵规则对成词词形做了必要的限制,从而显示出该类构词现象的共性。缺点是碰上太原嵌 l 词等兼用前字变韵和后字变声的情况无法确定重叠式中哪个音节是基本形式(可参考陈亚川、郑懿德1990)。

(5)重叠加有定词框架说[①]　该说是非线性音系学近年来提出的。它亦把这种构词法分为两个步骤:先是以词根为基本形式重叠之(可全重叠也可部分重叠),然后用一个有特殊限制的固定词框架(其音节结构、轻重等可能特殊限制,也可能预填了某些成分)对重叠式进行成形调节。不同词根的重叠式好比是原料,词框架好比是已做好的模块(templet)。各异的原料往模块上投射就得到有某些共同结构特点的最后词形。这种模式很适合处理不少非印欧系语言中普遍存在的叠音构词法。比如菲律宾的Ilokano语,其动词的进行时形式是在词根前加第一个前缀ag-,再加词根的部分重叠式做第二前缀。如ag-bas-basa(正在读),ag-ad-adal(正在学),ag-da-dait(正在缝),ag-tak-takder(正站着),ag-trab-trabaho(正在工作)。其中第二前缀的成形规律是什么?从固定的音节模块出发不难发现,其规律是词根的重叠副本按从左到右的次序向该语言的最大音节CGVC上投射,能投射上去的保留,投射不上去的删去。这种模式既有重叠加变形说的优点:能对成词词形做出必要的限制并能解释前后字的部分语音相似,又避免了重叠变形说有时无法确定基本形式的麻烦。张盛裕(1982)、梁玉璋(1982)、李如龙(1984)对闽语象声词或切脚词的描写都接近与重叠加有定词框架的模式,只是形式化、模式化不够。

---

① 补注:更多的介绍可参考王洪君《汉语非线性音系学》(1999/2007)的第七章"韵律词法"。

(6)缓读分音说(张崇 1993)　该说提出晋语的嵌 l 词源于单音词的缓读分裂,具体过程为:①缓读使单音节从声韵结合出断为似连非连的长音段。如“摆”pai→p-ai,“飘”p^hiɔ→p^hi-iɔ。②长音段断开之处因晋语送气成分极强而出现央元音 ə 及浊擦成分或小舌颤音。如“摆”p-ai→pəɣ-ɣai,“飘” p^hiɔ→p^hiəɣ-ɣiɔ。③浊擦成分演变为 ŋ。④ŋ 前化为边音 l。

该说从历时角度解释嵌 l 词的成因。我认为有启发性也有如下局限:首先,把缓读长音段的声韵之间出现 ə 和 ɣ 归结于晋语送气强的特点不合适。这无法解释晋语的不送气清声母字和晋中派入不送气清音的全浊声母白读字为何也有嵌 l 词,也无法解释送气成分并不强的闽方言的嵌 l 切脚词,以及 l 在汉语甚至整个汉藏语系中构造两字、三字、四字语音词时的特殊作用。其实,在缓读音节、长调音节(特别是曲折调)的中间出现喉头紧张或浊擦成分,是人类语言的普遍现象。如北京话的“改”慢读时听上去像是 kai.ai,实际音值大约是 kæᴇ-ʔᴇɪ。其次,浊擦音演变为 ŋ 再前化为 l 的假设太过牵强。不如把缓读分音分为两个阶段:第一阶段形成似断非断、似连非连、中间出现 ə、ɣ、ʔ、ʀ 等过渡成分的长音段;第二阶段长音段正式断为两个音节。作为第一阶段的继承者,它应保持第一阶段前强后弱、前暗后响、两音峰间的音谷跌宕不大的特点,又应有质的飞跃——前字出现声调、后字出现统一的声母。这样,声母中响度最大且跟所有介音都能相配的 l 无疑是满足上述要求最佳的选择。

经过修改的缓读分音说可以弥补前三说在所以然方面的不足,其历时演变的两个阶段又恰与重叠加有定词框架模型的共时规则的先后次序相对应：缓读分音第一阶段的“声（介）-（介）韵”或“声（介）韵 - 韵”等长音段正是词根部分重叠的一种形式，而第二阶段出现的前字的弱读短调和后字的 l 声母则正是有定词框架的特殊限制。缓读分音说为我们提供了重叠加有定词框架说可能有的另一种历时含义：不是词根全部重叠的副本作为前缀或后缀，而是词根因缓读而错合式断裂，从而出现部分重复的成分，以致增加了音节模块。因而我们把嵌 l 构词法统称为“一生二”式重叠分音构词法。由于缓读分音说本身不是一种共时的形式化描写模式，下面我们仍以非线性音系学的重叠加有定词框架模式来描写太原嵌 l 词及其相关的构词现象，而把缓读分音说作为该模式的一种历时解释。

3.3　太原嵌 l 词　如上所述，我们把太原嵌 l 构词法看作这样一种机制：①单音节词根重叠其韵母部分，②重叠式向一个具有前暗后亮、前弱后强、音谷跌宕很小的两音节音步投射而最后成形。③该音步由两个有定的音节模块组成。若以 I 表声母、M 表介音、N 表韵腹、E 表韵尾、（T）表声调、σ 表示音节，则太原嵌 l 词的构造取决于以下参量：

前字模块 σ_1 = IN（T），后字模块 σ_2 = IMNE（T），前字预填：N = əʔ、（T）= 阳入，后字预填：I = l，所重叠的部分：词根韵母，投射方向：从左到右。具体图参看附录Ⅲ的图示。

3.4　福州切脚词　先看一些词例（梁玉璋 1982）：摆 pɛ^{31} → pɛ^{31} lɛ^{31}，□蹒跚 paŋ^{55} → pa^{31} laŋ^{55}，吊 tiɛu^{213} → tiɛ^{21} liɛu^{213}，伶 liŋ^{52} → li^{31} liŋ^{52}，辘 luʔ^{5} → lu^{31} luʔ^{5}，滚 kuŋ^{31} → ku^{31} luŋ^{31}，肭 nyʔ^{55} → ny^{31} lyʔ^{55}。（音标后的阿拉伯数字为调值，其中的 31/21/52/5 等为

紧调,213 等为松调;因松紧调的不同,韵母元音也略有差异,紧元音较相应的松元音略高、略前或单化。)

从上述词例及梁文的介绍来看,福州切脚词的构造可概括为如下参量:前字模块 σ_1 = IMN(T),后字模块 σ_2 = $IMNE_1E_2$(T),前字预填 (T) = 紧调 21、31,N = 紧元音(较相应的松音略高略前),后字预填 I = l,所重叠的部分:韵母,投射方向:从左到右。这些参量决定了福州切脚词亦具有前暗后亮、前弱后强、音节间音谷跌宕较小的特点:前字音节结构只有三个时间格,元音取偏高偏前的紧元音则响度偏暗,21 和 31 调亦偏弱、偏暗;后字取声母取响度最大的 l,音节结构为五个时间格,整体响度大。

由于叠音加有定词框架模式使用统一的参数来描写相关的构词法,所以一目了然地看出福州切脚词与太原嵌 l 词的共同点在于:①后字固定为 l 声母;②前字为结构简单的韵,弱或低降的调;③全词前暗后亮,两音节间的音谷跌宕很小。不同点则在于,福州切脚词的前字的韵母限于一类韵、一类调,而太原嵌 l 词前字的韵母只限于一个韵、一个调。与此相关,太原嵌 l 词词根的主元音不在前字出现(因前字统一用 əʔ 韵),而福州切脚词的主元音则在前字出现。它们实在是很接近的。

3.5 北京双音象声词 朱德熙(1982)曾给出北京单音、双音、三音、四音节象声词的衍生规则,这里我们只讨论其中的双音格式,即 $p^ha \rightarrow p^ha\text{-}p^ha/p^hi\text{-}p^ha/p^ha\text{-}la$。从前述模式看,这三种双音模式构词过程的第一步都是重叠词根,但固定的词框架不同。$p^ha\text{-}p^ha$ 型的词框架没有任何限制,因而重叠的词根直接实现到表层。如果词框架的前字韵腹位置上预填了[+高],重叠式投射上去就实现为 p^hi-p^ha。如果词框架的后字声母位置上预填了 l，重叠式投射上去就实现为 p^ha-la。可以看出，凡经固定词框架调整的北京叠音象声词也都具有成词词形前暗后亮的特点，这点与太原嵌 l 词相同。不同的是，①前字限高元音韵而不是紧喉元音韵；②前字不限调；③只允许词框架的两个音节中的一个音节有预填，不允许两个音节同时预填。

以上几种语音构词的共同特点是都有一个有意义的单音节词根，其双音词形都可以用单音词根的重叠或部分重叠加有定词框架的调整来描写，我们统称为“一生二”式重叠分音构词法。细究起来则可有词根全重叠的衍生分音和仅韵母重叠的断裂分音之别。据徐浩(1993)的研究，这两种构词方式都是在宋元时期兴起的。

3.6 重言与双声叠韵　提到叠音，很容易联想到汉语上古的重言和双声叠韵词。然而从构词机制看，重言、双声叠韵与前述几种构词法有很大的区别[①]。因为它们的词根与成词词形的联系不同。首先，重言与双声叠韵没有一个单音有义的词根[②]；再者，它们都有表“××貌”的抽象义，而这抽象义正是两音节的语音相同或部分相同这一结构模式赋予的。这样，如果摆脱只从线性音段的角度看音义结合关系的老眼光，重言和双声叠韵就不

---

① 补注：这一点需要修正。孙景涛的博士论文(Sun 1999)和之后系列论文(如孙景涛 2005)的研究表明，这一类词也都是由一音节一义的词根经重叠变形派生而来，适合用重叠加有定词框架来描写。简单的介绍可参看王洪君《汉语非线性音系学(增补本)》(2008:196—198)。

② 补注：同①。

能说是最小的音义结合体。从非线性的角度看，它们至少可以分析为：①与两音节语音相同或部分相同（即叠音）这一语音格式相联系的绘景义；②与声母、韵母（含声调）相联的词汇义。据郭小武（1993）的研究，则②还可以进一步分析为：（2a）与声母的选择（声母层次上的线性排列）相联的词族义，（2b）与韵母的选择相联的具体词义。这种由非线性的语音成分与意义结合而成最小的音义结合体，再结合成词的方法广泛地运用于阿拉伯语。以动词为例。阿拉伯语动词的基本义由词形中的辅音承担（限三个辅音，中间可以有元音隔开），语态及体范畴等意义由元音承担（中间可以有辅音隔开），动词的语法分类义（阿拉伯语的动词分为15类）则由词的音节框架承担。请参考下面的示意图：

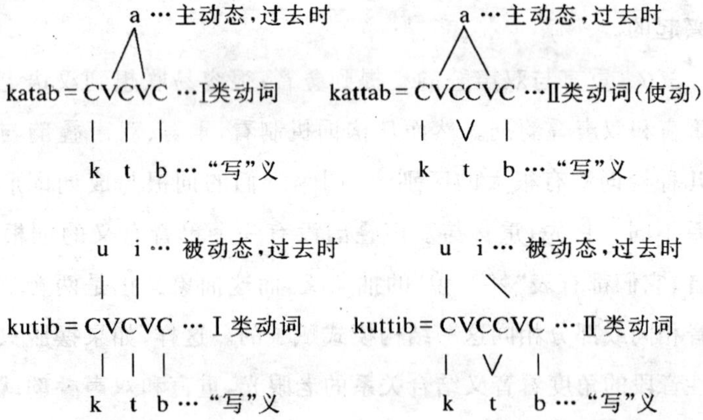

从阿拉伯语的例子可以看出，与意义结合的语音成分，不一定是按时间的线性次序依次出现的成分；可以是隔位出现的，也可以是音节的结构框架。按郭小武（1993）的研究，汉语的叠韵词也可以这样横着切为三层，如下所示（有相同下标i表示成分

完全相同)：

a k … 施张(词义)
/ \\
落寞＝声 韵$_i$ 声 韵$_i$…××貌(词类义)
| |
l m …广大、连绵、模糊(词族义)

双声及重言词的声母、韵母是否也像叠韵词一样担负抽象度不同的意义还有待进一步的研究，但两音节语音的相似或一半相似担负描态绘景义却是可以肯定的。重言与双声叠韵或许可称做声韵分层加叠音词框架的构词法，它们活跃在上古。

3.7 与嵌 l 词流行地区差不多的还有“圪－”等表音词头词。它们与嵌 l 词也有相似之处：都是前暗后亮、前轻后重的双音词。这种响度的对比除利用了与嵌 l 词相同的、前字固定为 əʔ 韵母和轻读调外，还限制了前字声母需为响度小的塞音及擦音 x，后字的声母则没有限制。该类词的前字与后字、词根都没有语音相似或语音部分相似的关系，因而与构词机制也就不同于嵌 l 词。但不同构词机制产生的词形都具有前暗后亮、前轻后重的表层形式，这些格式又都盛行于宋元以后。是否可以认为，这种特殊的语音格式是中古以后双音语音词的标志，以跟没有特殊响度要求或前重后轻的双音复合词、派生词相区别。

四　余论：“二合一”、“一生二”与“一音节一义”

上面我们分析了近代汉语、现代汉语中最常见的两种非加合的语音构词法。从跟基本形式的联系看，这两种构词法刚好完全相反：一种是两音节合并为一，另一种是一音节重叠为二。然而从另一个角度看，两者又有共同点：基本形式都是一音节一义的小单位。赵元任(1975/1992)曾指出，"字"在汉语里本不是只指文字的单位，而是也兼指语言的单位——一音节一义的结合体。"字"这级语言单位是汉语构词造句的基本单位："字"在汉语里"总是中心的主题"，而"词""在许多不同的意义上都是辅助性的副题"。本文的研究亦说明了这一点：现代汉语中不仅复合词中一音节一义的小单位仍清晰可见，就是那些常常举出的例外，如一音节对两义的"花儿"，两音节对一义的"薄啉"，也是由那一音节一义的根上衍生。不抓住这个根，就无法控制其语音构词的规律。只有"非我族类"的"布尔什维克"等词没有一音节一义的根基，只能个案处理。

1918年《闻喜县志》的作者杨韨田曾写道："中国方言中无字者少。其无字者皆二合二分之音也，三合三分者几无。"正中吾意，特录于此，以享同仁。由于汉语的音节(语言单位)和语素(语法单位)有这种相当固定的联系，所以汉语构词法的研究，无论是语音的还是语法的，都应该更加重视"字"。从词的成分字入手，观察它们之间的关系是语音的还是语法的，然后再进一步观察是什么样的语音关系或什么样的语法-语义关系；这样的出发点或许能更加简明地说明汉语的构词类型。

参考文献

陈亚川、郑懿德（1990）福州话形容词重叠式的音变方式及其类型，《中国语文》第5期。

董绍克（1985）阳谷方言的儿化，《中国语文》第3期。

郭小武（1993）试论叠韵联绵字的统谐规律，《中国语文》第5期。

贺　巍（1980）获嘉方言的表音字词头，《方言》第1期。

李如龙（1984）闽方言和苗、壮、傣、藏诸语言的动词特式重叠，《民族语文》第1期。

梁玉璋（1982）福州方言的切脚词，《方言》第1期。

马凤如（1984）山东金乡话儿化对声母的影响，《中国语文》第4期。

潘家懿（1986）山西方言在汉语音韵学中的地位，《音韵学研究》第二辑，中华书局。

孙景涛（2005）论"一音一义"，《语言学论丛》第31辑，商务印书馆。

王洪君（1994a）生成音系学的形成和发展，《海外中国语言学研究》，语文出版社。

——（1994b）什么是音系的基本单位——谈本音和变音，《现代语言学·理论建设的新思考》，语文出版社。

徐　浩（1993）现代汉语ABB式词及其历史演变，北京大学中文系硕士论文。

徐通锵（1981）山西平定方言的"儿化"和晋中的所谓"嵌l词"，《中国语文》第6期。

张　崇（1993）嵌l词探源，《中国语文》第3期。

张盛裕（1982）潮阳方言的象声字重叠式，《方言》第3期。

赵秉璇（1979）晋中话"嵌l词"汇释，《中国语文》第6期。

赵日新、沈明、扈长举（1991）《即墨方言志》，语文出版社。

赵元任（1931）反切语八种，《史语所集刊》第二本第三分。

——（1975/1992）汉语词的概念及其结构和节奏，中译收在《中国现代语言学的开拓和发展》，清华文丛之四，清华大学出版社。

朱德熙（1984）潮阳话和北京话重叠式象声词的构造，《方言》第3期。

Hockett, CharlesF（1954）Two Models of Grammatic Description, *Word*

10，210－31。

Halle, Morris（1962）Phonology in Generative Grammar，*Word* 18,54－72。

Keating, Patricia（1988）Palatals as Complex Coronals：X-ray Evidence，UCLA Working Papers in Phonetics 69,77－91。

Sun Jingtao（孙景涛 1999）*Reduplication in Old Chinese* 古汉语重叠之研究，Ph.D. dissertation，Vancouver：University of British Columbia.

附录一　平定儿化词例和音值说明

徐通锵(1981)主要是为揭示儿音形嵌在词根的声韵之间这一事实，因而是以声母及介音为纲分类描写的。从韵的角度看，徐文给出的词例显得不够，音值描写也不够细致。平定的儿化词例不多，因为儿化在平定已不是活跃能产的构词手段。为弄清平定韵母儿化的规律，我们又查阅了当年的原始记录，细听了当年的录音。特别是对那些只有一两个儿化词例的韵，专门对录音进行了剪辑对比。通过尽可能多地补充词例和订正个别儿化韵的归类，除个别入声韵外，基本搞清楚了平定单字韵和儿化韵的对应规律。下面按韵基分类说明单字音与儿化音的对应。同韵基下先按开齐合撮再按声母的发音部位、方法、声调的不同顺序排列。每一词例先列其单字形式，再列儿化音的宽式标音和严式标音(严式标音放在[　]中，调不重列。)个别儿化音与单字音不规则对应的词例，前加＊号，以示特殊。

①æ̃、æɛ→ɐ[ɐ̝$_{r}$](元音偏高的符号词例中不再重列，下同)

æ̃：(两)半儿 pæ̃^{5}＋ɭ→pɭɐ^{5}[pɭɐ$_{r}$]

iæ̃：(相)片儿 p^{h}iæ̃^{5}＋ɭ→p^{h}iɭɐ^{5}[p^{h}iɭɐ$_{r}$]　＊(一)点儿 tiæ̃^{3}＋ɭ→tiɭɐ^{3}[ti^{r}ɐ$_{r}$]

　尖儿 tɕiæ̃^{1}＋ɭ→tsɭɐ^{1}[ts^{l}ɐ$_{r}$]　钱儿 tɕ^{h}iæ̃^{2}＋ɭ→ts^{h}ɭɐ^{2}[ts^{hl}ɐ$_{r}$]

uæ̃：(小)官儿 kuæ̃^{1}＋ɭ→kɭuɐ^{1}[k^{wl}u$_{r}$ɐ$_{r}$]　(茶)馆儿 kuæ̃^{1}＋ɭ→kɭuɐ^{1}[k^{wl}u$_{r}$ɐ$_{r}$]

　(汤)罐儿 kuæ̃^{5}＋ɭ→kɭuɐ^{5}[k^{wl}u$_{r}$ɐ$_{r}$]

yæ̃：圈儿 tɕ^{h}yæ̃^{1}＋ɭ→ts^{h}ɭuɐ^{1}[ts^{whl}u$_{r}$ɐ$_{r}$]　(铺盖)卷儿 tɕyæ̃^{3}＋ɭ→tsɭuɐ^{3}[ts^{wl}u$_{r}$ɐ$_{r}$]

　(手)绢儿 tɕyæ̃^{5}＋ɭ→tsɭuɐ^{5}[ts^{wl}u$_{r}$ɐ$_{r}$]

æɛ：牌儿 p^{h}æɛ^{2}＋ɭ→p^{h}ɭɐ^{2}[p^{hl}ɐ$_{r}$]　(壶)盖儿 kæɛ^{5}＋ɭ→kɭɐ^{5}[k^{l}ɐ$_{r}$]

(小口)袋儿 tæɛ^5 + ɭ→tɭɐ^5[t^{r}ɐ$_r$]

uæɛ:(一)块儿 k^{h}æɛ^5 + ɭ→k^{h}ɭuɐ^5[k^{whl}u$_r$ɐ$_r$]

②ɑ、aʔ→a[A̠$_r$]

ɑ:(刀)把儿 pɑ^5 + ɭ→pɭa^5[p^{l}A$_r$]　(树)杈儿 ts^{h}ɑ^2 + ɭ→ts^{h}ɭa^2[ts^{hl}A$_r$]

iɑ:(豆)芽儿 iɑ^2 + ɭ→zɭa^5[z^{l}A$_r$]

uɑ:(香)瓜儿 kuɑ^1 + ɭ→kɭua^1[k^{wl}u$_r$A$_r$]　(小)褂儿 kuɑ^5 + ɭ→kɭua^5[k^{wl}u$_r$A$_r$]

(黄)花儿(鱼)xuɑ^1 + ɭ→xɭua^1[x^{wl}u$_r$A$_r$]

aʔ:(鸡蛋)壳儿 k^{h}aʔ^7 + ɭ→k^{h}ɭa^2[k^{hl}A$_r$]

iaʔ、uaʔ、yaʔ:无

③i、ᴇɪ、əʔ、eʔ→ə[ə̠$_r$]

i:(小)鸡儿 tɕi^1 + ɭ→tsɭə^1[ts^{l}ə$_r$]

ᴇɪ:梨儿 lᴇɪ^2 + ɭ→lɭə^2[lɭ^ə]

uᴇɪ:(一)对儿 tuᴇɪ^5 + ɭ→tɭuə^5[t^{wr}u$_r$ə$_r$]

əʔ:侄儿 tʂəʔ^7 + ɭ→tʂɭə^2[tʂ^{l}ə$_r$]　(打)嗝儿 kəʔ^7 + ɭ→kɭə^2[k^{l}ə$_r$]

uəʔ:骨儿(‘核儿’义)kuəʔ^7 + ɭ→k^{h}ɭuə^2[k^{wh}u$_r$ə$_r$]

yeʔ:月儿 yeʔ^7 + ɭ→zɭuə^5[z^{l}u$_r$ə$_r$]

④y、*uəʔ→ʊ[ʊ$_r$]

y:鱼儿 y^2 + ɭ→zɭʊ^2[z^{wl}ʊ$_r$]

*uəʔ:(牛)犊儿 tuəʔ^8 + ɭ→tɭʊ^2[t^{wr}ʊ$_r$]

⑤u、ɤ、ɤu、ɒɔ、ɤŋ、ɑŋ→u[u$_r$]、ɤ[ɤ$_r$]、ɤu[ɤ$_r$u$_r$]、ɒɔ[ɒ$_r$ɔ$_r$]、ɤŋ[ɤ̃$_r$ŋ$_r$]、ɑŋ[ɑ̃$_r$ŋ$_r$]

u:(小)兔儿 t^{h}u^5 + ɭ→t^{h}ɭu^5[t^{whr}u$_r$]　(葫)芦儿 lu^2 + ɭ→lɭu^2[l^{wl}u$_r$]

ɤ:(老)婆儿 p^{h}ɤ^2 + ɭ→p^{h}ɭɤ^2[p^{hl}ɤ$_r$]　(唱)歌儿 kvɤ^1 + ɭ→kɭɤ^1[k^{l}ɤ$_r$]

哥儿 kɤ^1 + ɭ→kɭɤ^1[k^{l}ɤ$_r$]　(大)个儿 kɤ^5 + ɭ→kɭɤ^5[k^{l}ɤ$_r$]

蛾儿 ŋɤ^2 + ɭ→ŋɭɤ^2[ŋ^{l}ɤ$_r$]

uɤ:(小)锁儿 suɤ^1 + ɭ→sɭuɤ^1[s^{wl}u$_r$ɤ$_r$]　(小)锅儿 kuɤ^1 + ɭ→kɭuɤ^1[k^{wl}u$_r$ɤ$_r$]

*(被)窝儿 uɤ^1 + ɭ→ɭuɤ^1[u$_r$ɤ$_r$](注:起首的 u 之前没有卷舌边音出现)

ɤu:兜儿 tɤu^1 + ɭ→tɭɤu^1[t^{r}ɤ$_r$u$_r$]　豆儿 tɤu^5 + ɭ→tɭɤ^5[t^{r}ɤ$_r$u$_r$]

(小)偷儿 t^{h}ɤu^1 + ɭ→t^{h}ɭɤu^1[t^{hr}ɤ$_r$u$_r$]　(老)头儿 t^{h}ɤu^2 + ɭ→t^{h}ɭɤu^2[t^{hr}ɤ$_r$u$_r$]

钩儿 kɤu^1 + ɭ→kɭɤu^1[k^{l}ɤ$_r$u$_r$]　(袖)口儿 k^{h}ɤu^3 + ɭ→k^{h}ɭɤu^3[k^{hl}ɤ$_r$u$_r$]

猴儿 xɤu^1 + ɭ→xɭɤu^1[x^{l}ɤ$_r$u$_r$]　后儿 xɤu^5 + ɭ→xɭɤu^5[x^{l}ɤ$_r$u$_r$]

iɤu:(煤)球儿 $tɕ^{h}iɤu^{2}+ʅ→ts^{h}ʅɤu^{2}$[$ts^{hʅ}ɤ_{r}u_{r}$]

ɒɔ:(水)泡儿 $p^{h}ɒɔ^{5}+ʅ→p^{h}ʅɒɔ^{5}$[$p^{hʅ}ɒ_{r}ɔ_{r}$]　(小)猫儿 $mɒɔ^{2}+ʅ→mʅɒɔ^{2}$[$mb^{ʅ}ɒ_{r}ɔ_{r}$]

(小)道儿 $tɒɔ^{5}+ʅ→tʅɒɔ^{5}$[$t^{r}ɒ_{r}ɔ_{r}$]　桃儿 $t^{h}ɒɔ^{2}+ʅ→t^{h}ʅɒɔ^{2}$[$t^{tr}ɒ_{r}ɔ_{r}$]

(手)套儿 $t^{h}ɒɔ^{5}+ʅ→t^{h}ʅɒɔ^{5}$[$t^{hr}ɒ_{r}ɔ_{r}$]　枣儿 $tsɒɔ^{3}+ʅ→tsʅɒɔ^{3}$[$ts^{ʅ}ɒ_{r}ɔ_{r}$]

iɒɔ:无

ɤŋ:(小)本儿 $pɤŋ^{3}+ʅ→pʅɤŋ^{3}$[$p^{ʅ}\tilde{ɤ}_{r}ŋ_{r}$]　(后)门儿 $mɤŋ^{2}+ʅ→mʅɤŋ^{2}$[$mb^{ʅ}\tilde{ɤ}_{r}ŋ_{r}$]

蜂儿 $pɤŋ^{1}+ʅ→pʅɤŋ^{1}$[$p^{ʅ}\tilde{ɤ}_{r}ŋ_{r}$]　(门)缝儿 $fɤŋ^{5}+ʅ→fʅɤŋ^{5}$[$f^{ʅ}\tilde{ɤ}_{r}ŋ_{r}$]

(别)针儿 $ʈʂɤŋ^{1}+ʅ→ʈʂʅɤŋ^{1}$[$ʈʂ^{ʅ}\tilde{ɤ}_{r}ŋ_{r}$]　(调)羹儿 $kɤŋ^{1}+ʅ→kʅɤŋ^{1}$[$k^{ʅ}\tilde{ɤ}_{r}ŋ_{r}$]

坑儿 $k^{h}ɤŋ^{1}+ʅ→k^{h}ʅɤŋ^{1}$[$k^{hʅ}\tilde{ɤ}_{r}ŋ_{r}$]

iɤŋ:明儿 $miɤŋ^{2}+ʅ→mʅɤŋ^{2}$[$mb^{ʅ}\tilde{ɤ}_{r}ŋ_{r}$]　(小)名儿 $miɤŋ^{2}+ʅ→mʅɤŋ^{2}$[$mb^{ʅ}\tilde{ɤ}_{r}ŋ_{r}$]

(菜)心儿 $ɕiɤŋ^{1}+ʅ→sʅɤŋ^{1}$[$s^{ʅ}\tilde{ɤ}_{r}ŋ_{r}$]　今儿 $tɕiɤŋ^{1}+ʅ→tsʅɤŋ^{1}$[$ts^{ʅ}\tilde{ɤ}_{r}ŋ_{r}$]

杏儿 $ɕiɤŋ^{5}+ʅ→sʅɤŋ^{5}$[$s^{ʅ}\tilde{ɤ}_{r}ŋ_{r}$]　影儿 $iɤŋ^{3}+ʅ→zʅɤŋ^{1}$[$z^{ʅ}\tilde{ɤ}_{r}ŋ_{r}$]

uɤŋ:(门)墩儿 $tuɤŋ^{1}+ʅ→tʅuɤŋ^{1}$[$t^{wr}u_{r}\tilde{ɤ}_{r}ŋ_{r}$]

(门)洞儿 $tuɤŋ^{5}+ʅ→tʅuɤŋ^{5}$[$t^{wr}u_{r}\tilde{ɤ}_{r}ŋ_{r}$]

(袜)筒儿 $t^{h}uɤŋ^{3}+ʅ→t^{h}ʅuɤŋ^{3}$[$t^{hwr}u_{r}\tilde{ɤ}_{r}ŋ_{r}$]

(窟)窿儿 $luɤŋ^{2}+ʅ→lʅuɤŋ^{2}$[$l^{wʅ}u_{r}\tilde{ɤ}_{r}ŋ_{r}$]

(喉)咙儿 $luɤŋ^{2}+ʅ→lʅuɤŋ^{2}$[$l^{wʅ}u_{r}\tilde{ɤ}_{r}ŋ_{r}$]

虫儿 $ts^{h}uɤŋ^{2}+ʅ→ts^{h}ʅuɤŋ^{2}$[$ts^{hwʅ}u_{r}\tilde{ɤ}_{r}ŋ_{r}$]

(小)葱儿 $ts^{h}uɤŋ^{1}+ʅ→ts^{h}ʅuɤŋ^{1}$[$ts^{hwʅ}u_{r}\tilde{ɤ}_{r}ŋ_{r}$]

yɤŋ:无

ɑŋ:(跑)堂儿 $t^{h}ɑŋ^{2}+ʅ→t^{h}ʅɑŋ^{2}$[$t^{hr}\tilde{ɑ}_{r}ŋ_{r}$]　(烟灰)缸儿 $kɑŋ^{1}+ʅ→kʅɑŋ^{2}$[$k^{ʅ}\tilde{ɑ}_{r}ŋ_{r}$]

iɑŋ:无

uɑŋ:(鸡蛋)黄儿 $xuɑŋ^{1}+ʅ→xʅuɑŋ^{2}$[$x^{wʅ}u_{r}\tilde{ɑ}_{r}ŋ_{r}$]

音值说明:

①声韵之间的 ʅ 短而弱,但大多占一定的时长:舌尖前声母 t、t^{h}、ts、ts^{h}、s、z、l 之后的 ʅ 听感上较明显,双唇、舌根、卷舌声母后的 ʅ 较弱,快说时不占时长。合口零声母字的起首处其实不出现占时长的 ʅ。

②舌尖前塞音 t、t^{h} 之后的 ʅ 为卷舌闪音[ɽ]。

③合口呼的圆唇成分从声母开始即存在。

④卷舌成分贯穿韵母的始终,不管是阴声韵还是阳声韵。从听感上说,阳

声韵与卷舌成分同步，阴声韵则在元音结束后仍有占据时长的卷舌成分。

附录二 平定儿化词派生过程的特征几何图示：

后字音节失去音节身份，原来的卷舌特征[－面状接触]、[－齿龈桥前]逆向传递到前字音节的韵尾、韵腹、介音位置。前字这三个位置上与卷舌特征不能共容的特征被删除：

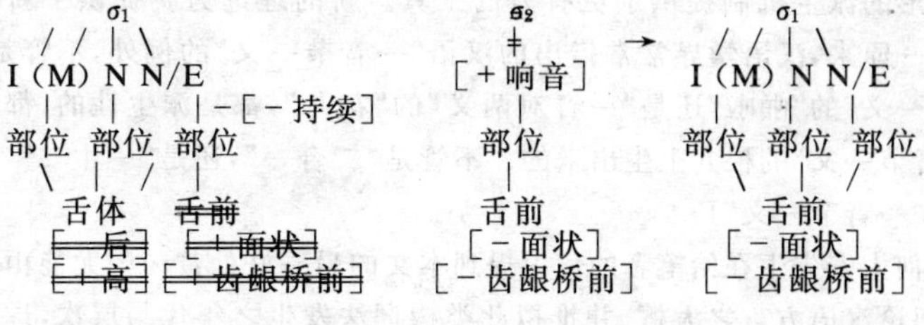

附录三 太原嵌 l 词派生机制图示

词根重叠，按照从左至右的次序，向前字预填 əʔ 和阳入调、后字预填声母 l 的双音词框架投射而成形：

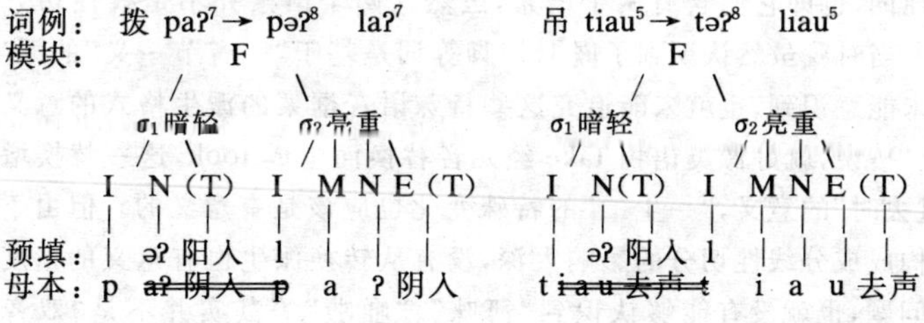

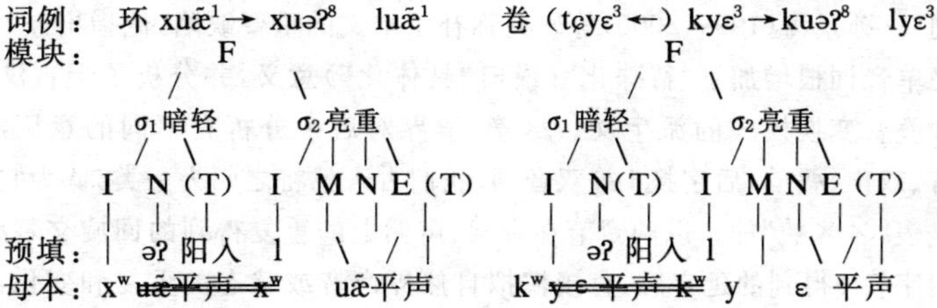

补记

本篇和下一篇可算做是一个小单元。它们都是我多年积累的汉语方言资料和众多思考与赴美学习的生成音系学和非线性音系学相互碰撞而产生的成果。生成音系学认为，音系层单位的确定必须综合考虑语法因素，只有语音语法都是对立分布从而无法从其他语言单位推导出来的单位才是音系的基本单位。这使我得以更好地认识单字音在汉语音系中的特殊的枢纽性地位。而非线性音系学丰富的各种模型，为我揭示汉语派生词形的派生机制提供了更有力的工具。新的理论为我提供了新的视角——原来，汉语学界常常指出的汉语"一音节一义"的例外，不管是"两音对一义"的"啪啦"还是"一音对两义"的"花儿"，都是派生性的，都是从"一音节一义"的根儿上生出来的。不管是"二合一"，还是"一生二"，基础都是"一音节一义"！

何大安先生在给笔者的信中提到本文的另一好处："……尤能由近及远、通论汉语方言之大概、并推拟此类构词法发生之年代与层次，遂开构词法断代之先河。"

现在看来，本文也存有明显的缺陷。

最明显的缺陷是未能指出"一生二"而生成的"啪啦""薄唻"等词不是单纯词，也即它们含有两个语素，虽然这两个语素并不是线性切分为二的。当时我虽然认识到了嵌l、切脚等词是基于"一音节一义"的派生词，但未能意识到、也就未能追究这些特殊语音框架的派生格式的意义是什么。按说，就好像英语由 take 经元音替换而生成 took，这一替换增加了"过去时"的意义，"一生二"的特殊变化也应该是有意义的。但由于受词的构成成分线性切分的影响太深，没有从转换派生也有意义的角度去考虑问题，也就没有能够认识到"薄唻"、"啪啦"等其实并不是"双音单纯词"。孙景涛(1999,2005)等研究弥补了本文的重要缺陷，他指出嵌l词较之单音词根增加了"特殊化"(或曰"具体化")意义，并分析了上古汉语四种叠音变换模式的派生义。尽管，学界对后一分析有不同的意见，但重言、双声、叠韵、后字换l等双音词，我们古人就将之归为一类，认为它们都是表"××貌"的。以两音节在音素、声调上的重复得到的回旋交替感、以后字换l得到的延宕感，直接模拟自然界声音或状态的重复和变化，不正是这一类双音词较之单音词根增加的意义吗？

汉语联绵语音词的韵律类型*

——兼评石毓智的《论汉语的大音节结构》

汉语中一些多音节但又有特定韵律限制的、表示拟声摹态或具体化意义的语词形式，如普通话“啪啪、劈啪、啪啦、劈里啪啦”等象声词，获嘉方言“圪崩、卜登、忽塌”等表音词头词，晋方言的“嵌 l 词”，古汉语的双声叠韵联绵词等，本文称为“联绵语音词”，它们的语音形式则称做“联绵音节”。

本文试对汉语联绵语音词的韵律特点做进一步的探讨，对它们进行分类，讨论各类与音节结构的关系，并批评石毓智(1995)的一些论点。比如，我们不同意石毓智(1995)提出的“大音节”的说法。

一　汉语联绵语音词的韵律类型

笔者(王洪君1994)曾提出，太原嵌l词、福州切脚词、晋方

---

* 原文题目为《汉语语音词的韵律类型》，发表于《中国语文》1996 年第 3 期 167—171 页。本次发表有改动。特别重要的改动在题目上就有体现：“语音词”改为了“联绵语音词”。这是为了更好地与声韵调没有特殊限制的一般“韵律词”相区别。

言的表音词头词、北京 p^hi-p^ha、p^ha-l^ha 等象声词都具有响度上前一音节暗后一音节亮的特点。石文则提出，这些词第一音节各个结构位置上的音素，其响度都低于或等于第二音节相同位置上的音素，还说明了上古的双声叠韵联绵词、近古汉语的象声词也遵循同样的原则。石文对联绵语音词响度限制的描述比拙文更为严格、确切。但是，仅用响度（再加上石的其他原则）还不足以说明这些词的韵律特点。比如"揭穿"这个词也符合石提出的原则：后一音节的声母响度大于前一音节，韵腹响度略大或等于前一音节，但是"揭穿"从韵律上说并不属于联绵语音词。这说明联绵语音词的语音形式还有其他限制。下面拟通过分析双音联绵语音词韵律类型的小类来揭示这些韵律限制。

双音联绵语音词的韵律形式主要有如下六个小类（音节后的上标数字表示所对应的中古调类，下同）：

1. 完全回旋式　例如北京的象声词"啪啪"p^ha^1-p^ha^1。古汉语的重言也属这一类型。该式的韵律为单纯回旋：第一音节与第二音节的各个要素分别完全相同，响度相同，音素、声调等也相同；该式适宜表现同一种声音、现象的重复。

2. 抑扬变韵回旋式　例如北京的象声词"劈啪"p^hi^1-p^ha^1。古汉语的双声也属于该类。该式的韵律为有强烈响度变化的变式回旋：音高（声调）完全回复；部分音素（声母）回复；韵母前音节暗后音节亮而造成响度强烈的抑扬对比。另外，声母多为阻塞音，与元音交替而形成响度峰谷跌宕分明的效果。该式适宜表现同类声响一明一暗节奏分明地交替出现。

3. 等响变声回旋式　例如北京的象声词"咕嘟"ku^1-tu^1。

古汉语的叠韵也属这一类。该式的韵律为没有大的抑扬变化的变式回旋：音高（声调）完全回复；大部分音素（韵母）回复；声母一般都是阻塞音，但必须有发音部位的变化，有时还可加上送气与否等变化（如“啪嗒”），但响度差别都不大。阻塞音声母与元音交替出现，使得响度峰谷跌宕分明。该式适宜表现两种响度相同的不同声音相继或交替出现。

以上三种类型的响度模式都是由两个独立的峰组成，峰谷跌宕比较明显。

4.后衍变声回旋式　例如北京的象声词“啪啦”p^ha^1-la^1。该类的韵律特点是回复中尽量减少响度峰谷的跌宕：两音节声调相同、韵母相同构成回复，第二音节的声母换为响度最大的l，使第二响度峰与第一响度峰间的差距有所减小；适宜表现一个声音后紧接着一个更加亮一些的拖音或回响。该类型的响度模式仍为两个独立的峰，但峰谷跌宕较小。

以上四种类型的共同特点是前后音节的三个直接组成成分（声韵调）中至少有两个完全相同，以构成成分超乎一般的复现造成了回旋式韵律。

5.前冠衍接式　例如太原的嵌l词“薄咪摆”$pəʔ^8$-lai^3。“前冠”指前一音节短而弱；音节结构简单，不带元音或鼻音韵尾；元音的响度一般极小，比如过渡音性质的短的央元音əʔ（有入声的方言多取该方式）、与声母发音部位相同所以可以无声化的元音（与唇辅音相接的u，与舌根辅音相接的u、ɯ，与舌尖擦音相接的ɿ、ʅ，与舌面辅音相接的i、y等；无入声的方言多取这种方式）。“衍接”指一二音节间的响度谷跌宕极小，这是由第一音节选用响度最小的韵母，第二音节选用响度最大的声母 l 共同作用而造成的。该类的响度模式是两音节基本合成一个较大的响度峰，但在上升的坡上有极小的跌宕。

6. 前冠跌接式 例如太原的表音词头词“吥洞小坑”pəʔ^8-tuŋ^5。“前冠”的意思与前一类相同，“跌接”则指声母不选响度大的 l，而选普通的阻塞音。因此其响度模式是在一个正常的峰之前附带一个极小的、近乎于平的小峰。

以上是汉语双音联绵语音词的主要类型，主要类型之外还可以有中间类型。比如福州的切脚词“吊”tiɛu^5→tiɛ^{5紧}-liɛu^5，可称之为“前冠衍接回旋式”，其特点是第一音节不能有韵尾，必须是紧元音、紧调，第二音节只能是 l 声母，两音节主元音相同（但可以有松紧差别）。

综观上述六个类型可以发现，其韵律特点包含回旋、抑扬、衍接、前冠四个小要素，每种类型具有一个以上这些要素。其中，回旋和前冠是最重要的；必须至少具有其中之一，才是联绵语音词。石文提出的“第二音节各个位置上的音素的响度都小于或等于第一音节”的原则之所以不能把不属于联绵语音词的“揭穿”过滤出去，就是因为该原则不能说明，如果两音节是等重的（非前冠式），其声韵调中就必须至少有两个相同（回旋式），否则就不是联绵语音词。由此以上六类又可以归纳为两大类，前四种是回旋式，后两种是前冠式。这两大类在与单音节的关系、与单音节语言的关系上都很不相同，下面的两节将讨论这些问题。

三音节或四音节联绵语音词的语音形式是在双音形式上再

次运用回旋、抑扬、衔接等手段生成的，本文不打算讨论。

二 音节的韵律特点和“大音节”说的缺陷

语音系统各级大大小小的单位都有自己特殊的韵律限制，因此才有了摩拉(mora，指韵里相当于一个音位长度的短音)、韵(rime)、音节、音步、韵律词等不同的韵律单位层级。仅仅因为汉语联绵语音词的音形有严格的韵律限制，就称之为“大音节”，道理上说不过去。只有证明这些语音单位的韵律特点与音节的韵律特点相同或相近，称之为“大音节”才有道理。下面先讨论音节的韵律限制，再讨论汉语联绵语音词的词形和音节相近与否。

石文介绍了音节的“响度顺序原则”(Sonority Sequencing Principle)：一个音节“从首音(onset，又译“声母”)到音核(nuclear，又译“韵腹”)的各个音素的响度逐渐增加，从音核到音尾(coda，又译“韵尾”)的各个音素的响度逐渐减弱；音核的响度最高”。但石文没有说明，响度原则早在叶斯泊森时代就已提出(罗常培、王均 1981)。由于它可以说明语言中大多数的音节，令语言学家难以割舍；但又由于许多语言存在不少的例外，所以长时间并未作为普遍原则使用。例如，英语中 spring 的首音 sp-和 works、kept 的尾音-ks、-pt 就不符合响度原则。波兰语这样的例外更多，不符合响度原则的首音有 mn-、ln-、rt-等，尾音有-mn、-ml、-sl、-tm，、-tr 等(Kenstowicz 1994)。

响度顺序原则现在的确已经作为普遍原则，这是因为 19 世纪80年代后美国的音系学家发现了该原则例外的限制：所有语言在核心分布中的音节成分都是符合响度原则的，但部分语言可能在边际分布中出现超出响度原则的音丛。典型的边际分布是一个词音形（特别是附加了词头词尾的派生词形）的两端。如stipulates、straightforwards都是三音节词，不符合响度顺序原则的音丛有st-、-ts、-dz，它们都出现在词的两端（第一音节的首音或最末音节的尾音），词中间的音丛都符合响度原则。也就是说，从响度看，人类语言的核心音节（core syllable）都是以韵腹为最高点的单峰；但在某些边际分布（词界，特别是派生词界）处，单峰可以加上一个小的前挑或后扬。

音节除了响度的限制外，还有其他限制。如最多可容纳几个音素、每个音素的位置上有哪些替换的可能等。但仅从韵律考虑，除响度外最值得注意的大约应该是音节的质量（quality）了。所谓“音节质量”是指音节中韵（包括韵腹和韵尾）所含摩拉的多少，如英语的CV音节（如the）只有一个摩拉，是轻音节；CVV、CCVV音节（如key，stay）或CVC、CCVC（如red、plan）都有两个摩拉，是重音节；CVVC音节（如read）则有三个摩拉，是超重音节（长元音算两个摩拉）。汉语普通话的普通音节都是两个摩拉（Duanmu 1990），也就是说，普通话的单韵母其实是长元音，与复韵母质量相当，可对比“巴”与“掰”、“搬”。而轻声音节一般是单摩拉的轻音节，可对比“哥哥”的两个音节。由于普通话的轻声音节都是派生性的，非轻声音节是本原性的；所以可以说普通话的基本音节是两摩拉的重音节，但在一定的句法或词汇条件下可以派生为一摩拉的轻音节。

下面我们来看看汉语联绵语音词的韵律与音节有无相似性。在这个问题上，回旋式与前冠式很不相同。

非前冠的回旋式语音词与单个音节毫无或极少相似之处。从质量看，回旋式的所有小类都由两个典型的汉语基本音节组成：每个音节有两个摩拉，一个声调。从响度看，回旋式中的三个小类（$p^{h}a^{1}$-$p^{h}a^{1}$、$p^{h}a^{1}$-$p^{h}a^{1}$、ku^{1}-tu^{1}）都有跌宕分明的两个响度峰，是典型的双音节。只有一个小类（$p^{h}a^{1}$-la^{1}）的峰谷跌宕较小，与音节有一点点相似。

前冠式语音词则与单个音节极其相似或比较相似。前冠衍接式（嵌 l 词“摆”$pəʔ^{8}$-lai^{3}）与单个音节最相似：质量上第一音节轻而短，韵只含一个摩拉（没有韵尾，表紧喉的 ʔ 在轻读时只是元音的附加特征，不是独立的音素）。而且，韵中的元音音素也通常是可以无声化的 əʔ 或与唇辅音相接的 u，与舌根辅音相接的 u、ɯ，与舌尖擦音相接的 ɿ、ʅ，与舌面辅音相接的 i、y 等，所以连读中可以无限地接近于无韵母。即第一音节其实十分接近于只是一个阻塞音声母。从响度上看，由于第一音节的声母是阻塞音，韵母响度很低且可以进一步无声化，第二音节的声母又是辅音中响度最大的 l，所以可以彼此衔接为响度渐增的缓坡，有个小的峰谷跌宕（当第一音节的韵母有声时），或完全平滑的衔接（当第一音节的韵母无声时）。这样，前冠衍接式（如太原嵌 l 词）与含有 pl-、kl-等复辅音声母的、从普遍音理看与完全符合响度顺序原则的单个音节就十分相似。其质量为三个摩拉，于普遍音理来说是一种较常见的音节。但该式又不是合格的现代汉语音节：现代汉语的基本音节不允许复辅音声母，不允许三个摩拉。

前冠跌接式(表音词头词 $pəʔ^{8}-tuŋ^{5}$)与单个音节的相似度比衍接式差一些:由于第一音节与第二音节的声母常常都是响度相差不多的阻塞音,所以即使第一音节的韵母响度很弱甚至还可能无声化,但总比后接音节的声母响度稍高或相等,形成以第二音节为主峰,主峰前附一小峰的响度曲线。这样的响度曲线不符合响度顺序原则,但与带前挑小峰的边际音节颇为相像。该类的质量与前冠衍接式一样,比汉语一般的双音节词少一个摩拉,比单个音节又多一个摩拉。不少研究汉藏语的学者把前冠式词形称做“一个半音节”,可以说是确切地反映了它们的特点。

综上,汉语联绵语音词的音形只有前冠式与单个音节在韵律上有相似之处,回旋式则是典型的双音节。之所以能够区别于普通的双音词,前冠式靠的是一种近乎单音节又不是单音节的韵律结构,回旋式则靠的是前后音节相同结构要素超出一般的复现率。石(1995)所提出的北京象声词词形的第三条原则“两个音节共用一个声调”其实只适用于回旋式,前冠式则第一音节与第二音节大多不同调,如太原嵌 l 词、获嘉表音词头词、福州切脚词等。这一区别用我们的理论很容易解释:声调相同是回旋的手段之一,而前冠式韵律必有的要素是趋同单音节,不是回旋。

由上面的分析可以看出区分回旋式、前冠式两大类的合理性。还可以看出,“大音节”只适合作前冠式小类的专用名称,我们提出的“联绵音节”、“联绵语音词”,则既适合作回旋式小类的名称,也适合作前冠、回旋两类的统称。

三 联绵语音词与音节的其他关联

本节要讨论的第一个问题是联绵语音词与音节有无同构性(isomorphous)。石(1995)提出,汉语联绵语音词的构成元素(音节)最多不超过四个、普通音节的构成元素(音素)最多也不超过四个,两者的结构同构。这是否可以成立呢?

不难找到否定这种同构假说的证据:闽语不少方言允许双韵尾,其中建瓯方言的双韵尾可以与介音同现于一个音节,如"反"$xuaiŋ^3$。也就是说,建瓯方言的一个音节可容纳五个音素,但并没有见到该方言有五音节联绵语音词的报道。汉藏语系其他语言的例子就更多了。古藏语的一个音节最多可以容纳六或七个音素,现代藏语也有不少方言一个音节可以容纳五个音素,但未见有藏语存在五音节以上联绵语音词的报道。德宏傣语一个音节最多可容纳三个音素,但有不少四音节回旋式联绵语音词。因此联绵语音词和普通单音节的这种同构性是不存在的。

我们倒发现,音节和联绵语音词之间有如下强势关联:音节结构简单的语言倾向于用较多的音节来构造联绵语音词,音节结构复杂的语言倾向于用较少的音节构造特殊的联绵语音词。比如,音节结构异常简单的日语有大量的四个短音节的拟态词(如 shi. to. shi. to,"淅沥淅沥地",yu. k. ku. li"慢慢地")和一定数量的两个长音节的象声词(如 moo. moo"哞哞"),但没有两个短音节的拟声摹态词。音节结构稍复杂些的汉语则两音节、三音节、四音节的拟声摹态词都不少。音节结构更复杂的英语则没有四音节拟声摹态词，只有两音节的。这在音理上很容易解释：必须由一定数量的音素排列起来才足以构造超乎一般的复现回旋或其他特殊韵律，音节短了，就必然要增加音节的数目来达到这种效果。

第二个问题是，联绵语音词是否与单音节的复辅音声母矛盾；是否如石文所说，“假如上古汉语允许辅音丛……，首先不可能有现代汉语这种大音节结构的存在，而《诗经》中已有大量的联绵词……”因此上古不可能有复辅音声母。

该假说也不难找到大量的反例：英语的单个核心音节允许两辅音的首音，如 pr-、bl-、kw-、nj-等，边际音节则允许三辅音的首音，如 spl-、str-、skw-等。但英语中也有不少回旋式双音联绵词，如 ding-dong、tick-tack、flip-flop、zip-zap 等。其他有复辅音声母的语言也不难找到回旋式联绵语音词。

英语中虽然有不少回旋式双音象声词，但没有前冠式双音联绵词，却有不少首音为复辅音的单音节象声词。如 crack（劈啪声）、croak（呱呱声）、squeak（吱吱声），squawk（鸭等受伤、受惊时发出的叫声）、groan（呻吟声）、grit（摩擦声）、growl（嗥叫声）、flop（拍击声）、flump（重落声）、troat（公鹿等叫春声）、plump（扑通声）、plunk（砰地一声）等。这些音节的声母很像是汉语前冠式联绵词的两个声母，它们也可以分为两类：一类是符合核心音节响度模式的阻塞音加响音（kr-、tr-、pl-等），一类则含有不符合响度原则的边际音丛(sk-)[①]。它们的另一个特点却不同于汉语的前冠式:词形的尾音也都是辅音性的,且大多与首音的主辅音相同或相近,形成音节内的回旋。

英语之所以没有前冠式联绵语音词有两种可以共存的解释,一是如果一个语言本身就是词内有轻重音交替的多音节语言,双音前冠式将是一种正常的普通词形(如英语的 belong,tonight 等),而不是特殊的韵律格式;二是如果一个语言的单音节结构可以容纳复辅音和多种阻塞音韵尾,音节内就可以容纳较为特殊的序列,从而没有必要选用前冠式做特殊韵律词。而且前冠式与复辅音声母的普通词也过于相像。

第一个假设是很强的,构不成特殊的韵律当然不可能成为联绵语音词的词形。因此,双音前冠式在基本音节质量均等(如汉语都是两摩拉)的单音节语言中因韵律特殊而可能成为多音联绵语音词的词形,在轻重音型的多音节语言中却不可能。前冠式与单音节语的关联使该类词具有类型学的意义。回旋式不论在单音节语还是多音节语中都是一种特殊的韵律,因而不具有类型分类上的意义。

第二个假设不那么强。具有复杂的单音节结构的确就不一定非要用多音联绵形式,但"不一定非要用"不等于"一定不能用"。复辅音首音的单音节与双音前冠式因过于相像也确实很

① 类型学的研究发现,s 在许多语言中都是可以出现在复辅音丛的前置辅音位置上的唯一辅音。音系学界有学者据此提出,s 的响度恐怕不同于一般擦音,而是比塞音响度更弱的辅音。也即,sk-序列也许也是符合响度原则的。

可能不共存于同一语言，但“可能”不等于“一定”。这一假设需要更多材料的证明。汉藏语系不少语言有支持该假说的证据，如景颇语在复辅音消失后才出现了大量前冠式双音词（戴、杨1994）。在其他语言中有无反例，反例的比例有多大，都有待于进一步查证。

联系到汉语史，有可能与复辅音不能共存的嵌 l 词等前冠形式是宋以后才见于文献记载的，与单音节结构简单似乎有关联的三音、四音联绵词也是宋以后出现的（如见于《轩渠录》（宋）吕居仁的“勃腾腾”、“温吞𧑅托”等）。见于上古文献的联绵音节则只能肯定有双音回旋式，虽然它们与复辅音或复杂单音节结构并不矛盾。表音词头虽然也有，但一是尚不能肯定它是轻读还是重读，二是它们并没有后字声母只能是 l、r 的倾向。因此汉语史上有关联绵词的记载不足以否定上古汉语有存在复辅音的可能。

四 小结

汉语的双音联绵语音词可以分为回旋式、前冠式两种韵律类型。回旋式的特点是前后音节相同结构位置上出现相同成分的频率超乎一般，前冠式的特点是近乎一个音节又不是一个音节。双音回旋式与语言类型无关，它既可能出现于多音节语或音节结构复杂、允许复辅音声母的语言，也可能出现于单音节语或音节结构简单、不允许复辅音声母的语言。双音前冠式则与语言类型有关，它肯定不出现于轻重音型的多音节语，还可能不出现于允许复辅音声母的语言。

参考文献

戴庆厦、杨春燕（1994）景颇语两个语音特点的统计分析，《民族语文》第5期24—33页。

贺　巍（1980）获嘉方言的表音字词头，《方言》第1期54—65页。

梁玉璋（1982）福州方言的切脚词，《方言》1期37—46页。

罗常培、王均（1981）《普通语音学纲要》，商务印书馆，新1版。

沈　明（1994）《太原方言词典》，江苏教育出版社。

石毓智（1995）论汉语的大音节结构，《中国语文》第3期230—240页。

王洪君（1994）汉语常用的两种语音构词法，《语言研究》第1期65—78页。

赵秉璇（1979）晋中话"嵌l词"汇释，《中国语文》第6期455—458页。

朱德熙（1982）潮阳话和北京话重叠式象声词的构造，《方言》第3期174—182页。

Kenstowicz, Michael（1994）*Phonology in Generative Grammer*, Cambridge, MA and Oxford UK: Blackwell.

Duanmu, San（1990）*A Formal Study of Syllable, Tone, Stress and Domain In Chinese Languages*, MIT Ph.D dissertation.

补记

石毓智(1995)和我1994年发表的《汉语常用的两种语音构词法》都详细讨论了汉语中"一生二"式特殊语音词，下面按本文术语一律称为"联绵语音词"。我那篇文章的特点是讨论了汉语多种方言中的联绵语音词，找出它们的相同与不同之处，总结出该类词均与叠音有关系，并都具有前暗后亮的特点。石(1995)的特点则是穷尽统计了《现代汉语词典》的所有象声词，除总结出该类词有前暗后亮的特点外，还发现有少数例外，如"哼唧"是前亮后暗，并指出例外均带有"不如意"的感情色彩。两人在互不知情的情况下，利用不同的语料得出大致相同的结论，主要是因为两人都吸收了当时美国音系学界的最新成果，开始从大小不同的"韵律模块"的角度来考虑词形的特点和限制。

本文不同意石(1995)所用的“大音节”的术语,主要是觉得这样的术语(把有特殊限制的双音节叫做“大音节”)会把最基本的韵律层级搞乱,既不利于不同语言类型的对比,也不利于揭示汉语的特点。

汉语的韵律词和韵律短语*

提要 汉语普通话韵律词和韵律短语的区别在于，韵律词是只能顺向连调的稳定单音步或凝固复二步，而韵律短语则可能逆向连调，是多音步或可选多音步。韵律短语又分为类词短语和自由短语。类词短语"左重"，内部停延总是小于外部停延；自由短语则"等重"或"右重"，内部停延可大于外部停延。把语段放到各种更大组合中考察，是区分它们的关键。通常所说语法层次与节律层次不合，其实只限于自由短语。据此，我们初步提出了一种析句策略。

一　研究现状和本文要解决的问题

本文研究汉语的韵律单位问题，如不特别说明，文中的"汉语"一律指汉语普通话。

韵律单位（prosodic unit）和由它们构成的韵律层级（prosodic hierarchy）是美国音系学界19世纪80年代以后提出的新概念，很快就成为研究的热点。近几年来汉语韵律单位的研究也取得了很大的进展。在以下问题上取得了共识：①汉语中最常用、受限最小的标准音步是含有两个正常音节的音步，此外还

---

*　原文发表于《中国语文》2000年第6期525—536页。

有三音节的超音步、两音节一重一轻的残音步和一音节的蜕化音步(冯胜利 1997);②2+1 式"名+名"是构成复合名词最常见的格式而 1+2 式述宾结构属于韵律短语;③没有内部语法结构的多音节单纯词的音步构造规则是两音节一步,从左至右划分,最后如有单音节剩下,并入最后一个音步;④在音步以上的层次上,述宾结构的宾语更重。但是,有争议和尚未触及的问题依然很多。比如:

1. 汉语韵律词的定义。对这个问题的不同看法导致对"小房间"的不同分析,冯胜利(1997)认为它是定中结构的韵律短语,音步构造是"/小^/房间/"(单斜线表示音步的界线,^表示音步内停延的空拍,下同);端木(2000)则认为它是内部语法结构异常的韵律词,音步构造是"/小房/间^/"或"/小房间/"。

2. 1+2 式述宾的音步构造是什么。冯胜利(1997)认为是宾重的两音步,即"/种^/<u>大蒜</u>/"(下划线表示较重),而端木(2000)认为是一个未进入韵律结构的自由音节加一个标准音步,但也是宾重,即"种/<u>大蒜</u>/"。

3. 汉语韵律短语的定义及与韵律词的区分。端木(Duanmu 1997)认为,不加"的"的定中结构都是复合词,而加"的"的定中结构和述宾、主谓等结构是短语。冯胜利(1997)则把复合韵律词限制在四音节以内。

4. 多音步的语段在什么位置插入停延。在音系学范围内尚未充分讨论,已有的研究中有的强调停延位置与语法结构基本一致(齐声乔 1956;薛红、叶研 1988),有的则在承认两者有一致性的基础上,强调两者的不一致(林焘 1962;林焘、王理嘉

1991)，近期对某些具体句型的一些研究挖掘较深，如周明强(1999)对包孕句停延的研究。

对汉语韵律的实验语音研究也有很大的进展。前几年研究主要集中在二字、三字、四字组的连调模式上，这与音系学所说的“音步”、“韵律词”的层级大致相当。最近几年则集中研究停延、音步的音域的展敛模式，一个停延段被称做“韵律短语”、“节拍群”、“节奏群”、“呼吸群”不等。研究结果表明，停延段的大小一般在3至11音节、平均4至5音节，停延段开始处多有明显的高音线陡升，音域由此而放大，而后的各个音步高音线依次渐降，音域由此而缩小(叶军1996)。但是，对于停延位置、音域展敛与语法条件的关系，则研究较少。值得注意的有沈小喜(1998，博士论文)收集整理了5个北京人对包括了汉语各种句式的228个短句的句中停顿的反映，得出了一些有倾向性的统计规律。

本文拟在上述工作的基础上讨论如下问题：

1. 汉语韵律词和韵律短语及其主要次类的界说和举例。

2. 韵律词、类词韵律短语、自由韵律短语的区别：可选单音步语段(以“雨伞厂”、“小雨伞”、“买雨伞”为例)的连调式和可能停延。

3. 类词韵律短语、自由韵律短语的区别：可选多音步语段的可能停延及各音步音域的展敛。

4. 余论：小结全文，并根据类词短语与自由短语的区别提出新的析句策略。

本文只讨论汉语韵律问题，因此，以下各章除标题外，“汉语”两字通常省略。

二 汉语韵律词和韵律短语及其主要次类的界说和举例

先看界说。

韵律词：语法上凝固的、节律上稳定的单音步或凝固的复二步。

韵律短语：语法结构和停延、音步的音域展敛都可以用规则控制的可能多音步语段。

“稳定的单音步或凝固的复二步”是指它们不论处于什么样的上下文语境，都不改变单音步或特定模式复二步的节奏模式；而“可能的多音步”是指它们或者总是多音步，或者虽然在一定的上下文语境中可以是单音步，但另外的上下文语境中却又可以是多音步。也就是说，我们认为汉语韵律词决定性的韵律标记是单音步，而韵律短语是在音步组合的基础上再加上更高层的停延和音步的音域展敛变化。另外，由于多音步的停延和音步音域展敛规律分为两类，短语也又分为类词短语和自由短语两类。

在我们看来，之所以要区分不同层级的韵律单位，就是因为有出现在不同层次上的不同的固定韵律模式，较高层面单位的韵律特性建筑在较低层面单位的韵律特性之上，但不改变低层的韵律特性。稳定单音步或复二步的固定的音步模式，与可能多音步可用规则说明的停延与音步音域展敛模式明显地构成了高低不同两个层级的固定韵律模式。同时,前者又具有总数有限,与语法单位有不完全可类推性关联的特点;后者又具有总数无限,与语法单位有可类推的规则性联系的特点;这些正应该分别是韵律词和韵律短语的特点。

再看韵律词和韵律短语的具体实例。

韵律词和韵律短语都有一些主要的次类。某些次类形成两级单位间的过渡。下面是各主要次类的实例列举,次类的韵律特点放在括号里注在类名的后面,韵律标记不少参考了冯胜利(1997)。

韵律词

基本韵律词(单音步)

叠变式(标单[①]):啪啪、劈啪、啪啦、啪嗒、啪啦啦

复合式(标单):工厂、雨伞、活鸡、理发、买米、笔直、威震、抓紧、打死、地震、爸妈(不包括"指代/数量+名"、"助动/心理动+动"、"连接/否定/时体/范围/频次副+动"等两字组)

后轻式(残单):黄瓜、帘子、活络、气派、看见、抓住、妈妈、姥姥

后加式(超单):雨伞厂、保险锁、保险锁厂(限2+1、2+1+1式定中)

合成韵律词(复二步。"/"表音步界)

① "标单"、"残单"、"超单"分别是"单个标准音步"、"单个残音步"、"单个超音步"的简称。

暗亮叠变式(前残后标):劈里/啪啦、稀里/糊涂、哆哆/嗦嗦、絮絮/叨叨、漂漂/亮亮

暗亮复合式(前残后标):乱七/八糟

等亮叠变式(双标):劈啪/劈啪、啪啦/啪啦、干干/净净

等亮复合式(双标):取长/补短、眉开/眼笑、远走/高飞、一衣/带水

韵律短语

类词韵律短语("//"表停延界,加括号表示音步界或停延可以不出现,下同)

无停延式:大(/)房间、纸(/)雨伞、铬镍/合金、常务/委员会、易拉罐/饮料、新天地/广告部、人民/代表/大会、中华/人民/共和国、纸张/粉碎机、苹果/削皮刀、饮料/灌装线、全程/旁听、认真/学习、勤奋/工作

有停延式:日本产//钻石牌//铬镍/合金//不锈钢(//)苹果/削皮刀、易拉罐/饮料//灌装/生产线

中华/人民/共和国//人民/代表/大会//常务/委员会//委员长

新天地/广告部(//)总经理(//)王大民/先生

自由韵律短语:又唱//又跳、纯净水//太空水//矿泉水//汽水//易拉罐/饮料

这(//)书、俩(//)饼、我(//)工厂、这(//)书架、俩(//)雨伞、那间(//)靠/左边的(//)大房间

19/平米大的//向阳的//房间、眉开/眼笑地//走进来

削/苹果皮的(//)刀、织/毛衣的(//)机器

想(//)买、敢(//)买、种(//)大蒜、削(//)铅笔、

想(//)买马、想(//)99年就(//)建立//易拉罐/饮料//灌装/生产线

也(/)去、不(/)干、曾(/)想、都(/)说、刚(/)走、早(/)想买

早就想(//)建立(//)易拉罐/饮料//灌装/生产线

天气/晴朗、心情/愉快、他们/早就想(//)建立(//)易拉罐/饮料//灌装/生产线

注:如果有两个"(//)"连续出现,则这两个停延可以都出现,也可以只出现其中的一个,但不能两个都不出现。另外,"(//)"只表示停延不出现,音步的界线还是有的。

三 韵律词、类词韵律短语、自由韵律短语的区别:可选单音步语段

从上章的分类列举中可以看出,单说时通常是单音步的三字组,"雨伞厂"、"小雨伞(～纸雨伞)"、"买雨伞",在本文的体系中分为性质不同的三类:"雨伞厂"是韵律词,"小雨伞"或"纸雨伞"是类词韵律短语,"买雨伞"是自由韵律短语。这样的分类有什么根据呢?如前面引言中提到的,学界对"大房间",也就是"小雨伞"式的三字组,是韵律词还是韵律短语的争论颇多,因此本章重点讨论这一问题。本文把单说时的单音步分为三类,除了语法方面凝固和自由的考虑外,韵律上的理由是,虽然这些三字组单说时通常都是单音步,但连调式和在更大的组合中的音

步、停延界线的移动方面有重要区别，可用下面的四条标准鉴别（为称说方便，下面把“类词韵律短语”简称为“类词短语”或“类词”，“自由韵律短语”简称为“自由短语”）：

韵律标准	韵律词	类词	自由短语
1. 单音步或凝固复二步，更大组合中音步不再分裂	+	−	−
2. 音步内只能顺向连调	+	−	−
3. 更大组合中内部成分间停延小于外部停延	+	+	−
4. 各音步音域的展敛遵循“左重”	不适用	+	−

可以看出，韵律词和韵律短语（含类词短语和自由短语）的区别在 1、2 两条，韵律短语中类词和自由短语的区别在 3、4 两条。下面分别讨论。

对于单说时可以是单音步的三字组而言，“雨伞厂”和“小雨伞”、“买雨伞”最明显的区别在于连调式的不同，前者的连调只能是“顺向”的，后者还可以是“逆向”的。下面先列举连调实例，例中的 213 常说成 211，括号表示音步的范围。四字以上归一个音步的只在快速语流中出现：

雨伞厂	跑雨伞厂	老跑雨伞厂
(35-5-213)	(213)(35-5-35)	(35-213)(35-5-213)
	(35-5-5-213)	(35-5-5-5-213)
小雨伞	买小雨伞	想买小雨伞
(21-35-213)	(213)(21-35-213)	(35-213)(21-35-213)
(213)(35-213)	?(35 ^)(21-35-213)	

(35-5-213)	(213)(35-5-213)	?(35-213)(35-5-213)
	?(35-5-5-213)	
买雨伞	想买雨伞	早想买雨伞
(21-35-213)	(35-213)(35-213)	(35-213)(21-35-213)
(213)(35-213)		
(35-5-213)	(35-5-5-213)	(35-5-213)(35-213)

普通话中上声字的连调与单字调的区别最明显，所以上面均以上声字为例。以上连调值和音步界线根据笔者自己的语感得出，并参考了赵元任(1979)、吴宗济(1984)。它们虽然不能反映连调精确的值，但应该可以反映“位”的区别。

从上面的实例可以看出：

“雨伞厂”只有一种连调式(35-5-213)。很明显，这一连调式是按从左至右的次序连续运用“连上前字变阳平”的结果。首字受次字影响变阳平，次字又受末字影响变阳平，这就是“从左至右”的顺向连调。“小雨伞”、“买雨伞”则可能有两种连调式。一种与“雨伞厂”相同，也是顺向连调，但不太常用。更常用的是(21-35-213)式。这种连调只能是按内部语法结构(1+(1+1))的次序运用“连上前字变阳平”的结果：先是次字与末字结合，然后才是首字与次字的结合。这与说话时实际出现的先后次序相反，所以称为“逆向连调式”。

我们认为，在普通话中，这两种连调的固化程度是不同的。顺向连调较凝固，而逆向连调较松散。理由有二：1. 没有内部语法结构的三音节单纯词(如“索马里”)，都是取从左至右的顺向连调，不取逆向连调，没有例外(冯胜利 1998)。单纯词是典型的词,没有与短语交叉的麻烦。单纯词都取顺向连调,说明顺向连调式是“词连调式”。2.逆向套合结构的(1+(1+1))三字组,如果口语中很常用,说话人把它们当作一个整体而忽略其内部语法结构了(如“省美展”),也就经常说成了顺向连调式(吴宗济,1984)。以上两点都说明顺向变调式是更为固化,或者说已经词化的调式,因此我们用它作为区分韵律词和韵律短语的重要依据。

韵律词和韵律短语的第二个区别与第一个有关,这就是三字组的首字是否可以取“三摩拉调”的不同。首先解释一下“三摩拉调”。“三摩拉调”是指相当于曲折调长度的调,如全上调213、全去调51和略带降尾的阴平、阳平(也许可分别记做554,354)。较紧密的顺向三字连调,首字只能是两摩拉的(如半上21,半去53和不带降尾的阴平55,阳平35)。“雨伞厂”的首字“雨”在各种组合环境中都只能用无降尾的阳平,而不能用有降尾的阳平或全上,这与三音节单纯词“索马里”的反应完全相同。较松散的逆向三字连调则完全不同。如“小雨伞”和“买雨伞”的第一音节,单说时除了半上21外,也可以选择拖长的211～212～213,“买雨伞”在前加单音节(“想买雨伞”)时更是通常选择全上213。许多学者已经指出,普通话语流的特点是,声调只有在音步、停延段、句段的分界前才取三摩拉长度,不在分界前(如两字组前字)的音节则取两摩拉长度。也就是说,三摩拉调有标界作用。所以我们认为,全上调的213或拖长的211标志着音步的界线。2+1定中式的“雨伞厂”在各种组合中都只有末字一个字是213调,也就是说它在各种组合中都是一个三音节的单音步,单音步构造稳定。而1+2定中式“小雨伞”和“1+2”述宾式“买雨伞”在更大的组合中首字、末字可能都用有标界作用的全上213或211,这说明它们有可能组织为1+2的两个音步。也就是说,逆向连调的三音节音步是不稳定的单音步。

韵律上具有“顺向连调”和“稳定的单音步”特点的三音节单纯词、2+1式定中三字组,在语法上也都较“逆向连调”的1+2式定中或述宾更凝固,综合考虑韵律和语法的差异,本文把这两个特点作为区分韵律词和韵律短语的韵律标志。端木(2000)认为“大房间”的音步结构为“/大房/间^/”,是韵律词,这通不过连调模式和可能停延的检验。它的可能停延只能在“大”之后,而不可能在“房”之后,因此我们不取这一看法。

韵律短语中的类词短语,从名称就可以看出,既有与韵律词类似的地方,也有与自由短语类似的地方,可以看做是词和短语的过渡类。类词短语与韵律词相同而与自由短语不同的特点表现在上面的3、4两条,即在更大的组合中的停延情况和音域展敛情况。下面先看停延情况(语法每套合一层就加一条“/”,节奏仍用前面的表示法):

语法界:	跑//雨伞/厂	买//小/雨伞	想//买/雨伞
节奏界:	跑(//)雨伞厂	买//小(/)雨伞	想买(//)雨伞
语法界:	老///跑//雨伞/厂	想///买//小/雨伞	早///想//买/雨伞
节奏界:	老跑(//)雨伞厂	想买//小(/)雨伞	早想//买(/)雨伞～早想买//雨伞

“雨伞厂”,从语法上看,在更大的组合中总是在最内层;从韵律上说,也总是一个更紧凑的节奏单元。它的内部从不出现全上,也即没有音步界。而比它高的外层述语“跑”却可以用或只能用全上调213,也即有音步界。这说明它的内部停延总是小于外部停延。“小雨伞”,从语法上看,在更大的组合中也同样总处在最内层。从韵律上看,它可有多种连调式的选择。让我们逐个分析一下。①“买^{213}小^{21}雨^{35}伞^{213}”:内层的“小”为半上21,外层的“买”为全上213,“买”后的停延更大。在笔者的语感中,这里内层的“小”一般不能用全上。而更为有力的是,如果“小”硬要不自然地拖长为213或211,“买”后就必须有表现为无声段的小停顿,也许可表示为213^。总之“买”后的停延一定要大于“小”后的停延。②“买$^{35\wedge}$小^{21}雨^{35}伞^{213}”:虽然“买”变了阳平,“小”没变,但“买”的阳平一定是带降尾和停顿的阳平,而“小”却是标准的半上,不带转折上升部分,所以依然是“买”后的停延大于“小”后的停延。总之,虽然连调式有可能不同,但“小雨伞”在韵律上总是内部停延小于外部,在更大的组合中保持自己与外层相比的凝聚性,这点与“雨伞厂”类似。而述宾的1+2式就完全不同了。“买雨伞”在上述更大的组合中语法上也总在最内层。但从韵律上看,“买”和“雨伞”间的停延却可以大于或必须大于“想”和“买”之间的。比如,“想^{35}买^{213}雨^{35}伞^{213}”最自然的停延情况是,“买”后有音步界全上调213,而“想”却是无降尾的两摩拉阳平,语法上的非直接成分“想”和“买”组成一个音步,而直接成分述语“买”和宾语“雨伞”却分在两个音步。总之,尽管1+2述宾“买雨伞”与1+2定中“小雨伞”单念时的连调、停延好像完全一样，但在更大的组合中的表现却不同。在更大的组合中“小雨伞”即使内部有停延，也不能大于外部的；而“买雨伞”内部述语和宾语之间的停延，却通常可以大于更高的外层成分间的。当外层成分只有一个音节时，这甚至是最自然的选择。也就是说，类词的节律层次总是与语法层次一致，而自由短语可以不一致。

音域展敛问题，对三字组来说不是直接外显的。这是因为它们在单念时大多是单音步的。颜景助、林茂灿(1988)的研究表明，单说时如果没有意念上的强调，普通话中各种语法结构的三字组都体现为音域从首字到末字渐降。也就是说，单说时单音步的“雨伞厂”、“小雨伞”、“买雨伞”在字调音域的展敛方面可以没有差别。但如果在更大的组合中分裂为两音步（只“小雨伞”、“买雨伞”可能分裂），两音步间的音域展敛的差别就很明显了。如：

(1) 买$^{213\wedge}$//小^{213}/雨^{35}伞　　(2) 想^{35}买^{213}//雨^{35}伞^{213}

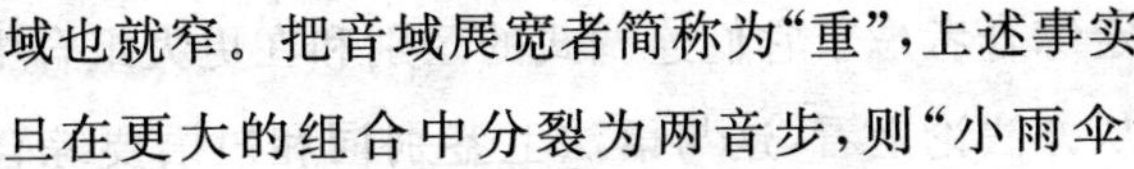

同为上声调，例 1“小”的低音点比例 2 的“买”降得更低，“小”的音域因此宽于“买”；而例 1“雨”的高音点比例 2 的“雨”的低，音域也就窄。把音域展宽者简称为“重”，上述事实就可表述为，一旦在更大的组合中分裂为两音步，则“小雨伞”是“左重”，“买雨伞”是“右重”。这就是三字类词短语与自由短语在音域展敛方面可选的区别。

“小雨伞”和“买雨伞”在韵律上有相当重要的差异，因此我们把它们分别定义为类词短语和自由短语。冯胜利(1997)把它们不加区别地作为同样的韵律短语处理,我们也不能同意。

综上,如果用圆括号表示一个音步,则同为三字组的韵律词、类词韵律短语、自由韵律短语在节律上的深层差异可表示为:

三音节韵律词("雨伞厂"):(* * *)

三音节类词短语("小雨伞"):(* ^)(* *)

三音节自由短语("买雨伞"):* (* *)

三字述宾的节律表达式"*(* *)"的第一音节未加括号,表示它是未入节律结构的自由音节,这是端木(1999)的提议。该音节(如"买雨伞"的"买")在更大组合中不仅可以在音步界两边移动,还可以在较大的停延界两边移动,处理为深层未入节奏的自由音节无疑是很合适的。

这些深层的节律上的差别在语流中实现时,根据具体的上下文语境可能中和(短语的两成分发生音步归并或自由音节组步,也变为单音步),也可能凸现出来(韵律词仍在一个音步,短语的两成分分在两音步,自由短语的成分还可以跨语法层重组音步)。

从上面的讨论可以看出,我们对韵律词、类词短语和自由短语的判定综合考虑了它们连调式的区别和在更大组合中的节律差异。从方法论上看,这与语法上鉴别词和短语要综合考虑它们在更大组合中的表现是一致的。

下面补充谈谈短语两字组节律更细致的情况。

冯(1997)曾经提到,汉语的两字组不管内部是什么语法结构，一般都是韵律词，它们在更大的组合中一般都总是一个稳定的音步。这一判断基本上是正确的。下面仅以定中的“纸伞”、述宾的“买纸”、状中的“手举”为例看看它们在更大组合中的表现：

纸伞　小**纸伞**　　找**纸伞**　想买**纸伞**　**纸伞**好　**纸伞**好使

买纸　早**买纸**　　想**买纸**　早想**买纸**　**买纸**好　**买纸**很划算

手举　手举**小旗**　我**手举**　小马**手举**　**手举**好　**手举**更省力

“纸伞”、“买纸”、“手举”一般词典均不收入，也就是说，依据语法或语义的标准，通常不被认为是词。但从上面的例子可以看出，只要在更大的组合中这些两字组仍然是最内层的组合，它们就总是一个稳定的音步。由于只有两字，所以只可能有一种连调方向。在前接或后接单音节或两音节时，它们只可能与前接或后接成分合并为一个超音步，而绝不从两字中间分裂。因此，根据我们的标准对上述语段鉴别的结果符合冯胜利(1997)的论断，这些两字组成稳定的标准音步，是韵律词。

但是，需要补充的是，并不是所有的两字组都是如此。如定中的“指代/数量+名”(如“这书、俩饼”)、述宾的“助动/心理动+普通动”(如“敢去、想学、要买、爱你”)和状中的“连接/否定/时体/范围/频次+动”(如“都去、不想、曾想、也说、刚走”)。这些小类语法上的特点是前字是可穷尽列举的封闭小类，后字的替换极其自由，大大超过一般两字组的后字的替换频率，语法上的结构远较一般两字组松散(梁、王 1999)。在韵律上它们也与一般两字组不同，在更大的组合中，它们常常中插音步界。下面用黑体表示这些小类的两字组，“/”表示它们在更大组合(匀速语

流)中的音步界线:

瞧你/买**这**/书^/　　来/'**俩**/**饼**^/(“俩”是确数)~/来

俩饼^/(“俩”是约数)

我可/**不敢**/**走**/　　'不**想**/**学**~/不**想学**/

他们(/)也**都**/**去**北京/

根据前面的鉴别标准,这些小类两字组的内部可以有音步界,而前字与属于更高层成分的前接音节却可以没有音步界,内部的停延可以大于外部的停延,所以,这些两字组也跟1+2述宾三字的“买雨伞”一样,属于自由韵律短语。韵律上的松散与语法上的松散有相当一致的对应性。

四　类词韵律短语、自由韵律短语的区别:多音节语段

首先要说明的是,韵律短语不等于“停延段”。

从语法上看,词和短语的最大区别就在于,原则上说,词有一定的约定俗成性,不能完全用语素加规则类推构成,其数量、长度是有限的;而短语则可以用词加规则类推构成,数量、长度原则上是无限的。因此,词和语素一样,都是语言的备用单位,而短语和句子一样,是语言的使用单位。从词到短语,通过一些可以反复套用的规则,语言的生成实现了从有限到无限的飞跃。至于从短语到句子,则是要再添加语气、情态、时体等更高层与当时当地言语交际有关的语法范畴了。

从韵律词到韵律短语,也应该实现数量和长度上由从有限

到无限、性质上由不完全可类推到完全可类推的飞跃。很明显，长度有限的“停延段”无法承负这一任务。纵观汉语音流中与语法单位相关的韵律模式，首先是音节，然后是稳定的连调组（音步），我们已把它们分别定义为韵律字和韵律词。在它们之上的韵律模式，应该涉及自由音节的临时组步、音步间音域的展敛、音步间停延的插入了。我们认为，这三个问题，可以在稳定的音步的基础上，根据一定的语法条件和音步结构（音节数和轻重），用规则控制。也就是说，语段不管有多长，只要它的停延和音步的音域展敛可以在稳定单音步的基础上用可类推规则生成，就都可以叫做“韵律短语”。总之，韵律短语可以是由不止一个深层音步临时并合的单音步，也可以是多个音步；可以是一个停延段，也可以是多个停延段。

本章讨论的韵律短语内部的停延和音域展敛模式，是去除了强调、语气等更高层韵律因素的。这些因素的韵律表现要放在比韵律短语更高的“韵律语句”层级上解决。

前一章曾经指出，单说时都常常是单音步的类词短语“小雨伞”和自由短语“买雨伞”的重要区别一是在更大组合中的停延情况，二是在更大组合中的音域展敛情况。本章将说明，多音步的类词短语与自由短语的节律区别亦与此类似，在音域展敛方面的差异还更加直接外显。限于篇幅，这些说明只是举例性的，更详细的讨论将另作他文。

在讨论韵律差异之前，先简单看看类词短语和自由短语各自的语法构成。

类词短语包括：

1.定语不带“的”且不是指代、数量成分的定中结构(黏合定中)

2.状语不带“地”等语法词且不是指代、连接、时体、否定等成分的状中结构(黏合状中)

“黏合式”和“组合式”的区别是国内短语研究的一个重要成果,其中“黏合定中”和“黏合状中”(可统称为“黏合偏正”)的定义刚好与我们的“类词短语”相同。补语为结果补语、趋向补语的述补结构在节律上也非常凝固,但因为它们一般不超过三音节且是稳定的单音步,应归入韵律词范畴,不属类词短语。这样,类词短语就都是黏合式偏正结构了。

自由短语包括:

1.直接成分至少为单音步的并列结构①

2.所有三音节以上(含三音节)的主谓结构、述宾结构(含介宾结构)

3.定语带“的”或为指代或数量成分的定中结构(组合定中)

4.状语带“地”或为表连接、时体、否定等成分的状中结构(组合状中)

5.带“得”的、补语表情景状态的述补结构。

语法上,类词短语(黏合定中、黏合状中)内部较凝固而自由短语(主谓、述宾、并列,组合定中、状中、述补)的内部相当松散。这一点已经有许多学者论证过,本文不再赘述。本文更关心的

---

① 单音节词也可自成音步构成自由短语,如“桃、李、杏”。它们均属于并列但不构成上位概念的情况。

是，与语法上的表现相应，在韵律方面也是类词短语内部凝固而自由短语内部松散。

这里要插一点说明的是，本文称为“类词短语”的，国外学者常常称为“复合词”。如端木（Duanmu 1997）就明确提到“汉语中不带‘的’的定中结构都是复合词”。本文没有采用这些用法。因为汉语的“人民”、“共和国”等由实义单字组成的两字、三字组（稳定的单音步）国内学界一直也称为“复合词”，如果把多音步的“中华人民共和国”同样称作“复合词”，势必会混淆前面多次强调的“单字（音节）－单音步（顺向无停延连调组）－多音步（有规则停延与音域展敛模式的语段）”的韵律层级。我们把不带“的”的多音步定中首先归入韵律短语，再根据多音步停延与音域展敛的不同，区分类词短语与自由短语。

先看类词和自由短语停延方面的不同。两音步短语单说和在更大组合中的停延表现分为两大类：

单说	更大组合中
//香蕉/苹果①//（黏合定中）	//爱吃/**香蕉**/**苹果**//～//
	爱吃^//**香蕉**/**苹果**//
//少儿/代表//（黏合定中）	//**少儿**/**代表**/没走//～//
	少儿/**代表**^//还没走//
//全程/旁听了//（黏合状中）	//小王^//**全程**/**旁听了**///
	政协会//

① 黏合定中结构的“香蕉苹果”是苹果的一种。

//香蕉^//苹果//(自由并列)	//爱吃^//**香蕉**^//**苹果**//
//旁听了(//)政协会//(自由述宾)	//我们/**旁听了**^//**政协会**/讲演//
//这次(//)旁听了//(自由状中)	//小王/**这次**^//**旁听了**/政协会//
//小王(//)旁听会了//(自由主谓)	//邀请/小王^//旁听/会了//

更大组合中的停延有多种可能的情况,上面只列出了其中的一部分。但两类短语在是否允许内停延大于外停延方面有明显的对立:类词短语的两个音步(如定中结构的"香蕉苹果")在单说时总在一个停延段内;在更大的组合中,内停延也总是小于外停延。而自由短语的两个音步,单说时或者必须中插停延(如并列结构的"香蕉、苹果"),或者可以中插停延(述宾、自由状中、主谓);到更大的组合中,内停延常常大于外停延。很明显,就两音步语段而言,类词节律上凝固而自由短语节律上松散。区分二者,对于停延插入的控制是十分重要的。

再看更多音步的语段。多音节语段如果是类词性质的多层套合(这在黏合式定中很常见),则最内层的两音步之间没有停延,总在一个停延段内。第二层次上如果新加入成分是单音步,则中间可以有小的延长,但不能有停顿(如下面的例 1);如果新加入成分也是两音步,则一般按两音步一段分为中有停延的两个停延段(例 2)。第三及更高层次上不管新加入的直接成分是单音步还是两音步、三音步,一律单立停延段(例 3):

(1)不锈钢(//)苹果/削皮刀

(2)易拉罐/饮料//灌装/生产线

(3)日本产//钻石牌//铬镍/合金//不锈钢(//)苹果/削皮刀

中华/人民/共和国//人民/代表/大会//常务/委员会//委员长

总之,类词性质多层套合的停延与语法套合的层次有关:最低层次的无停延,次低层次的可有小停延,再高层次的则必有较大停延。

如果类词短语之上又套了自由短语,则外层自由短语成分间的停延一定大于内层类词成分之间的停延,不管各成分的音步数有多少。如下面的例4(^^的多少表示停延的大小):

(4)旁听了^^//中华/人民/共和国^//人民/代表/大会^//常务/委员会^//会议

自由短语性质多层套合的停延则常常打破语法套合的层次,很可能高层次的两个直接成分间没有停延,而内层的自由短语成分之间却有停延。如下面的例5、例6:

语法界:	(5)他们///是//积极/分子	(6)小王////这次///旁听了//政协/会议
节奏界:	他们是//积极/分子	小王(//)这次//旁听了(//)政协/会议

例5语法上述宾关系的"是/积极分子"较主谓关系的"他们/是积极分子"层次低。但是,高层成分"他们"与"是……"之间没有停延,低层次的"是"与"积极分子"之间却有较大停延。

例6中，自由状中关系的“这次”与“旁听了……”较主谓关系的“小王”与“这次旁听……”层次低，但是，高层成分“小王”与“这次……”之间可以无停延，较低层次的“这次”与“旁听……”之间必有强停延。也就是说，与类词短语不同，自由短语关系即使处于较低的层次，节律上也很松散。所以在一定的音节数配合的条件下，自由短语的内部停延可以大于外部停延。也就是说，自由短语的两成分，常常跨越停延段的界线，节奏层次与语法层次可以不一致。

总之，类词短语与自由短语两类在停延方面有重要的区别：类词短语的节律层次与语法层次一致，而自由短语的节律层次可以与语法层次不一致，什么时候不一致，取决于前后成分的音步数。

最后看看类词短语和自由短语在音域展敛方面的不同表现。

类词短语总是“左重”的。“左重”是指，类词的两个直接成分中，左边直接成分中的音步音域的最宽者宽于右边成分中的最宽者。由于类词的节律层次与语法层次一致，所以体现到节律上就表现为，类词中每个停延段内的几个音步间，最左边音步的音域最大；而几个停延段之间，又是最左边停延段的最左边音步的音域最大。可大致示意如下（音步内单字调音域的差别忽略不计）：

(7)//中华/人民/共和国//人民/代表/大会//常务/委员会//

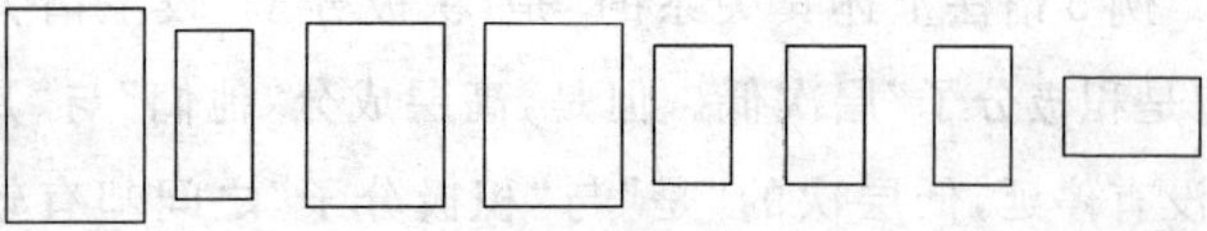

自由短语则是“右重”或“等重”的。“右重”指结构的两个直接成分中右边成分中的音步音域最大者大于左边成分中的。属于这一类的有:述宾结构的宾语重(例 8)、状态述补(带“得”)的补语重(例 9)、不带“的”、“地”的自由偏正结构的中心语重(例 10)。“等重”指结构的几个直接成分的音域大小基本相当,绝对等重的是并列结构(例 11),受信息量影响较大的有主谓结构(例 12),带“的”、“地”的多重自由偏正结构(例 13、14,只有一层的自由偏正仍为修饰语重)。

(8)//抓住了/机遇//　　　(9)//跑得//气喘/吁吁的//

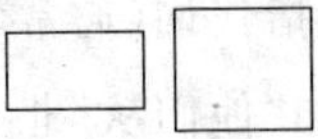
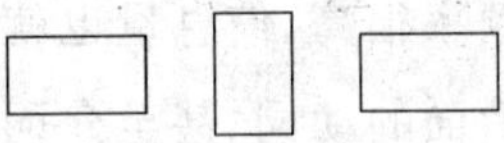

(10)这个/大房间　　(11)a //又唱 //又跳 //

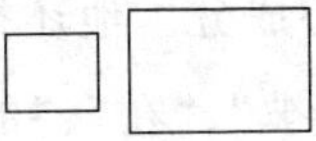
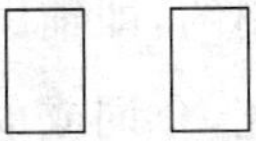

(11)b //纯净水//太空水//矿泉水//汽水//易拉罐/饮料//

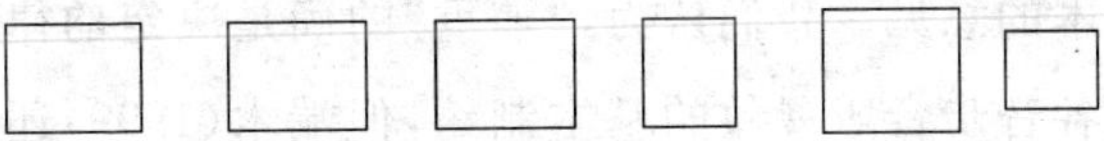

(12) a //隔壁家/小王 //旅游去了//

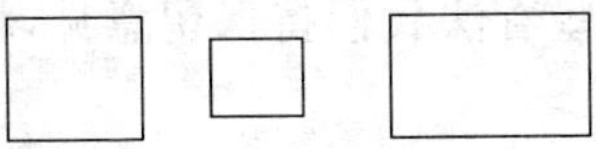

b //他妈妈//去/天津了//

(13) //顿河/地区的//前苏联(//)红军/战士

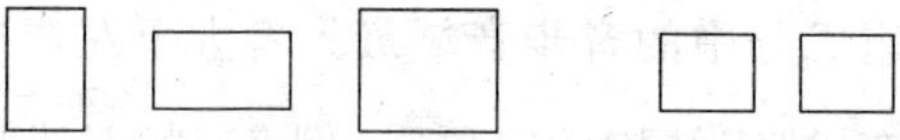

(14)//蹑手/蹑脚地//从后面 //走了上来//

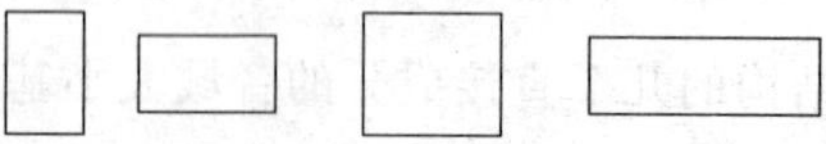

停延和音域展敛之间有较强的关联：自由短语在更大组合中常常左向跨音步和停延段界线的成分，是自由短语中的“左轻”部分，即述宾的述语(含介宾的介词)、状态述补的带“得”述语、表指代和数量定语、表指代和时体等的修饰语。主语如果是使用频率很高、信息量也就必然很小的指代词(通常轻读)，也通常与后面的动词、甚至介词并为一步，如“他们从/北京来”。

端木(1999)曾把类词的“左重”和自由短语的“右重”进一步概括为“辅重”制约，即辅助成分重于中心成分。他还指出，根据国外的最新研究，介词或助词(如“把”、“被”、“在”、“的”、“地”、“得”)是结构中的中心成分，所以它们总是轻读。我们十分赞赏端木的意见。我们认为，“辅重”的确是决定韵律短语这一层级上各音步音域展敛的基本制约，但端木(1999)还主张两字定中或述宾也适用“辅重”原则，并认为成分音节数的单双也是“重音”的一种表现，对于这些看法我们持保留意见，将在另文讨论。

五 余论

本文的重点是界说汉语的韵律词、类词韵律短语和自由韵律短语，提出了以1.单音步或凝固复二步，更大组合中不再分裂、2.音步内顺向连调、3.更大组合中内部成分停延小于外部停延、4.音步间音域的展敛遵循“左重”等四条标准区分它们。

本文所提标准的一个特点是把音步和停延段放到更大的组合环境中去考察。我们认为，只有把一个语段放到各种不同的更大组合中，才能判断它所具有的韵律特性中哪些是在各种上下文中都保持不变的低层韵律特性，哪些是根据上下文环境不同而附加的更高层次上的韵律特性。综合考虑更大组合中所有的韵律表现，综合考虑韵律特点与语法特点，是本文确定韵律单位界说的基本思路。

这些韵律标准的第二个特点是，即使不用仪器分析，也很容易为说话人觉察。我们觉得，这样的差异更能说明说话人对单位的底层意识，也就是更具有音系学上的意义。

根据这些韵律标准，我们对学界意见十分分歧的“大房间”的单位归属和音步划分提出了自己的方案：“大房间”是类词韵律短语，深层音步划分为没有自由音节剩余的两音步“（大^）（房间）”；既不同于单音步的韵律词“（雨伞厂）”，也不同于有自由音节剩余的自由韵律短语“买（雨伞）”。

本文十分强调类词短语与自由短语的区别，因为它们的节律结构与语法结构的关联完全不同：类词短语的节律层次与语法上两分的直接成分结构有对应关系，自由短语的节律层次则在许多条件下与两分的语法结构层次不一致。这就牵涉到一个重要问题，对于最简明地生成正确的韵律来说，句法分析模型最好能兼顾自由短语和类词短语的区分。让我们从这个角度分析一下现在通行的析句方法。

主、谓、宾、定、状、补平列的中心词分析法无法为多层套合的类词短语(黏合定中和黏合状中)的韵律提供必要的结构信息,这一点上不太好用。

直接成分分析法可以为多层套合的类词短语的韵律提供所必要的结构信息,但把自由短语性质的主谓、述宾、状态述补和自由定中、自由状中等也与类词短语一样按层层套合对待;这样,处理起可在音步界和停延界移动的自由短语的成分,如述宾结构的述语(特别是助动词和心理动词),定中结构的指代、数量定语,偏正结构的连接状语等,手续必然十分烦琐。

比较起来,韩礼德的级阶成分分析法或国内"句子主干分析法"比较有优势,特别是前者。因为类词短语一般就是韩礼德系统中的参与者,定语和中心语都包含在参与者之中了;而属于自由短语的成分,如述语动词、连接状语、时地短语等,在韩礼德的系统中是与参与者并列的"过程"和"环境成分"。但是,指代词、数量词,助动词、心理动词等成分的自由跨界的问题,韩礼德的系统仍然处理不了。

我们的初步想法如下:首先,韵律词优先组步(宋柔等 1998 的"二字结构工程",梁、王 1999 可提供部分词表);其次,属于封闭类的自由"左轻"成分(助动词、心理动词、指代词、数量词、连接词和连接副词等)作为标记词处理;再其次,类词短语(黏合定中和黏合状中结构)用类词短语的韵律模式先行组块;最后,按左向右的次序,在这些块的基础上,根据前后块音步的多少套加自由短语的韵律模式。

我们的想法还很不成熟，确定一种兼顾语音、语法的析句模型，还有许多问题有待今后进一步探索。

参考书目

端木三（1999）重音理论和汉语的词长选择，《中国语文》第4期。
——（2000）汉语的节奏，《当代语言学》第4期。
冯胜利（1997）《汉语的韵律、词法与句法》第一章、第二章，北京大学出版社。
——（1998）论汉语的“自然音步”，《中国语文》第1期。
梁源、王洪君（1999）两字短语凝固度分级初探，载《计算语言学文集》，黄昌宁、董振东主编，清华大学出版社。
林茂灿、颜景助、孙国华（1984）北京话两字组正常重音的初步实验，《方言》第1期。
林　焘（1962）现代汉语轻声和句法结构的关系，《中国语文》7月号。
林焘、王理嘉（1991）《语音学教程》，北京大学出版社。
齐声乔（1956）汉语的字调、停顿与语调的交互关系，《中国语文》10月号。
沈　炯（1985）北京话声调的音域和语调，载《北京话语音实验录》，林焘、王理嘉主编，北京大学出版社。
——（1996）汉语三音词里两套重音的实验分析，第三届全国语音学研讨会论文集。
沈小喜（1998）汉语的节奏单位与语法结构，北京大学博士论文，未刊。
宋柔、戴伟长、丘超捷、李飞（1998）现代汉语二字结构工程，ICCIP98会议论文。
王晶、王理嘉（1993）普通话多音节词音节时长分布模式，《中国语文》第2期。
吴宗济（1984）普通话三字组变调规律，《中国语言学报》第2期，商务印书馆。
薛红、叶研（1988）略论语法停顿，《第二届国际汉语教学讨论会论文选》，北京语言学院出版社。

颜景助、林茂灿（1988）北京话三字组重音的声学表现，《方言》第3期。
叶　军（1996）停顿的声学征兆，第三届全国语音学研讨会论文集。
赵元任（1979）《汉语口语语法》，吕叔湘译，商务印书馆。
朱　川（1996）新闻语音节奏时长实验研究，第三届全国语音学研讨会论文集。
Duanmu, San（1997）Phonologically Motivated Word Order Movement: Evidence from Chinese Compounds, *Studies in the Linguistic Sciences*, Vol 27, No 1, pp49 – 77.

补记

根据一个语段在所有分布中的韵律表现来确定韵律词和韵律短语，而不是只看某一处的韵律表现，是我的节律学说中最重要的观点，在这篇文章中论说得最为充分。

音节单双、音域展敛（重音）与语法结构类型和成分次序*

提要 本文对“辅重必双”说（端木 1997、2000）提出不同看法。全文分为四部分：1.“辅单”的“大房间”在语法上有正常定中结构，在连调和停延方面亦与三音单纯词完全不同。2.形－名定中与名－名定中的单双音节搭配常规不同，而与述宾接近。3.音节搭配常规是汉语史上双音化历程中名与动形的发展差异和单双音节的语法功能分化造成的，与重音无关。4.VON 与 OOVVN 的次序调整与重音制约、单双音节的不同语法功能等多种因素有关，重音的体现是声调音域的展敛而不是音节的单双。

一 问题的提出

音节单双、重音与语法结构类型和成分次序的关联问题，以端木三的研究最为深入。他和陆丙甫（Lu & Duanmu 1991）的论文中首先提出，汉语单双音节的搭配选择（下面用 2＋2、2＋1、1＋2、1＋1 分别表示语法上的两个直接成分是单音节还是双

* 原文发表于《当代语言学》2001 年第 4 期 241—252 页。论文初稿曾在《纪念王力先生一百周年语言学国际学术研讨会》（2000.8：北京）上宣读。最后定稿吸取了匿名审稿人的一些意见，谨此致谢。

音节)与语法结构的类型有关。如,定中结构 2+2、2+1、1+1 都是好的形式,只有 1+2 不好(如“技术工人、技术工、技工”都好,“*技工人”不好);而述宾结构却是 2+2、1+2、1+1 好,2+1 不好(如“种植大蒜、种大蒜、种蒜”都好,“*种植蒜”不好)。这一现象,本文称为汉语的“节律常规”。端木三(Duanmu 1997)又最早指出汉语单双音节与成分次序的关系:汉语中以述宾结构做定语的复合名词,如果定语中的动词和宾语是单音节的,就取 VON 的次序,如“碎纸机”;而如果动词和宾语是双音节的,则取 OOVVN 的次序(字母重出表示双音节),如“纸张粉碎机”。这种现象本文称为“辅名前移”。(注:对于“纸张粉碎机”,国外学者一般认为是复合词,国内学者一般认为是黏合短语。本文不打算讨论这一问题,除转引国外学者的意见外,一律称之为类词短语。)

端木三(Duanmu 1997)提出,节律常规和辅名前移都是汉语的重音制约使然。汉语重音的制约包括:(1)左重:复合词(包括本文的复合词和类词短语,下同)重音在最左边的成分上。(2)两拍步:两个音节组成一个音步,单音节只有在后有停顿时可独组音步,否则并入邻近的音步。(3)辅重:各层结构的辅助成分重,中心成分轻;如定语重于中心语,宾语重于述语。但“辅重”在单音步内无效。(4)多轮循环:有语法结构的复合词和短语按语法结构的层次多轮次地施用上述规则。(5)直接成分构造合格:复合词直接构成成分的构造必须是合格的。

“*粉碎纸张机”之所以不能说,是因为,按“辅重”制约,它重音会落在中间的“纸张”上,破坏了复合词“左重”的制约,而如果按“左重”将重音落在“粉碎”上，又破坏了“辅重”（宾语重）的制约。若“纸张”前移为“纸张粉碎机”就同时符合左重和辅重。至于汉语重音是否有超音质方面或听觉方面的对应物，端木没有说明。

节律常规与重音制约的关系则还要牵涉到端木（Duanmu 1997）的另一个重要观点：**成分的音节数是汉语重音的重要体现**：双音成分可吸引重音，而单音成分不能吸引重音。1+2 的定中（“*技工人”或“*煤商店”）和 2+1 的述宾（“*种植蒜”）之所以不是好的节律，是因为它们的辅助成分（定语和宾语）是不能吸引重音的单音节，而中心成分（中心语与述语）是双音节，重音无法按规则落在辅助成分上。这一观点本文称为“辅重必双”说。

端木的上述研究揭示了音节单双和重音在汉语节律中的重要地位及其对语法结构类型和成分次序的重要制约作用，这开辟了一个新的研究领域，无疑是很有价值的。

但是，对“辅重必双”形成严重挑战的是，与不合格的“*煤商店”同样是“辅单”的 1+2 定中“大房间”却是汉语中很常用的合格形式。端木也意识到了这一点，因此他之后的论文（端木 2000）对此作了专门的讨论。他提出，“大房间”是语法结构不好的复合词，与“填房”类似（按字面看语法结构为整体动词性的述宾，其实整体是名词性结构）。语法结构好的复合词是按结构层次的次序多轮次地组织音步，音步的分界必然落在语法结构的某个分界处；而语法结构不好的词音步的分界不一定与语法层次的分界重合，音步内的语法结构可以不管。前者如下面的

“*煤商店”a 和 b,后者如下面的“索马里”和“大房间”c 和 d：

		[索马里]	[索马里]
*a [煤 [商店]]	*b [煤 [商店]]	c [大房间]	d [大 房 间]
* (* *)	* (* *)	(* * *)	(* *)(*^)
**	**	*	* *
			*

a 同时符合“辅重”和“左重”,但违反了“辅双”,所以不合格。b 符合“重必双”,但违反了“辅重”和“左重”。c 是单音步,只需“左重”,并符合左重。d 则既符合“重必双”,也符合“左重”,同时“大房间”的辅助成分与中心成分的语法分界落在了音步内,符合结构异常复合词的音步分界不一定与语法分界一致的规定,所以也合格。这样,“大房间”有 c、d 两种节奏形式。

然而,端木(2000)认为“大房间”语法上结构不好,节律上是“(大房)(间^)”的看法是否站得住呢?笔者的看法是否定的,后面我们将给出具体的理由。可是,如果这一分析站不住,又该如何解释单字、双字的选择在汉语中的重要作用呢?如,应该如何解释“*煤商店”、“*种植蒜”、“*纸碎机”、“*粉碎纸张机”的不合格呢?

笔者试图在本文中对这些问题做出新的回答。全文包括如下四个部分:

一、“大房间”的语法结构与节律结构;

二、汉语的节律常规;

三、汉语节律常规的历史原因;

四、“辅名前移”的动因。

二 “大房间”的语法结构与节律结构

笔者不同意端木(2000)对“大房间”的语法与节律分析。下面先看语法方面。

端木(2000)认为“大房间”在语法上不是短语,而且作为复合词也是语法结构不好的复合词。他提出了三点理由:在这一组合中,①形容词定语不受副词修饰,如“*很大房间”不说,而自由定中短语的形容词定语可受副词修饰,如“大的房间”可以扩展成“很大的房间”;②定语不能并列缩减,如“大房间和小房间”不能说成“大和小房间”,而自由结构可以并列缩减,如“大的和小的房间”;③形容词和名词的搭配严重受限,如从语义上说,房间的空间也可有高低的差别,但“*高房间”却不能说。

以上三点中前两点说的是成分扩展不自由,末一点说的是成分搭配不自由。从语言事实看,除第2点稍有疑义(同为并列减缩的“大小房间[都订完了]”似乎可以说)外,其他确如端木所言。问题是这些标准(扩展不自由和搭配不自由)只能证明“大房间”不是自由短语,而不能证明“大房间”的语法结构不好。

比如,“木头房子”、“动物园”在端木的系统中是具有正常定中结构的复合词,但它们的扩展也同样受限。如名词定语不能受数量词的修饰(“*30根木头房子”),也不能并列减缩(“*木头和石头房子”、“*动物和植物园”)。至于搭配受限,端木(1997)就曾指出,[[VO]N]结构的复合词的搭配受限,“看家狗”可以说，而同样结构的“?咬人狗”、“?吃肉狗”虽然语义搭配可以接受，但实际上并不存在。然而“看家狗”虽然搭配受限，但在端木系统中仍是好的定中结构。

如此看来，内部成分扩展和搭配是否自由，不管是在通行的语法体系中，还是在端木自己的其他用例中，都只是鉴别是否自由短语的标准，而不是鉴别复合词(含本文的“类词短语”)内部的语法结构是否好的标准。

那么，复合词或类词短语，依据什么来鉴定它是或不是好的定中结构呢？笔者认为，按照定中结构的定义，唯一的鉴别标准应是：对于“X－N”来说，如果中心语和结构整体都是名词性的且“X－N”在所指上是N的一个次集，它就是好的定中结构。如，“看家狗”于“狗”、“煤店”于“店”、“白菜”于“菜”、“木头房子”于“房子”都是名词性的次类与类的关系，所以都是好的定中结构。而“填房”于“房”不是次类与类的关系，“填房”不是一种“房”，所以它不是正常的定中结构。“大房间”不但是“房间”的次集，而且还是定语与中心语的直接交集，没有增加任何附加词汇义，当然应该是正常的定中结构。

综上，“大房间”从语法上说的确不是自由短语，但确是内部有正常的定中结构，语法结构并无不好。既然是好的定中结构，它就应该像“煤炭商店”、“煤炭店”、“*煤商店”、“煤店”一样按语法结构的层次组织音步，而不应该像“索马里”等没有语法结构的三字组那样按从左向右的次序组织音步。这样，按照语法的层次循环组织音步，“大房间”只可能有两种音步划分的可能：“(大^)(房间)”或“(大房间)”，而不可能是端木(2000)所主张的“(大房)(间^)”。

下面再看看“大房间”实际上的节律表现(本文只讨论普通话的节律)。因笔者已在另一篇文章(王 2000)中对此作了专门讨论,这里就只做一些简单的说明。

端木认为“大房间”的音步划分是“(大房)(间^)”,而冯胜利(1997)认为“大房间”的音步划分是“(大^)(房间)”;端木认为“大房间”是语法结构异常的复合词,冯胜利认为它与“种大蒜”一样是韵律短语。对同一个三字组会有如此的意见分歧,看来还是先确定一些客观的判定标准为好。王洪君(2000)提出,普通话的韵律词应定义为“底层单音步”,而底层音步的划分应该以连调域和可能停延为依据,并要综合考虑单说和在更大组合中的连调和停延。具体说可依据以下三条标准:①单说是否只用顺向连调式,而不按非顺向的语法结合次序变调;②内部语法分界处是否无停延或三摩拉音节,特别是慢说或表强调时;③在更大的组合中内部停延是否小于外部停延。

普通话的连调模式在上声字中看得最清楚,卜面就比较均由上声组成的“索马里”(典型单纯词)、“雨伞厂”、“小雨伞”、“买雨伞”(典型短语)在匀速语流中的连调情况来说明这些标准。

在普通话的匀速语流中,与“索马里”连调、停延方式相同的是“雨伞厂”,而不是“小雨伞”:①“索马里”与“雨伞厂”的第一音节只能用 35 调,“小雨伞”的第一音节却和“买雨伞”一样可以用 21 调。21 调的出现只能是按语法结合次序[X [X X]]组织连调域的结果。②“索马里”和“雨伞厂”无论怎么慢说或强调,第一字绝不用全上调(3 摩拉音节),“小雨伞”却和“买雨伞”一样，如果慢说或表强调，在其语法直接成分的分界处（第一音节之后）通常用全上调（3摩拉）。也就是说，无论是连调模式还是停延模式，“小雨伞”（“大房间”）都体现出内部语法结构层次对连调和停延的明显制约，与没有内部语法结构的“索马里”很不一样。端木（2000）中“（大房）（间ˆ）”的节律分析不符合它连调和停延的实际情况。

“小雨伞”与自由短语“买雨伞”的韵律表现也不一样：在前接单音节成分时，“小雨伞”的内部语法分界上的停延小于外接分界处停延。比如，如果用单斜线表示较小的停顿、双斜线表示较大的停顿，则最大的停顿落在“小雨伞”与前接成分的分界处很自然（“买ˆ//小/雨伞”），而插在“小雨伞”的中间则不成话（“*买/小ˆ//雨伞”）。而“买雨伞”前接单音节时的最大停延可在“买”和“雨伞”的中间，即“想/买ˆ//雨伞”。“想ˆ//买/雨伞”不是完全不能说，但不太自然。这说明“小雨伞”的内部节律又较“买雨伞”紧密一些，冯胜利（1997）把它们完全视为一类也不太合适。

通过比较，王洪君（2000）把三字组的节律分为如下三个主要类别：

	索马里/雨伞厂	小雨伞	买雨伞
可非顺向变调（按语法层次）	－	＋	＋
内部语法分界处可用曲折调	－	＋	＋
内部语法分界处的停延可大于外部停延	－	－	＋

节律上的这三类表现与我们对它们的语法分类也相当吻合：“索马里”是没有语法结构的单纯词，“雨伞厂”是结合紧密的

复合词,它们都是词;“小雨伞”是结合较松但扩展或搭配都不自由的较凝固的类词短语,“买雨伞”是结合更为松散的自由短语。

综上,“大房间”应是介乎词和自由短语之间的类词短语。语法方面,它虽然成分的扩展和搭配很受限制,但有正常的定中结构。节律方面,它内部语法成分的分界处可出现3摩拉调,这点与自由短语类似,但在更大的组合中内部停延总是小于外部停延,又与复合词类似。

根据我们对“大房间”的语法和节律分析,它应有“(大^)(房间)”和“(大房间)”两种节奏可能。其中第一种节奏式的第一音步“(大^)”在语法上属辅助成分,但节律上是单音节,不符合端木的“辅重必双”说。

三 汉语的节律常规

陆丙甫和端木三(Lu & Duanmu 1991)最早明确提出,汉语中不带助词的定中与述宾在成分的音节数目上有不同限制:定中是1+2式的节律不好,而述宾是2+1式的节律不好。比如在单双音节的各种搭配中,定中各式只有1+2式不能说,如“技术工人、技术工、*技工人、技工”;而述宾各式中只有2+1式不能说,如“种植大蒜、*种植蒜、种大蒜、种蒜”。

这一限制明显有例外。比如,2+1述宾的“研究鬼”可以说。端木(1997)对此的解释是,上述节律限制主要是对于那些基本同义而又有单双音节两种说法的形式而言的,如果一个意义只有单音节或者只有双音节形式,即使节律不好也只能迁就语义表达的需要。但笔者发现,即使限制在有单双配对词的形式中,上述规律也还是有例外,如“茅草房子、茅草房、草房子、草房”,“稻草门帘、[?]稻草帘、草门帘、草帘”;“[?]鸭子骨架、鸭骨架、*鸭子架、鸭架”。看来,子尾双音词(如“房子”、“鸭子”)和单双音上下位词(如“草”和“茅草”)的音节搭配还有另外的规律。尽管有这些例外,但是上述限制的倾向性还是非常明显的,所以我们称之为“节律常规”。

本章要提出的问题是,以上讨论忽略了常用的定中结构不仅有名－名配列,而且还有形－名配列,前一章讨论的“大房间”就属于形－名配列。为避免片面,下面我们把形－名配列也包括进来,全面地观察一下在有基本同义的单双音节两种形式的前提下,汉语的节律常规是怎样的。特别是,在形－名定中的各种音节数目搭配中,比较起来哪一种是最常用的。下面的表1是汉语节律常规表,表中斜体仿宋的用例可理解为甚至一般都理解为使动述宾等动词性结构,而不是定中结构。楷体的用例也有特殊的限制。具体的歧义和限制情况见表1后的说明。

表1

动－名述宾	名－名定中	形－名定中	
种蒜	煤店	a. 软发	b. 细脖
种大蒜	* 煤商店	软头发	细脖颈
* 种植蒜	煤炭店	* 柔软发	细长脖儿
种植大蒜	煤炭商店	柔软头发	细长脖颈

表1中有结构歧义和特殊限制的都属于“形－名”一类,下面主要讨论这一类。

在形－名单双音节的四种搭配中，**2＋1形一名最受限制**，能说的实例最少。首先是其中的双音节形容词不能是可以表使动的，如“*柔软发”、“*强壮人”在任何语境下都不说。由于现代汉语中许多双音节形容词都可以表使动，因此这一条就把大量的2+1形－名排除在合格形式之外。另外，后面的单音“名”多半需要是自由语素(类后缀“－处”、“－人”等例外)，如“干净鞋”也许有时还可以说，但“*干净裤”绝对不说(例中“细长脖儿”的“脖”在实际口语中是儿化的自由语素)。除此之外还有许多无法从语法上定义的不合格形式，如“高大建筑”、“干净鸡蛋”、“幸福家庭”可以说，“高大房”、“干净蛋”、“幸福家”不说。看起来我们应该承认，2+1不是形－名的常规模式。

其次受限制的形－名依次是2+2和1+1。限制主要在于这两种形式的结构可能有歧义，特别是2+2式。

2＋2形一名作定中相当受限。首先，只要其中的形容词是属于有使动功能小类的，则单说的2+2形－名一般都理解为使动的述宾结构。如“柔软头发”一般用在洗发水的功能说明中，说明洗发水有“使头发柔软”的功能。其次，如果中心语是属于动－名两栖小类的，则整体有定中、状中两种结构可能。如“她平静生活了大半辈子，好像从来没有一点点奢望”中的“平静生活”是状中结构。最后，有一些双音形容词不能直接作定语，作定语必须后加“的”。如，“*老王家那明亮堂屋”不说，只能说“老王家那明亮的堂屋”。

但2+2形－名作定中只是十分受限，而不能认定为格式不合格。首先，形容词有使动功能或中心语为动名两栖的小类，只要上文中有其他明确的体词性标记(数量词、"的"字结构等),就只能理解为定中结构。如"她那一头如同丝绸般的柔软头发"和"打破了她多年一贯的平静生活"。前面另有体词性结构的标记,双音形后面的"的"就可以不加,这说明加"的"只是起确定结构性质为定中的作用,而不是节律不合格。同时,必须加"的"才能做定语的形容词的比例也并不像端木说的那么多,特别是在高频常用词中。据郭锐(1999)的统计,557个双音形容词中,26%可以不加"的"直接做定语,如"广大群众、薄弱环节、新鲜蔬菜、恶劣影响、正确路线"。而如果只统计常用形容词,这一比例将大大上升(209个常用形容词中56%可不加"的"做定语)。更值得注意的是,有些双音形容词单说虽不自然,但如果前面另有其他体词性的标记,就变得自然了。如"?稀薄空气"一般不说,但"喜马拉雅山顶上的稀薄空气使得队员们喘不上气来"又很自然。如果考虑到这一因素,在一定的语境下合格的2+2形-名的比例会比郭锐统计的56%还要高。

1+1形-名作定中的限制较少。因为单音形自由地用做使动已经是古汉语的事了,所以现代汉语中单音形只有在特定的配合中才保留古时的使动义。最常见的如"软发水、润肤霜、美容店"等,都是第二字表人体部位,前面的形-名两单字表功用。单说的1+1形-名则多半理解为定中结构,如"伟人、干草、稠粥、新笔"等,它们的数量相当大。

1+2形-名作定中几乎不受限制。1+2形-名完全没有可能理解为使动或状中,因此常用的1+1形-名定中几乎都有1+2的对应式,如"大屋~大房间、干草~干稻草、软饭~软米饭、稠粥～稠稀粥、新笔～新钢笔”。而对于在特定环境中有使动义的1+1式而言,其1+2对应式就常用得多,如“软头发”比“软发”常用。因此,1+2是四种形－名定中格式中受限最少、分布最广的格式。

总之,对于形－名定中来说,1+2式最多见,2+1式相当少见,1+1、2+2式较多见。这样看来,形－名定中的节律常规更接近述宾,而不是名－名定中。

同为辅助成分,名词性的定语不能是单音节的(1+2式不好),而形容词性的定语却最好是单音节的(1+2式最好),这说明汉语的音节单双不仅与语法的结构类型(定中还是述宾)有关,还与配列的成分类选择(名－名定中还是形－名定中)有关。端木(1997)的“辅重必双”说只限制了结构类型与成分的主辅,忽略了成分的类,因而是不全面的。

四　节律常规的历史原因

述宾和形－名定中是2+1不好,名－名定中却是1+2不好;汉语的这一节律常规,笔者以为是名动形在双音化过程中的差异形成的,这些发展上的差异使得汉语单音、双音不仅仅是节律上的问题,还与语法功能密切相关。

(1)在汉语发展史中,**名词的双音化远远快于动词、形容词的双音化**。这在常用词中表现得尤为显著。下面的表2是笔者对《普通话三千常用词表》中所收的名词(未计方位词部分)、动词、形容词按音节数目统计的结果:

表 2

	总数	单音节	单音比例	双音节	双音比例	三音节以上
名词	1753	312	18%	1287	73%	154
动词	1028	422	41%	604	59%	3
形容词	479	143	30%	329	69%	7

三千常用词中动词单音的比例比名词单音的比例高一倍还多，形容词单音的比例也比名词高一半以上。动、形多单音而名词多双音，也就无怪乎动－名述宾和形－名定中 1+2 式多见了。

但仅有这一点明显是不够的，它还不能解释，在已经发展出语义相同的双音动词或形容词配对的情况下，为什么动－名和形－名仍然是 1+2（“种大蒜”、“软头发”）好，而 2+1 式（“*种植蒜”、“*柔软发”）不好呢？为什么名－名是 2+1（“煤炭店”）好，1+2（“*煤商店”）不好呢？其中的原因不完全相同，下面我们分别解释。

（2）**新生的双音动词、形容词语法功能较杂，而旧有的单音动词、形容词语法功能比较单一**：在汉语的双音词逐渐增多，形成大量基本同义的单音双音配对词的同时，这些单双配对词的语法功能也逐渐有了变化与分工：单音动词保留了原有的单纯的强动态性，新生的双音动词承担了新的弱动态“动－名”两栖性；单音形容词变为单纯的表性质，将原来的“性质－使动”两栖性转给了新生的双音形容词；单音名词的自由性降低，不少成为黏着语素，新生的双音名词则继承了原有单音名词的自由可单说性。**由于单双音动形名有这样的功能分工，现代汉语动一名、**

形—名各自的四种音节搭配格式(2＋2、2＋1、1＋2、1＋1)也就有了功能上的分工：从语法结构上看，有的偏重于述宾，有的偏重于定中，有的是述宾/定中的歧义格式。从成词与否来看，有的是成词格式，有的是类词格式，有的是短语格式，还有的由于成分与结构整体性质冲突，几乎不被使用。请看下面的表3：

表3

	述宾	定中	述宾/定中	单义述宾	单义定中
2+2 动-名	+	+	出租汽车	种植大蒜	种植技术
2+1 动-名	(?+)	+	?出租车	?出租车	出租车、种植场、种植牙
1+2 动-名	+	−	无	租汽车	无
1+1 动-名	+	(−)	无	租车	(砍刀)
2+2 形-名a	+	(+)	(柔软头发)	柔软头发	[如丝般的]柔软头发
形-名b	−	+	无	无	细长脖颈
2+1 形-名a	−	−	*柔软发	*柔软发	*柔软发
形-名b	−	+	无	无	细长脖儿
1+2 形-名	−	+	无	无	软头发/细脖颈
1+1 形-名	(+)	+	(软发)	软发[剂]	软发/细脖

从上表可以看出这样一些规律：

A. 前一成分(动或形)的单音还是双音，对整体结构类型是定中还是述宾有很大影响：

a. 单音动词、形容词的功能单纯本分，所以单音动词加名词构成述宾，单音形容词加名词构成定中，形成可类推的通则。例外受到很大的限制，或限于极少数的特殊词法(“砍刀”为定中)，或限于特定的上下文语境(如“软发”可表使动)。

b. 双音动词有较强的静态性，可较自由地作定语，因此双音动词加名词常跟定中结构发生关系。而双音形具有较强的使动性，其中的“柔软”类可以自由地作述语，形成述宾/定中歧义结构，且单说时一般理解为述宾（“柔软头发”）。

B. 后一成分(名)的单音还是双音，对整体结构是短语、类词还是词有较大影响，表现在后为单音名词的较后为双音名词的结构凝固，前者多与成词有涉，后者多不成词：

c.后为双音名的1+2动－名（“租汽车”）几乎都是符合通则的可单说且替换自由的述宾短语，这种述宾短语的动态性很强，一般不直接做定语（“*租汽车人”）。

后为单音名的1+1动－名虽然绝大多数也是符合通则的述宾（如“租车”），但这种述宾凝固性很强而动态性稍弱，类似双音不及物动词，常直接做定语（如“租车人”）。此外，1+1动－名还有个别形式是定中（如“砍刀”），属不符合通则的特殊结构词。

（双音动词词组凝固很强而动态性稍弱的情况不限于述宾式，表方式、状貌的双音状中也有同样的特点，如：“*一阵攻”但“一阵猛攻”、“*敌人的攻”但“敌人的猛攻”、“*攻策略失败”但“猛攻策略失败”；而“盒装”、“矿用”等更是基本功能就是做定语。但表时间、范围、否定等的状中结构没有凝固化的特点，如“先攻”、“都攻”、“不攻”。这方面的研究可参考梁源等1999的文章。）

d.后为双音名的1+2动－形（“软头发”）几乎都是符合通则的可单说的定中短语。

后为单音名的1+1形－名单说时是符合通则的定中，但分布受限：在特定构词语境中可表使动述宾（“软发剂”），这属于词法中保留旧时的短语结构。

e.后为双音名的 2+2 动-名为述宾/定中歧义结构的自由短语:如果动名之间不能有“动作-受事”的语义关系,则只能是定中(如“种植技术”),如果动名间只能是“动作-受事”关系,则只能是述宾(如“种植大蒜”),如果动名间既可以是“动作-受事”关系,也可以是其他语义关系,则整体结构有述宾/定中歧义(如“出租汽车”)。因此,2+2 动-名虽为歧义结构但可以用动词的论元结构来控制,只要动名间有可能的“动作-受事”关系,就都有符合通则的述宾一解,因此 2+2 动-名属于短语歧义。

后为单音名的 2+1 动-名一般是词,它们都倾向于不符合通则的定中一解。如,“种植牙”、“出租车”的两成分按语义是可以有“动作-受事”关系的,但前者只作定中解,后者似乎也很少作述宾用。

f.后为双音名的 2+2 形-名,如前所述,如果其中的“形”为可表使动的小类,一般为使动述宾短语(“柔软头发”),如果其中的“形”不能表使动,则一般为类词定中(“细长脖子”)。

后为单音名的 2+1 形-名,如果其中的“形”是可表使动的小类且“名”可以是使动对象,则整体是不合格形式(“*柔软发”)。这是因为,后为单音名是成词格式,而前为双音形表使动是短语格式,两者相互冲突。如果前面的“形”不可表使动或后面的“名”不可能是使动对象,则形成三音韵律词(“细长脖儿”、“柔软剂”)。

总之,现代汉语中双音动词(大多数双音动词词组也有同样特点)多数有较强的名词性,而单音动词动词性极强。双音形容词不少可以用作使动带宾语，而单音形容词不能自由作使动。双音名词多数为自由形式，而单音名不少是黏着语素或有与前接成分凝固在一起的功能。单双音动形名语法功能的发展、变化与分工，使得由它们组合而成的2+2、2+1、1+2、1+1等不同的节律模式也有了语法上功能分工。这种单双音节的语法分工才是2+1述宾（"*种植蒜"）和2+1形－名定中（"*柔软发"）不合格的主要原因。

(3)对于不同词类在汉语史双音化进展上的差异，端木(1999)认为是汉语重音制约所致，因为名词多用于主语和宾语，这两个位置都是重音所在位置，所以优先双音化了。这一解释的问题依然是，按照重音制约，形容词仍应该与名词一样经常处于重音所在位置，（形容词常做的定语是辅助成分，常做的单词谓语是句子的焦点），但形容词并没有像名词那样优先双音化，而是与动词的双音化进程相仿。

(4)本文否定"辅重必双"引出的新问题是，1+2名－名的"*煤商店"为什么必须寻求新的解释。

目前笔者想到的解释是：在名动形单双音节的功能分化中，2+2名－名（如"技术工人"）属类词短语性质，而1+1名－名（如"技工"）属单词性质，语法功能各有分工，从节律上看也都是节奏对称的首选。2+1定中与1+1一样同属成词格式，但它有1+1所不能替代的其他功能；1+2定中不但与2+2式一样属类词短语，而且没有属于自己特殊的语法达意功能，所以通常不被选用。

2+1式的两字定语可以容纳的成分极多，除双音名词外还可以是双音动词、述宾结构等(如“西装裤、萝卜裤、牛仔裤、七分裤、运动裤、健美裤”)。这些定语可以抓住事物的一个最突出的相关特征,特征可以相当复杂,如“七分”、“牛仔”、“健美”等,都是不太可能用单音节成分表达的。由于语义表达上有1+1所没有的优势,2+1定中构词的频率也就不断增多,大有超过1+1之势。这一定式一旦形成,语义上与单音形式基本相当的形式也就能够出现在这一格式中了(如“技术工人～技术工”)。

1+2定中则不能比2+2更有效地增加信息(可比较“鸭架～鸭骨架”、“草帘～草门帘”、“煤店～*煤商店”等),而从节律上看,它又明显不如2+2、1+1式更均衡对称,因而是羡余格式。

另一个可能的原因是类词短语的两个成分一般都要求是自由的成词成分(去掉“子”的词根例外),而如前所述,现代汉语的名词大多是双音节的,这就进一步限制了构成1+2名-名的可能(如“*技工人”的“技”、“*侠小说”的“侠”都不单独成词)。“*煤商店”是比较罕见的例了,它的两个成分都是可单说的。它所以不合格,可能是整个语言已经形成的构词节律常规在起作用,也可能是因为“煤”是旧有的口语词,而“商店”是后起语词(一般指较现代的出售多种商品的地方),两者的风格不太统一,语义上也不太搭配,放在一起不和谐。

本章提出的音节单双-语法功能分工说既可以解释陆和端木(1990)提出的“种植蒜”和“*技工人”好与不好的问题,也可以解释本文提出的“软头发”、“*柔软发”好与不好的问题,还可以同时解释音节搭配格式中哪些有述宾/定中歧义(“出租汽车”、“柔软头发”、“软发”），哪些没有结构歧义（“租汽车”、“软头发”），哪些是特殊词法结构（“砍刀”、“种植牙”、“软发”），以及何以节律常规只是倾向性的而非强制性的。但是对1+2名-名（“*煤商店”、“*技工人”）不合格原因的解释不够有力，有待今后进一步的研究。

五“辅名前移”的动因

与节律常规不同，普通话的辅名前移是强制性的，而不仅仅是倾向性的。如“碎纸机”绝不说成“纸碎机”，“纸张粉碎机”也绝不说成“粉碎纸张机”。

从节律上看，这种移位与“辅重必双”说没有必然的关系。即使在端木的描写中也是如此。端木重音制约的要点是：(1)基本词和复合词（含本文的“类词短语”）整体“左重”，(2)汉语的音步必须至少两个音节（两拍步），(3)内部成分间“辅重”（定中定语重，述宾宾语重，但在单音步内无效），(4)“辅重”按语法结构关系的层次多轮次地循环运用等，而“辅重必双”制约其实并不是触发移位所必需的。如下表所示：

表4

a.[[碎纸]机]	b.*[[粉碎][纸张]机]	c.[纸张[[粉碎]机]]
(★★)★	(★★)(★★)★	(★★)(★★)★
★··	★·　★··	★·　★··
★	*★(违反左重)	★
	*★(违反宾重)	

先看表4a和b。“碎纸机”和“ *粉碎纸张机”的第一层次“碎/纸”和“粉碎/纸张”都是述宾结构,但“碎纸”是单音步,单音步内辅重无效,一律左重,所以重音不在宾语“纸”上而在“碎”上;“粉碎纸张”是两音步,辅重有效,所以重音落在宾语“纸张”上。在下一层次上,“碎纸”和“粉碎纸张”作为“机”的定语,根据辅重原则,第一层的重音再加一级。这样,“碎纸机”的主重音在“碎”上,既符合左重,也符合辅重,是节律合格形式;而“ *粉碎纸张机”的主重音如果在“纸张”上,则只符合“辅重”,不符合“左重”;反过来如果主重音在最左边的“粉碎”上,又会违反“辅重”制约;所以“ *粉碎纸张机”无论重音怎么放节律都不好。

再看表4 c“纸张粉碎机”。一种分析是把“纸张”仍看作宾语,然后是述宾结构“纸张粉碎”作“机”的定语。那么,第一层的重音在宾语“纸张”上,第二层“纸张”作为定语的一部分重音再加一级。另一种分析如表4所示,认为“粉碎”与“机”先结合按定中关系结合,重音在定语“粉碎”上,“粉碎机”再受定语“纸张”的修饰,重音在定语“纸张”上。不管取哪种分析,主重音都在“纸张”上,既符合“左重”,又符合“辅重”,是好的节律。(我们倾向后一种分析,因为“粉碎机”完全可以不要“纸张”而单独使用。)

可以看出,“ *纸碎机”和“ *粉碎纸张机”的不合格只需要“左重”、“辅重”、“循环”等制约,并无需“辅重必双”。但如果他所说的“重音”与单双音节并无关系(本文前面的观点),那么“重音”的具体声学或听觉表现又是什么呢?据端木告知,他也不清楚,设为重音根据的只是音系表现。1999年笔者陪端木到中科院声学所参观，和初敏等学者讨论并查询新闻录音语料库后发现，端木所说的“重音”对应于语流中声调音域的放大。“声调音域”是近年来我国实验语音学者提出的一个重要概念，它是声调最高点与最低点的差值。在语流中的不同位置上，相同声调的音域展敛很不相同。如“(正)装修西单商场(呢)”中间部分的各个字均为阴平 55 调，但连起来说时，“装修”的“装”的 55 比“西单商场”的“西”的 55 低，而“西单”的“西”的 55 又比“商场”的“商”的 55 高。又如“买小雨伞”如果前两字都用半上调，则“买”的最低点没有“小”的最低点那么低。结合语法结构可以看出，凡是在定语、宾语等辅助成分的位置上，声调或高音点提高，或低音点降低，音域由此而展宽。而且，如同端木重音制约所预测的，声调音域也是按语法结构层次而多轮次展敛的。

音域最宽处的位置与语法结构的类型有关，所以，如果把音域最宽处看作重音，则重音制约就有排除语法结构歧义的功效。如表 4b 所示，按“辅重”制约，“ *粉碎纸张机”中音域最宽者将落在“纸张”上，这一重音与双音述语带三音宾语的自由述宾结构(VV－OOO)节律等同(如“贩卖－海洛因”)，容易引起结构错析，造成“粉碎”的对象是“纸张机”(‘粉碎 *v*－纸张机 *o*’)的误解。而辅名前移后，“纸张粉碎机”的音域最宽处在“纸张”上，与 2+3 定中节律相同(如“鹿牌－暖水瓶”)，语法、韵律上都只能分析为“适用于纸张的粉碎机”，排除了结构歧解的可能。

综上，端木(1997)的重音制约中的“左重”、“辅重”、“循环”等制约的确是有效的，但“重音”的体现不在于音节单双，而在于音域的展敛对比。

需要特别说明的是,“重音”的体现虽然不在音节单双,但重音制约的适用条件有不少牵涉到了音节的单双。如下面的这两条:(1)“左重”只适用于基本词(大致相当我们的“韵律词”)和复合词(大致相当我们的“类词短语”),(3)“辅重”在单音步内无效。(1)的适用条件(韵律词和类词短语)同时与音节的单双和单双音节的语法功能差异有关,这是前述汉语史发展中音节单双与语法功能发生关联的结果。如1+2的VNN(“租汽车”)因单音动词的动态性强和双音名词的自由性好而形成述宾式自由短语;重音可以在右边的名词宾语上;而2+1的VVN(“出租车”)则因双音动词的动态性弱和单音名词的黏附性好而形成定中式韵律词,重音只落在左边作定语的双音动词上。(3)的适用条件(单音步)则因与音节数目有关而与音节单双间接相关。由于汉语的单音步不超过3音节,这一制约决定由了单音动词组成的三字组“碎纸机”是一个音步,重音将不落在宾语“纸”上;而由双音动词组成的五字组“粉碎纸张机”是两个音步,重音只能按“辅重”落在宾语“纸张”上。

重音制约并不是制约辅名前移的唯一因素。因为,在保持“动作-受事”语义关系不动的前提下,单说的VVNN许多也可以换位为NNVV(如“收购电器～电器收购”、“维修管道～管道维修”等),而VN则一般不可换位为NV(如“购粮～*粮购”、“修路～*路修”)。单说的VVNN可换位而VN不可换位,明显与节律上的“左重”“辅重”是否矛盾无关,只能从语法上找原因。比较“维修管道”和“管道维修”不难看出,受事前置的“管道维修”更适宜表达与具体说话时间无关的、类似英语加-

ing 式动名词的那种弱动态概念,而“维修管道”宜于表达与具体说话时间有关的强动态范畴。单音动词是强动态性的,所以它不适宜出现在受事前置这种弱动态的语法环境中。总之,语法环境的强动态或弱动态等因素,也会对单双音节有所选择。

除重音制约外,辅名前移还牵涉到如下与音节单双选择有关的语法环境:

(1)定语要求弱动态。单音动的动态性强,不符合弱动态的要求,所以“*碎机”不合格;双音动的动态性较弱,符合弱动态的要求,所以“粉碎机”是好的形式。

(2)黏合式的定语要求是凝固化的。单音名组成的 VN 述宾凝固,可自由地做黏合式定语,所以“碎纸(机)”、“养鸭(模范)”是好的形式;双音名组成的 VNN 或 VVNN 述宾不凝固,不适合做黏合式定语,所以“*粉碎纸张(机)”、“*养鸭子(模范)”、“*放养鸭子(模范)”一般不说。

另外,汉语的三字复合韵律词只有 2+1 定中一种格式,定语只有两个字的位置,“碎纸”正好合乎长度,“粉碎纸张”则只能取一半与“-机”组成韵律词,这也触发了辅名前移。

从定语的排序要求看,最靠近中心语的定语应该是最能反映中心语本质特性的分类特征。“碎纸机”是一种工具,最内层定语应反映工具的基本功用。同时表现出工具的动作和动作对象(如“碎纸”)无疑是最能全面地反映出工具的基本功用的。但当动作(“粉碎”)和动作对象(“纸张”)只能取其一,就只有以下两种可能的出路:

(1)取“纸张”与“-机”结合成韵律词。在这种选择中,动作

“粉碎”就必须舍弃,否则就会出现“*粉碎纸张机”式不合格的“中重”重音和“*粉碎 *v*/纸张机 *o*”的结构错析,也同时也违反了黏合式定语凝固化的要求。舍弃表动作概念的定语在语义上是有代价的,只有在针对某一对象可能的工具有限,涉及的动作是可预测的情况下,这种舍弃才是可行的。如“股票机”(接收股票信息的小装置)、“血压仪”(血压测量仪)。而很多情况下动词的舍弃会造成语义不明确。如,针对纸张的可能工具很多,有“裁切”、“折叠”、“分发”等,单说“*纸张机”很难预测到该机的基本功用是“粉碎纸张”,这就使得这一出路受到限制。

(2)取“粉碎”与“-机”结合成韵律词。在这种选择中,韵律词“粉碎机”首先指明了该工具涉及的动作,而“纸张”还可以放在前面做定语来进一步限制工具动作所涉及的对象。这一出路既不会违反重音制约及对定语的静态性要求,语义表达也同样很完全。

总之,笔者的意见是,汉语的节律常规、辅名前移都与音节的单双相关,但相关的不是“辅重必双”,而是单双音节在语法功能上的分化。辅名前移还与重音制约有关,但重音的体现不在音节的单双,而在音步音域的展敛。汉语的音节单双、音域展敛与语法结构的类型、成分的次序、成分的类及成词与否都密切相关,既是节律问题,也是语法问题。

参考文献

端木三（1999）重音理论和汉语的词长选择，《中国语文》第4期，246—254页。

——（2000）汉语的节奏，《当代语言学》第4期，203—209页。

冯胜利（1997）《汉语的韵律、词法与句法》第一章、第二章，北京大学出版社，北京。

——（1998）论汉语的"自然音步"，《中国语文》第1期，40—47页。

梁源、王洪君（1999）二字短语凝固度分级初探，《计算语言学文集》，64—71页，黄昌宁、董振东主编，清华大学出版社，北京。

王洪君（2000）汉语的韵律词和韵律短语，《中国语文》第6期，525—536页。

Duanmu, San（端木三 1997）Phonologically Motivated Word Order Movement：Evidence from Chinese Compounds，*Studies in the Linguistic Sciences*，Vol 27，No 1，pp49－77.

Lu Bingfu and San Duanmu（陆丙甫、端木三）（1991）A Case Study of the Relation between Rhythm and Syntax in Chinese. Paper presented at the Third North America Conference on Chinese Linguistics，May 3－5，Ithaca.

补记

单双音节在汉语词法句法中起着重要的作用，许多学者都有过论述。2005年，冯胜利先生又进一步成系统地揭示了单双音节在汉语文体区分中的重要作用。所有这一切，都与汉语的基础仍然是"一音节一义"的单字有关，也与南北朝之后两字组逐渐形成了一级新的韵律语法单位有关，这就是定音定义的双音节词。现在看来，本文的重要性有二，一是首次详细论证了"形－名"定中的单双音节配置与"动－名"述宾更加接近，而与"名－名"定中相差甚远；二是提出上述单双音节的搭配常规是因汉语史上名/动形的双音化进程快慢不一造成的。

普通话中节律边界与节律模式、语法、语用的关联*

提要 本文以句块模型取代直接成分模型作为观察普通话节律边界的基点。文章提出，普通话的节律边界是语法、语用、节律模式不同层面条件共同作用的结果。语法的控制条件主要是句块边界和黏合、组合、等立三种结构类型的不同。语法边界与节律边界不一致的情况只发生在组合类结构，该类结构的左端成分是节律上的“可跨界成分”。可跨界成分是否实现为节律跨界，句块或句块内成分是否归并为一个节律单元，则主要取决于节律模式。在去除衬字、衬头、赘尾等节律外成分后，普通话的节律模式在音步和停延段两个层级上都体现为“二常规、三可容、一四受限”。此外，语用方面的强调和话题化也对节律产生影响。

零 引言

不少学者都已曾谈到，节律边界与语法单位边界有时一致，有时不一致。比如，“隔壁家/老王///是//北大的/老师”的节律边界与语法边界一致，而“我///也//是/北大的”的节律边界则

* 原文发表于《语言学论丛》26 辑 279—300 页，商务印书馆，2002。该项研究得到国家社科基金(01BYY022)资助。文章初稿在第五届全国现代语音学学术会议(2001，清华)上宣读过。董秀芳、刘现强曾提出修改意见。

与语法边界不一致。本文想要提出的主要是，节律边界与语法边界的一致或不一致，都是有规律可循的。即使是与语法边界不一致的节律边界，也是有规律的，是受语法因素、语用因素和节律自身的模式等多层面因素共同控制的。

本文所说的节律边界，指不考虑语法语义条件、只根据语音-听觉因素而得到节律界。具体讨论的是“音步”和“停延段”这两个层级。

一　材料基础

本文立论的材料基础是北京大学中文系沈小喜1998年的博士论文《汉语的节奏单位与语法结构》所录制的语料和分析结果，并根据我个人的语感进行了个别调整。

沈小喜使用的语料，是根据《现代汉语基本句型》(北京语言学院句型研究小组，1989—1990)中所列现代汉语基本句型的例句重新组织而造出的58个复句(含228个短句，短句一律用逗号隔开)。这些例句大多是自然的口语，每个复句平均含30个词。由5位北京人分别以匀速和慢速读这些句子，共得到58×5×2个复句的录音。对这些语料沈小喜进行了标记实验、听取实验和声学实验。

标记实验是指，由发音人在读例句后标出自己认为有停顿的地方。听取实验是另外再请6位听音人，请他们听5位发音人的录音并根据听的结果标出自己认为有停顿的地方。在这两种实验中，发音人和听音人所作停顿标记频次越高的地方，其节律边界的强度就越强。只在慢速语流中有停顿而在匀速语流中听不出停顿的地方，其停顿标记的频次就比较低，节律边界的强度也就比较弱。根据这些原则，沈小喜设定了一些公式分别计算出了两种实验所反映的例句中的节律边界及强度。这两种实验的结果有很高的相关系数（均为 0.8 多），因此沈小喜又对这两种实验进行了统计平均处理，得出了一个统一的边界强度值，下面我们称之为节律的“心理边界（强度）值”。

沈小喜还对录音材料作了声学分析。她在考虑并去除了声母等因素的影响后，根据三个标准来确定节律边界：①界后有无声段，或界前的音节有韵母的延长。②边界后有音高重置（reset）现象。③边界处有音强的急剧下降。她在对声学数据进行处理后，也给出了一个统一的边界强度值。但这个数据是怎么得出的，以上三个指标有无权重的不同，论文中没有明确说明。沈的这一声学数值下面我们称之为节律的“声学边界（强度）值”。

沈小喜得出的节律“心理边界值”和“声学边界值”有相关性，但不很强，相关系数在 0.6～0.7 的等级上。

笔者根据自己的语感仔细琢磨了沈的两种数值，感到它们都很有价值，但也都在某些方面未能反映真正的节律边界强度，好在两种数据可以互相订正。这主要有如下两个方面：

1. 心理边界值似有误。这可能是发音或听音人受到自身语法知识干扰的结果。这种情况集中在单音节副词、介词后的边界上。如：

心理边界值：(1)别的同学 5 怎么也赶不上他。

(2)只好把回家的时间 6(推迟了两天)。

声学边界值:(1)'别的同学 5 怎么也 4 赶不上他。

(2)'只好把 2 回家的时间 5(推迟了两天)。

遇到这种情况，我们将以声学边界值为准，认为句(1)在“也”之后、句(2)在“把”之后有节律边界存在。

2.声学边界标注值似有误。这是由于沈所取的第一个声学指标只考虑了韵母延长，而不区分因强调重音引起的延长和边界前的延长。其实这两者在其他超音段方面的表现是不同的。如：

心理边界值:(3)相信 1 她 1 下次 5 一定能取得好成绩。

声学边界值:(3)'相信 1 她 1 下次 1 一定 3 能取得好成绩。

(3)'中的“一定”有强调重音。强调重音所在处的音域放大，特别是高音线升高很多，也伴随音长的加长。但这种与音域扩大、高音线提高相伴随的延长，与听感上的节律边界其实是无关的。与听感上节律边界相关的延长，必须是与音域下敛，特别是低音线明显下降相伴随的。

另外，沈文中心理边界值和声学边界值为 1 级的，大都反映的是音步一级的停顿，而同属音步停顿，也有值为 0 或值为 2 的。音步一级在是否有停延的表现上不稳定，这一现象在其他语言的节律研究中也有同样的报道。这说明，音步一级的停顿，在匀速语流中，无论在声学上还是心理上，都只是一种可能停延，是可以体现也可以不体现的。因此，本文对音步这一级停顿的判断，主要依靠笔者自己的慢读和连调模式来判断。

二　与节律边界有关的语法因素

2.1　与节律边界有关的语法边界——宜用句块模型

讨论与节律边界有关的语法边界问题，首先要选择合适的语法边界模型。

美国音系学界处理韵律短语边界，多以语法上层层二分套合的直接成分模型为参照。笔者去年在《汉语的韵律词和韵律短语》一文中对韵律短语的处理也采用了这种语法模型，但在文末提出，如果先用配价或韩礼德的级阶语法模型析句，再用层次结构模式分析定中等短语，可能会使节律的生成更简明。在对沈小喜的语料进行全面审视之后，我们更坚定了当初的设想。（注：本文中“韵律单位”一律指兼顾音系语法两层面的接面单位，“节律单位”则指不考虑语法条件的纯音系层面的单位。）

在一个句子中，语法二分套合层次的多少与节律边界的强弱，有的没有对应关系，有的有对应关系．什么情况下有对应，什么情况下不对应，用二分模型无法说明。如下面的例子：

(4) 我们||||||昨天|||||在||课堂|上||||用|英文|||翻译了||这篇|课文（二分模型）

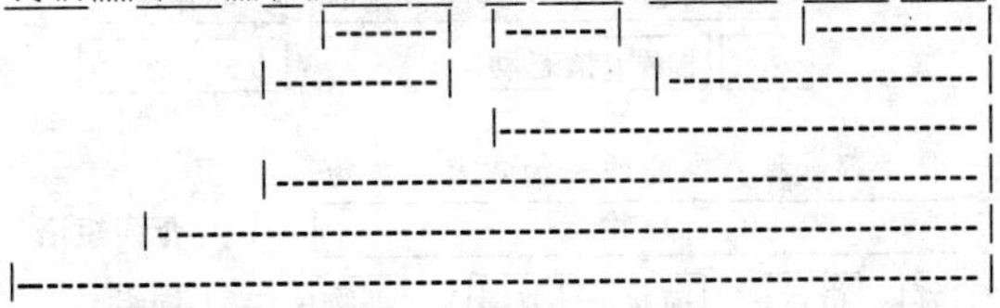

例(4)中，按套合层次节律边界的强度应该是，“我们”＞“昨天”＞“在课堂上”＞“当堂”＞“用英文”＞“翻译”，但事实并不如此。

下面换用句块模型看看效果。句块模型是指，谓语动词为一块（加上它的情态、否定、时态、情状等修饰成分），它的各个论元成分和各个环境成分各为一块。对论元成分和环境成分的分类和命名学界有许多分歧，但这些分歧与我们的需要无关。如一般认为，论元有施事、受事、与事、当事等，环境成分有时间、地点、工具、材料、由来等。但由于这些句块都含有一个体词性成分，所以我们只要把与动词有关的体词结构及其支配它们的动词切分开来就可以了，它们的命名可以不考虑。句块之下还可以继续分析结构，但一般只需要一层平列的直接成分。请看下面的一些例子（例中用#表句块与句块的分界，+表示块内述宾、介宾等有支配关系的成分之间的分界，=表块内有修饰关系的成分之间的分界）：

(4)′我们#昨天#在+课堂=上#用+英文#翻译了#这篇=课文

动作者　时间　地点　凭借物　述谓　动作对象　句块

介|处所　介|凭借　介词短语

事物|方位　方位结构

(5)也#都#不=太=敢+大大方方地+围炉=吃#瓜[注]

范围　范围　述谓　对象　句块

情态　描写性情状　动作块　词组

否定　程度　情态动　方式　动作　次级词组

(6)把+我=那一棵=高高的=加拿大=白杨

介　事物　介词短语

领　指示　描状　类别　事物　词组

注：两分模型中的状中结构，在句块模型中有不同处理。表时间、地点、凭借等可带介词的状语，在句块模型中归为独立的论元或环境附加语，是独立的句块。起篇章连接作用的副词状语，也应算独立的块。其他

状语应归入述谓块内，还是自成独立的句块，笔者不是很有把握。本文的处理是，以助动词为核心的情态词组和以主动词为核心的动词词组是述谓块最重要的两个直接下级成分。否定副词、程度副词，及只能在它们后面出现的副词，在助动词前的归入情态词组，在主动词前的归入动词词组。带“地”状语和表范围、评价的状语不归入动词词组，而归入述谓块的直接成分。

句块模型与直接成分模型相比有如下特点：无论内部如何扩展，对语句的分析只需很少的中间层次（一般只需“句块—词组”）就达到词。有的情况需多加一两个层次，如含介词的句块需分析为介词加名词词组，组成述谓句块的情态、方式等成分往往不是一个词而是含有下级结构的词组，但整体看来它的层级远较二分模式为少。句块内的多个定语、多个状语都被视为同层级上平列的修饰语，是句块模型组合层次少的关键。它使得增加定语或状语的各种扩展，都不增加套合的层次，只增加平列成分的数目。这与直接成分分析法每增加一个定语或状语就要增加一个套合层次，随着句子成分的扩展而句子的层次无限增多，有根本的不同。让我们考虑一下节律单位层级的情况：语调段之下、音节之上的节律单位如果仅作粗略区分，可只区分停延段、音步这两级，细致些的还可以再分出强停延和弱停延的不同，但除了音步的停延，一般只能再区分出两级。也就是说，随着句子增长，主要是平列的音步或停延段的数目增加，而不是强弱等级差的增加。很明显，节律单位层级情况与句块模型的单位层级更加一致，而与二分模型的层级有较大差别。

总之，由于句块模型的单位层级少，在语句的第一层或第二层可以平列地分析出彼此不套合的多个直接成分，从线性的角度看，也就有了更多的线性界标。这样，它所标界出的语法单位界，较之两分模型的直接成分界，就更为接近节律单位音步或停延段的大小，可以更为方便地控制语法边界与节律边界的关系。

2.2　语法边界的松紧（黏合、组合、等立）和可跨界成分

在句块模型的基础上全面审视沈小喜的语料，我们发现，语法边界与节律边界的不一致，集中发生在某几类语法结构的某几类成分上，其他的句块边界或句块成分界与节律边界总是一致的。

下面我们把语法边界与节律边界的不一致，形象地简称为“跨界”。具体说，“跨界”就是指，语法上有平级结构关系的成分，节律上离开有语法平级关系的右接成分，向左跨越上级语法界，与左边的、没有直接语法关系的成分并合为一个节律单元。也就是说，本章所说的“跨界”，一律指**左向跨越高一级**的语法分界，平级间成分从左向右归并为一个节律单元不算跨界。如“小＝白＝雨伞”、“不＝很＝痛快”都是左边的两个字先结合成一个音步，虽然从二分模型看第二个字在节律上跨了界，但从句块模型看它们本来就都是平级成分，不属于跨界。平级成分间组织节律单元的情况，本文将在第3章中用“节律单元归并规则”控制。

根据语法边界与节律边界一致或不一致关系，我们将语法结构分为黏合、组合、等立三大类，它们在节律上的表现分别为紧（无内边界或内部边界不大于外部边界、节律界与语法结构界一致）、松（可有内边界、某些条件下左边的成分可跨界）、特松（总有内边界，节律界与语法成分界一致）。也就是说，跨界现象

其实只限于组合类。另外,在黏合类和组合类还分别有两个的次类。

跨界在节律上有音步、停延段两个层级,如下所示(圆括号表音步界,‖和|分别表强弱不同的停延段界。# + =仍分别表示句块界、块内属支配关系的成分界、块内属修饰关系的成分界):

①音步层级上的跨界。这主要涉及2音节、3音节字组,特别是1+2字组的前字。如:

语法边界:想# 买+雨伞　　　　买# 点=水果

节律边界:(想买)(雨伞)　　　　(买点)(水果)

②停延段层级上的跨界。这主要涉及4、5、6音节或更多音节的字组(以下统称多音节)。如:

语法边界:我# 养了# 一只 = 卷毛 = 狮狗

节律边界:(我养了)(一只)‖(卷毛)(狮狗)

下面分别音步和停延段两个层级说明黏合、组合、等立这三类结构语法边界的松紧及与节律边界的对应情况:(注:黏合、组合、等立三类结构有结构松紧的不同,但这种结构性质的区分与句块结构系统彼此独立。为在句块模型标记的基础上表示出这三类结构类型的区别,我们对标记符号又做了新的调整与区分:块内属修饰关系的成分间为组合关系的仍用"="表示,黏合关系的则改用"-"表示。结构关系为等立的,用原结构符号的双写表示。如有等立关系的两个句块之间,用句块符号的双写##表示;有等立关系的两个块内支配关系成分之间,用++表示;等等。另外,不管什么结构的黏合两字组和2+1式定中结构三字组,都是韵律词(冯1997)。它们是句法节律分析的起点,内部结构无需再标记，下面记做黏合 a 类。）

音步层（2 音节或 3 音节语段，下文中的 1 + 2、2 + 1 指直接成分的音节数）

结构类	松紧	标记符	语法类
黏合 a	紧	（无）	所有黏合两字组，2 + 1 式黏合定中、动结、动趋
黏合 b	较紧	--	1 + 2 黏合定中
组合 b	松	#、+、=	非“的”组合定中，组合状中，介宾，动宾，助动 + 动（以上均限 1 + 2式）
等立	特松	##、+ +	（无）

停延段层（4 音节以上语段）

结构类	松紧	标记符	语法类
黏合 b	较紧	--	黏合定中、黏合述补、黏合状中，
组合 a	较松	=	“的”字定中
组合 b	松	#、+、=	非“的”组合定中，组合状中，“地”字状中，状态类述补，动宾，介宾
等立	特松	##或 + +	并列、连动、兼语—谓语、特类动词—小句宾语

注：①语法上黏合、组合结构的区分是朱德熙先生提出的。语法上的黏合结构大致指不带“的”“地”“得”“了”“着”“过”等结构标记的结构，它们的结合关系紧密。带“的”“地”“得”“了”“着”“过”等结构标记的结构都

是组合结构，它们的结构关系松散。此外，定中结构中，人称/指示代词、数量结构做定语，即使不带“的”，与中心语的关系也为组合式，这就是上表中的“非‘的’定中”。值得注意的是，朱先生是根据语法特点来确定黏合和组合结构是两种松紧不同的关系的。比如，只有指示、数量、人称定语可以放在“的”字定语的前面，其他非“的”定语都不行：“他那两种水灵的新品种蔬菜”可以说，而“*新品种他那两种水灵的蔬菜”不说。所以，即使指示、数量等定语不加“的”，也归入组合式而不是黏合式。下面我们将看到，朱先生根据语法特点分出的结构关系松紧，与它们的节律上的松紧，有很好的对应。另外，20 世纪 80 年代以后的生成语法也根据语法特点的不同，将名词词组的指示、数量等定语语区分出来作为专门的一类，不与其他定语同等看待。

②状中结构是否也有组合式和黏合式的区别，还没有人系统研究过。在本文的句块模型中，介词短语是独立的块，可以不考虑。此外，本文的初步处理是，带“地”状中为组合式，两音节以上的时间、处所类修饰成分，即使不带介词，也属于组合式。其余的，状中之间能插入否定词“不”的大多是组合式，如“虽大、仍在家、也爱吃”等。此类状语大多是表篇章连接、说话人评价或范围等范畴的副词，下面有时也称这些副词为“外围副词”。不能插入否定词“不”的是黏合式，如“手举、快走、缓步、埋头拉车、围炉吃瓜、认真学习”等，其状语大多是表情状方式的，下面有时也称之为“内层状语”。换个角度从语法类来看，名词、形容词、动宾式唯状语等做状语的总是黏合式，但副词则黏合的组合的都有。另外，常作状语的副词，在语法、语义、语用功用的特异性要远远大于做定语的指代词、数量结构等，所以它们在节律上的表现也常常是因词而异、因上下文而异，需要逐个研究。如，根据上面说的标准，“也”和“总”同为外围副词（表范围），但它们在节律上的表现却完全不同（参看叶军 2001；刘现强 2001）。这些问题本文未涉及。

③特松类中“并列”之后的几类，从更宽泛的角度看，其实也都是分立并接关系。如，连动是两个动词性谓语的并接；兼语前和兼语后、“宣布”等特类词的前与后，是两个小句的并接，只是后一小句必须或可以省略主语，且在语义和结构上不一定对等。如“（我请他）|（晚上来）（吃饭）”和

“(同学们)(希望)‖(明天)(再上)(生物课)”。

上表说明了汉语节律与语法结构大致的对应关系，这就是：

(1)**音步、停延两层上的节律边界与语法结构的黏合、组合、等立的类分有很大的一致性，表现在：黏合结构没有大于外边界的内部节律边界，节律边界总与结构整体的外边界重合。等立结构总有可大于外边界的内部节律边界，也即节律边界总与等立式结构内部成分的边界重合。节律界与语法结构界可能的不一致主要集中在组合式语法结构上。**

(2)**汉语的节律与音节数目直接相关，特别在两音节组成音步的层级上，两音节一音步的节律要求一般不顾语法条件。**如不管是定中、述补还是介宾、动宾，两字组在汉语中多是稳定的、不跨界的单音步，**而三字、四字组是否稳定的单音步或单停延段，就明显地有了语法结构类型的限制。**

(3)黏合式中，“黏合 a”总是一个音步，“黏合 b”则内部可以有或一般有音步边界，但不出现停延界(内边界不大于外边界)；所以分为两小类。笔者在另一篇文章中(王洪君 2000)曾分别称之为“韵律词”和“(韵律)类词短语”。

(4)组合式中，“组合 a”(“的”字定中)的内部有或没有停延取决于新信息或强调信息的位置，“组合 b”的内部有或没有停延则取决于前接成分的音步数目。详细条件见下面的小节。

下面，我们按黏合、组合、等立这三大类结构的顺序，分别举例详细说明它们在节律边界方面的特点。

2.3 黏合类结构的节律凝固性

黏合 a 类在节律上结合紧密，无论前接或后接成分的音节数或音步数是否为单，从不被从中拉开。下面分小类举例，例中的星号表示节律边界错误。

黏合 a 定中

音步例：(雨伞)　　(雨伞厂)

不跨界：(买)(雨伞)/(雨伞)(少)　　(去)(雨伞厂)/(雨伞厂)(少)

跨界：*(买雨)(伞)/*(雨)(伞少)　　*(去雨)(伞厂)/*(雨伞)(厂少)

黏合 a 述补

音步例：(看清)　　(看清楚)

不跨界：(想)(看清)/(看清)(后)　　(想)(看清楚)/(看清楚)(时)

跨界：*(想看)(清)/*(看)(清后)　　*(想看)(清楚)/*(看)(清楚时)

音步例：(飞来)　　(飞过来)

不跨界：(没)(飞来)/(飞来)(后)　　(想)(飞过来)

跨界：*(没飞)(来)/*(飞)(来后)　　*(想飞)(过来)

黏合 a 状中和其他两字组

音步例：(手举)　　(担水)　　(进出)

不跨界：(他)(手举)(红旗)　　(怕)(担水)(累)　　(想)(进出)(难)

跨界：*(他手)(举红旗)　　*(怕担)(水累)　　*(想进)(出难)

黏合 b 类在节律上结合比较紧密，结构中虽可以出现音步界(1+2 定中)或肯定出现音步界(4 字以上)，但无论前接或后接成分的音节数或音步数是否为单，内边界从不大于外边界。如：

黏合 b 三字定中(1+2 式)

音步例：(小雨伞)～(小)(雨伞)注：～表示前后的两种节律都是可接受的。

内界不大于外界：(买)(小雨伞)～(买)(小)(雨伞)/*(买小)|(雨伞)

黏合 b 四字定中

停延段例：(中文)(画报)

不跨界：(他也有)|(中文)(画报) / (他)|(中文)(画报)|(很多)

跨界：*(他也有)(中文)|(画报) /*(他)(中文)|(画报)(很多)

黏合 b 四字述补

停延段例：(打扫)(干净) (兴旺)(起来)

不跨界：(同学们)|(打扫)(干净了)(教室) (他的)(国家)||(兴旺)(起来)|(已有)(三年了)

跨界：*(同学们)(打扫)|(干净了)(教室) *(国家)(兴旺)||(起来)(已有)(三年)(了)

黏合 b 四字状中

停延段例：(埋头)(学习)

不跨界：(他)|(埋头)(学习)(英语)/(他那)|(埋头)(学习的)|(精神)

跨界：*(他)(埋头)|(学习)(英语)/ *(他那)(埋头)|(学习的)(精神)

2.4 组合类结构的节律可跨界性

组合类结构的几个直接成分，最左边的成分都是"可跨界成分"。本小节讨论的"可跨界成分"，是由语法语义条件决定的，它们是，组合 a 类："的"字定语；组合 b 类：非"的"组合式的定语(人称/指示/数量定语)、组合式状语(外围副词和带"地"状语)、一般动词、助动词、介词。

组合类结构的前一成分，有时跨入前一节律单元，有时留在本节律单元。

组合 a 类跨界或不跨界，取决于强调重读的位置，如果重读成分在右边，则左边的成分可跨界，如果没有特殊强调的成分，则不跨界。如：

组合 a 类：

带"的"组合定中(一般在两音步以上，所以只在停延段层次上讨论。黑

体表强调重读）

停延段例：(这里的)(最高)(温度)～(这里的)|(**最高**)(温度)
不跨界：(这里的)(最高)(温度)||(也就)(三十度)(左右)
(谁知道)|(这里的)|(最高)(温度)|(是多少)?
跨界：也^不^(知道)(这里的)|(**最高**)(温度)(是多少)

组合b类跨界或不跨界，取决于前接成分节律条件的限制。如前接成分的音节数、音步数等。这些节律限制，本文将在第3章中详细讨论。组合b类结构有3字的也有4字及4字以上的，所以，跨界与否涉及音步和停延段两个层次。下面仅分别小类各举一些具体实例。

组合b类定中（非"的"组合定中一般都在两音步以上，基本不适用跨音步界。下面的跨音步例似不太自然）：

音步例：(这暑假)　　(俩火烧)
(这暑假)|(可真忙)　　(俩火烧)|(够不够)
跨界：(瞧你这)(暑假)(忙得)　　(来俩)(火烧)
停延段例：(这辆)(飞鸽)(女车)　　(一位)(科学院)(院士)
不跨界：(这辆)(飞鸽)(女车)||(很漂亮)
跨界：(我把)(那辆)||(飞鸽)(女车)||给^(卖了)
不跨界：(一位)(科学院)(院士)||(走了)(出来)
跨界：(走出来)(一位)||(科学院)(院士)

不带标记"地"的组合b类状中

音步例：(很高兴)　　(就可以)
不跨界：(同学们)|(很高兴)　　(明天的)(中饭)||(就可以)(对付了)
跨界：(同学们)|(都很)(高兴)(我就)(可以)|(全部)(做完)

带标记"地"的组合b类状中

停延段例：(吃惊地)(看着他)
不跨界：(老师们)||(吃惊地)(看着他)……
跨界：我^(吃惊地)|(看着他)

带标记“得”的组合 b 类述补（均在两音步以上）

停延段例：（跑得）|（气喘）（吁吁）的^

不跨界：（我们班的）（王军霞）||（跑得）|（气喘）（吁吁）的^

跨界：（四百米）|（就把我）（跑得）||（气喘）（吁吁）的^

组合 b 类述宾（两字大多归黏合式，下面只讨论三字和四字以上的情况）

音步例：（吃苹果）

不跨界：（大熊猫）||（一直）（都想）|（吃苹果）

跨界：（大熊猫）||（想吃）（苹果）

停延段例：（研究）|（知青）（问题）

不跨界：她（一直）就（喜欢）||（研究）（知青）（问题）

跨界：她（喜欢）（研究）||（知青）（问题）～她（喜欢）||（研究）（知青）（问题）

组合 b 类介宾

音步例：把^（钱）

不跨界：（小心地）|把^（钱）||（掏了）（出来）

他^把^（钱）||（掏了）（出来）

跨界：（糊里糊涂）|（就把）（钱~）||（掏了）（出来）

音步例：把^（书包）

不跨界：（小心地）|把^（书包）||（放在了）（桌上）

跨界：（一下子）（就把）（书包）||（放在了）（桌上）

（她把）（书包）||（放在了）（桌上）

停延段例：把^（那几本）（小说）

不跨界：（吴家堡的）|（知识）（青年）||把^（那几本）（小说）||都^（翻烂了）

跨界：（我们）把~|（那几本）（小说）|都^（翻烂了）

2.5 等立类结构的节律离散性

等立类结构的节律表现比较简单，它们内部总有边界，内边界无论在什么上下文中都不移动位置，因此它们都是说话、受话人感觉得到的边界。下面的分类举例就尽量简单些。

并列(并列式两字组均为无内边界的黏合式,四字及四字以上的并列字组均为有内边界的等立式)

例:(伤心的)、|(愤怒的)|(都有)

(他们)(伤心的)、|(愤怒的)|(都有)

(被开除的)(职工)||(伤心的)、|(愤怒的)|(都有)

兼语—第二谓语

例:(我请他)||(晚上)(来吃饭)

"宣布"类动词—宾语

例:(主席)(宣布)||(会议)(结束)

2.6　可跨界成分的共性和三类结构的识别标记

上面我们介绍了三大类在节律边界方面表现不同的语法结构。这其中,黏合类的节律边界总与该类语法结构的外边界一致,等立类的节律边界总与该类语法结构的成分界一致。所以,所谓节律边界与语法边界的不一致,主要集中在第二大类——组合式结构上。组合式结构的左边的那个成分在不同的上下文中节律边界可能跨界,也可能不跨界,是可跨界成分。

这些可跨界成分是:定中结构中的"的"字定语、人称、指代、数量定语,状态述补结构中的带"得"述语,状中结构中的范围、评价等状语,动宾结构的动词和介宾结构的介词。值得注意的是,这些成分从更抽象的层级上看有很多共同之处。从语法的角度看,它们或是出现频率极高的封闭词类(代词、数量、介词、助动词等),或是结构的中心支配成分(述宾、述补的述语)。而根据按照生成派较近期的研究成果,代、数、介、助动等也都是各自结构中的中心支配成分，这就与述宾中述语的结构地位完全平行了，具有结构上的共同性。从信息的表达的角度看，在语流中出现频次越高，信息量就越小。而一个结构中，辅助成分一般是信息的焦点（新信息）、中心成分则不是。信息负载量的“轻”，在节律上的直接反映是节律上的“弱”，所以指代、数量、介词、助动等成分在句中的典型表现，是一个弱读音步或一个弱读音节。一个句子中的动词块，节律上也大多弱于施、受等名词性的块。我们看到，信息负载量的“轻”与节律上的“弱”基本上是对应的，而跨界成分正是这些节律上弱的成分。也就是说，“轻则弱”、“弱则可移”是更高层的一般规律。

上述成分在句中弱读是一般情况，但除介词外，在个别语用场景中，它们也可能被说话人选来承负“重”信息。这时，它们在节律上的可跨界性也就随之消失。详见第四章的讨论。

我们的三类结构和句块，不少是有明确的形式标记的。如“的”、“地”、“得”、“在”、“把”、“被”，指代词、数量结构、方位结构、趋向动词、兼语动词、助动词等也都是数量有限的封闭类。在沈小喜的较为口语化的叙事语料中我们发现，语句中每隔不远就会出现这些标记词。这无疑为用我们的方案推导表层节律提供了很大的方便。

三　与节律边界有关的节律模式

3.1　汉语音步的构造与衬字

在音步的层次上，不少学者已经指出，汉语的音步构造明显受节律自身的制约。这就是,汉语的音步大多数是两音节的(标准音步),一部分是三音节的(超音步),少数是单音节的(需延长韵母)。这种构成成分的数目限制可概括为“**二常规、三可容、一四受限**”。

汉语的四音节一般是两音步,其中一些是有特定轻重模式的复二步,如“乱七八糟”一般认为是(次重·轻)(次重·重)。虽有特定模式,但也是两音步。五音节则基本上都是正常两音步了。

两音节、三音节音步加一个或两个轻音衬字,听起来像是合为一个音步,如快速话语“丢在展览馆里了”,最后的两个字都是轻音,与前面的“展览馆”结合紧密。这些轻音衬字往往是属于封闭集合的有限成分。对这种情况有两种处理方法。一种是因为它们在听感上与音步的结合紧密程度差不多,就把它们算一个音步;另一种是把这些轻音衬字处理为“音步外”成分。端木三、李晓华都曾向我建议取后一种处理。它的好处是,把这些语法上严格受限的轻音成分去除,节律才能显现出模式性。一方面是有模式化的节律,另一方面是不循模式的衬字,前者造成往来回复的节律性,后者插入一些变化。两者区分开,两方面的作用都可以显现,两者和(huò)在一起,规律和各自的作用就都淹没了。所以,还是分开的好。衬字就让它剩下,不组织到其他音步中去。

节律外成分、音节外成分是音系学中的重要概念。我们看到,汉语的节律分析,也需要这一概念。有了这个概念,我们就可以理直气壮地说,汉语的音步构造是“二常规、三可容、一四受限”。(“四”主要指“峨眉山路”等 2+1+1 类型,节律上似可以与2+2有所不同，但快读时也可以与2+2式混同。）

这里还要说明的一点是，在我们的体系中，汉语的“音步”和“韵律词”的所指是不同的。韵律词指在任何上下文中都是一个单音步的语言成分，其单音步的属性可以在词典中标注，它们在语法上也通常是凝固的，如“雨伞、雨伞厂”。那些在某些上下文中是一个音步、在另一些上下文中不是一个音步的语言成分，单音步并不是它们的固定属性，我们处理为“韵律短语”。如“小雨伞”、“不高兴”、“买雨伞”。它们在语法上也是不太凝固或完全自由的。总之，“韵律词”是音系语法接面的单位，是从语法单位推导节律的中介；而“音步”则是不考虑语法属性的纯节律的单位，是从语法单位推导节律的终点。

3.2 汉语停延段的构造与衬头、赘尾

停延段由音步构成。根据我们对沈小喜语料的观察，汉语一个停延段中音步的数目也是“二常规、三可容、一四受限”，与汉语音步的构成模式完全平行。

也和音步的构造一样，“二常规、三可容、一四受限”是去除了轻音衬字和弱读音步后的规整化模式，其实一个停延段除了一二三个停延段外还可以前加一两个弱读音节或轻音衬字，也可以后续一两个轻音衬字或弱读音步。前加的可叫“衬头”，后续的可叫“赘尾”。如前面举过的例子：

(吴家堡的) | (知识)(青年) ‖ 把^(那几本)^(小说) ‖ 都^(翻烂)了

(他们)把~ | (那几本)(小说) | 都^(翻烂)了

上例中的“把”、“都”是轻声衬字。“都”在两句中都是衬头，

“把”在第一句中是“衬头”，在第二句中是第一停延段的“赘尾”。“衬头”具有促、高而紧（可能伴有紧喉成分，待研究）的特点，与“赘尾”的舒而低完全不同。所以，虽然是节律外成分，我们还是把它们划分到了停延段中，以显示做头和做尾的不同。我们用后加∧来表示促、高、紧的特点，而用后加～来表示舒缓的特点。

另外值得注意的是，单音节衬头可有两种语音表现。在口语中一般表现为促高紧，而在正式的新闻报告或朗诵中，也可以失去促高紧的特点而变为舒缓，并再拖长一拍。虽然不再促高紧，但音量上仍然很弱，所以衬头的性质并未变化。对于这种舒而缓、拖长的衬头，我们也用后加～来表示。

停延段中音步的数目为“二常规、三可容、一四受限”，在这一模式的基础上，基本可以控制前述“可跨界”成分在何时跨界，和在什么限制下可以允许单音步停延段或容纳三音步停延段。

3.3 跨界规则和节律单元归并规则（音步、停延两层次均适用）

跨界规则

如果 前一结构的节律单元不足二，且本结构除可跨界成分外节律单元数仍足二，则 可跨界成分跨界。

下面看一些例子（带下划线的是要讨论的部分）。

语法界：

只好 # 把 + 回家的 = 时间 # 推迟了 + 两天

节律界：

（只好）把～|（回家的）（时间）||（推迟了）（两天）

注：前块 1 音步，本块 2 音步，触发跨界。

语法界:爸爸 # 把 + 他 # 表扬了 + 一番

节律界:(爸爸) (把^他~) || (表扬了)(一番)

注:本块不足两音步,不触发跨界。

语法界:

英语 老师 # 把 + 回家的 = 时间 # 推迟了 + 两天

节律界:

(英语)(老师)|| 把~(回家的) (时间)||(推迟了)(两天)

注:前块足两音步,不触发跨界。

以上由节律模式决定的跨界条件。下面再看看"允一"和"容三"的条件。

首先,除等立结构外,如果一个结构的成分已足二,则它自成一个节律单元。如果不足二,则根据下面的规则:

节律单元归并规则

如果本成分为一个节律单元且后续平级成分也为一个节律单元(平级成分从左向右扫描),则本成分与后续平级成分合为一个上级节律单元。

前面的许多例子都符合这条规则。如

语法界:

爸爸 # 把 + 他 # 表扬了 + 一番

节律界:

(爸爸) (把^他~) || (表扬了)(一番)

语法界:

小 - 白 - 雨伞 很 - 不 - 高兴

(小 白)(雨 伞) (很 不)(高 兴)

在此基础上可发现允一规则是：

允一规则

如果一个句块为一个节律单元但后续句块已足两个节律单元，则本成分以一个节律单元独立组成上级节律单元。

如：（只好）把^ |（回家的）（时间）||（推迟了）（两天）

需要说明的是，兼语后、“希望”等动词后，不管后续句块是否足二，也都有停延，我们已经把它们归入了等立结构。等立结构的成分自成节律单元是不受允一规则限制的。

除允一规则外，外话题化和强调等语用因素也会造成允一的节律单元，详见下章的讨论。

容三规则

如果一个结构中所有的平级黏合类成分为三个节律单元则这三个成分可以合为一个上级节律单元。

如：

中华－人民－共和国＃（成立）了　不－太－敢＋晚上－回家

（中华）（人民）（共和国）||（成立）了　（不 太 敢）|（晚上）（回家）

这里要再加提醒的是，作为衬头或赘尾的弱读成分是不计数的，以上容三条件是除去衬头和赘尾的容三，算上这些成分，容三甚至容四的节律单元也是很常见的了。

四　与节律边界有关的语用因素

我们观察到的与节律有关的语用因素有二。

一是“**重前设界**”。这就是前面曾简单提到过的，如果在特定语境下需要强调或对比指代、数量、动词等成分，它们就不再用通常的弱读形式，而改用重读(下面用黑体表示)。在改为重读的同时，这些它们也回到了自己的语法边界中，不再跨界。如：

通常弱读跨界：(我把)(那辆)｜(飞鸽车)|(放车棚)了
(走出来)(一位)｜(科学院)(院士)

重读不跨界：(我把)|(**那辆**)(飞鸽车)|(放车棚)了
(走出来)｜(**一位**)(科学院)(院士)

上述现象也可以从反面证明，可跨界成分是负载信息量小的成分，“(信息量)**轻则**(节律)**弱**”“**弱则可移**”，是语用制约节律的普遍性规律。

二是“**有标记话题后强界**”。话题的无标记选择是与主语重合，以连词、副词、时间、处所等成分为话题则是有标记的。有标记的话题后一定有很强的停延边界。一般情况下，如果相邻的两音步都是单音步就要凑成一个停延段(详见下章)。但有标记话题即使它和相邻的语义块都只有一个音步，也可以自成停延段，而且可以是强停延。如：

最近||我|心情 不太好 ～ 最近我||心情 不太好

如果是要对“最近”做说明，就在“最近”后用强停延界，如果是要对“我”做说明，就在“我”后用强停延界。

“重前设界”和“有标记话题后强界”是受语用因素制约的，它们上一章讨论的节律边界很不相同。上一章讨论的节律边界的控制因素——句块、黏合类、组合类、等立类，和它们的形式标记——“的”、“地”、“得”、介词、指代词、数量词、方位成分、趋向动词等，都是从语句的词语选择就可以确定的，而“强调对比”、“话题”等则更多地依赖上下文语境和说话人的意向，仅从选词往往不能确定其节律。也就是说，要在“文语转换”的方向上达到自动标注“强调对比”和“话题”，很是困难。即使是人工标注，也常会有仁者见仁、智者见智的差异。

五　小结

本文提出的新看法主要有：

使用句块模型比使用二分模型能够更简明地控制节律边界。

按照与节律边界的不同关联，可将语法结构分为三种大的类型——黏合、组合、等立。它们大多有明显的形式标志。

节律界与语法界的不一致只涉及三大类中的组合类。组合类结构中居左的成分是“可跨界成分”。它们是：人称/指示/数量定语、外围状语、带“得”状态类述语、介词、一般动词、助动词。

汉语的节律模式在音步、停延段两个层级上有很大平行性，其节律成分数都可用“**二常规、三可容、一四受限**”来概括。这一模式的显现，需去除“节律外”的衬字、衬头、赘尾等成分。

可跨界成分是跨界还是不跨界，由“**二常规、三可容、一四受限**”的汉语节律模式控制。

另外，以上节律规律还要受语用层面因素的调节。本文提到了“重前设界”和“有标记话题强界”，这两点都是其他学者指出过的，不是本文提出的新见。

节律模式如何与语法语用因素相互协调而产生语句的实际节律边界，是一个非常复杂的问题，本文的研究是很初步的。前面已经提到，一些外围副词的节律问题本文尚无力涵盖。此外，动词也明显地有节律表现不同的小类，连续出现的几个单音步介词结构似乎是更倾向于各自成一个小的停延段而不是按二二来归并，诸如此类的问题还很多。希望本文能够抛砖引玉，引发这一方面更深入的研究。

参考文献

曹剑芬（1999）普通话节奏的声学语音特性，《现代语音学论文集》，吕士楠等，金城出版社，北京，155—159页。

——（2001）汉语韵律切分的语音学和语言学线索，《新时代的现代语音学》，蔡莲红等，清华大学出版社，北京，176—179页。

冯胜利（1997）《汉语的韵律、词法与句法》，北京大学出版社，北京。

冯勇强、初敏、贺琳、吕士楠（2001）汉语话语音节时长统计分析，《新时代的现代语音学》，清华大学出版社，北京，66—69页。

刘现强（2001）从"也"和"只"看状中结构韵律的复杂性和可能的控制因素，《新时代的现代语音学》，蔡莲红等，清华大学出版社，北京，208—213页。

钱瑶、初敏、潘悟云（2001）普通话韵律单元边界的声学分析，《新时代的现代语音学》，蔡莲红等，清华大学出版社，北京，70—74页。

沈 炯（1985）北京话声调的音域和语调，《北京语音实验录》，林焘、王理嘉等，北京大学出版社，北京，75—107页。

沈小喜（1998）汉语的节奏单位与语法结构，北京大学博士论文（未刊），北京。

王蓓、杨玉芳、吕士楠（2001）汉语韵律层级边界结构的声学相关物，《新时代的现代语音学》，蔡莲红等，清华大学出版社，北京，161—165页。

王洪君（2000）汉语的韵律词和韵律短语,《中国语文》,北京,第6期,525—536页。

杨玉芳（1997）句法边界的韵律学表现,《声学学报》,北京,第5期,414—421页。

叶 军（1996）停顿的声学征兆,《第三届全国语音学研讨会论文集》,中国社会科学院语言所(内部发行),北京,21—22页。

——（2001）《汉语语句韵律的语法功能》,华东师范大学出版社,上海。

赵元任（1968/1979）《汉语口语语法》,吕叔湘译,商务印书馆,北京。

周明强（1999）论包孕句的语法结构和语音切分,《现代语音学论文集》,吕士楠等,金城出版社,北京,68—73页。

祖漪清、陈肖霞（1999）连续语流中的音节延长及其作用,《现代语音学论文集》,吕士楠等,金城出版社,北京,58—63页。

Halliday, M. A. K.(韩礼德 1985) *An Introduction to Functional Grammar*, Edward Arnold Ltd.:Australia.

Shi Chilin(石基琳 1986) *The Prosodic Domain of Tone Sandhi in Chinese*, Ph.D. disseration, University of California at San Diego.

Selkirk. E. O. (1984) *Phonology and Syntax: The Relation between Sound and Structure*, The MIT Press, Massachusetts.

补记

这是我在汉语韵律研究方面最为全面也最有影响的文章。在第五届全国现代语音学学术会议上做了大会报告后,又先后受邀在IBM、语音学分会组织的《现代语音学和言语工程技术系列讲座》、中科院心理所做过讲演。之前,语音学界已经对于汉语韵律单元有了不少统计材料,但结论大致都是某个韵律单元是几至几音节(比如,最小停延段是3—7音节,一般4—5音节)。我觉得这样的处理永远无法达到文本到语音的自动生成,应该要找出其中的控制因素。本文从语法结构、节律模式、语用因素三个方面对韵律单元的生成条件进行了初步的探索,明确指出了二分支的结构层级与节律并不直接相关,指出了句块和黏合/组合/等立结构,以及节律与语法结构的不一致只集中在组合结构(可跨界成分)上,并利用单双音节小单元对于汉语节律的重要性,采用了前加、后加单音节和双音节的方法来测试节律与语法结构的关系。

说实话,本文陈述的规律都是我自己从材料中直接摸索出来的。后来才知道,其中许多限制条件与生成语法句法模型中的“最大投射”(≈句块)、specifier(≈可跨界成分)等有相当好的契合!现在看来,文章中不少小的结论需要修改,比如汉语的节律常规应该是“**二常规、一三可容、四受限**”,而不是“三可容、一四受限”。另外,还有许多应该讨论的问题没有讨论(比如内嵌句的节律问题),找出的规则也还不够简明,等等。

这篇“粗砖”引出不少“佳玉”。比如初敏、王韫佳、包明真的《普通话节律组织中的局部语法约束和长度约束》(2003 年第六届全国现代语音学学术会议论文,其主要部分发表于《语言学论丛》30 辑,商务印书馆,2004)、周韧的《现代汉语韵律与语法的互动关系研究》(2006,北京大学中文系博士论文,即将由商务印书馆出版)、杨军的《汉语韵律切分的优选论算法——从“右向标准音步”谈起》(第八届中国语音学学术会议暨庆贺吴宗济先生百岁华诞语音科学前沿问题国际研讨会会议论文,2008)、裴雨来的《基于词类-音节数序列的汉语语句韵律结构预测研究》(2009,北京大学中文系博士论文),等等。2008 年之前的有关意见,我在《汉语非线性音系学》的增订版(2008,北京大学出版社)中都做了简单的介绍,希望读者注意参考。

汉语的特点与语言的普遍性*

——从语言研究的立足点看中西音系理论的发展

零 开题

多年来汉语研究中一直有两种倾向。一种是简单地搬用西方普通语言学来处理汉语,外文系出身的语言学者所取此路。另一种是强调汉语的特点,强调西方理论不足以处理汉语,中文系出身的汉学者或明白宣示,或心内思忖,实以此路为多。本文想说明,两种倾向在某种意义上看有通病,就是其立足点实际上都只限于如何处理汉语,而不把处理人类语言的共性当作自己的任务。放弃对语言共性的探索,不仅使中国语言学逐渐落后于西方语言学,差距越拉越大,而且也很难真正搞清汉语的特点。下面仅以音系理论的发展为线索,说明立足点限于汉语的局限。

---

* 原文发表于《缀玉二集——北京大学中文系青年教师学术论文选编》303—304页,北京大学出版社,1994年12月。

一 起点

中国传统语言学(小学)与西方传统语言学都是只限于研究某一种或某一系具体语言。它们各自发现了自己那一系语言的不少特点和规律,都建立了宜于描写某一系具体语言的理论方法,又都不能涵盖对方语言的事实。

比如,在汉语音韵学中,“字”(从语音上看也就是音节)是语音分析的基本单位。音节中声调的分类很重要,此外音节还要首先分为声韵两部分,其次分析到等呼、韵尾等相当于音位(大致相当于字母)的层级,再分析到相当于区别特征的层级。从字书的编排、标音用的反切法、韵图的设计都可以看出这种对音节层次结构的认识。构词法方面对重言、双声叠韵、切语词(如“薄来”为“摆”)以至音转构词都有过专门论述。韵律方面重视音节数目的对称和对偶句声调平仄的交替。

西方语言学则是以词为语音分析的基本单位。从词直接分析到字母层次。字母首先分为元音、辅音两大类,然后再是发音部位、方法的区别特征分组。构词法的研究重视词的构词音变规则,如内部屈折或附加词组所发生的语音变化的规律往往是以字母的元辅音及区别特征的分组为条件的。韵律方面则着重一个词的音步数目,词的重音位置,如何利用词的组合造成轻重交替的节奏旋律。

可以说,两种传统都突出了各自语言的特点,各有所长,起点差不多。

二 差距形成

十九世纪后，随着欧洲经济、科学的起飞、殖民地的扩展、西方人所接触语言的增多，西方语言学明确了在具体语言规律之上发现人类语言普遍规律的企图，立足点由具体语言转向了人类语言的共性。立足点的变化，使西方语言学发展得很快。与此同时，中国语言学始终立足于如何处理汉语，理论上没有新进展。下面分几个阶段具体讨论。

立足于全人类语言的普通语言学是从探求语言历史发展的普遍规律开始的，这就是十九世纪的历史比较语言学。本文想限于讨论有关语言共时语音系统理论的发展脉络，故西方语言学这一时期的成果就暂略过不表。只提一点与本文议题有关的，就是在十九世纪后期，欧洲已制定了适于描写所有语言语音系统的标音符号——国际音标。

二十世纪以来，西方语言学的主要方向转向人类语言共时结构系统的研究。直至六十年代初，西方的主流学派是结构主义。

结构主义着眼于人类语言的共性，试图找出形式化的、适用于分析所有语言结构的发现程序和描写分类程序。本文只想提及以下几点：1.它从理论上阐明了，语音结构中起作用的不是物质声音的具体差异，而是用以区分语素或词的语音功能。2.确立了一套形式化的“发现”音位的程序，其原则是只考虑语音的对立、互补等分布关系，不考虑语法、语义的分布条件。3.确定了将音位分析为区别特征的程序。并且提出，从区别特征的层次看，所有语言的辅音系统都呈现出平行对称的共性，元音系统则呈四边形或三角形。4.重音是重要的一级语音单位，并提出了人类语言的“音节普遍响度原则”。即，位于音节中心的音位响度最大，由中心到两边，响度顺次降低。这几点中，第1条是结构主义各派公认的，第2条只是美国结构主义的主张，与其背景——要研究处理大量没有文字材料的、不是调查者母语的印第安语言有关。第3、4条则是欧洲派结构主义的贡献。

总的看来，结构主义理论使西方语言学的适用性大大提高了。然而，受研究对象语及认识水平的限制，其“普遍性”是打折扣的。个别地方比西方传统语言学还有所倒退。比如它不像传统语言学那样重视语音与语法的关联。

同一时期，中国学者关心的焦点仍限于如何处理汉语。但是，像传统小学那样用汉字来作为标写各级语音单位的符号无疑是太不方便、太不精确了。只凭语感来确定语音单位的做法也显然只能对付研究者的母语方言或是一种标准语言。社会的发展使得传统小学已不足以满足新时期处理汉语的需求。中国开始向西方借用理论。借用的结果是，按音位的发现程序，用国际音标字母做符号来处理汉语大致可行。如果只分析那些一音节一义的实字而不管儿化词、拟声词、叹词，得到的语音单位系统与汉语音韵学力图用图表显示的、整齐的语音格局相当，且更为直观。更可以一目了然地发现，北京话的所有字音都是一个音节4个字母，第一位置只出现辅音，第二位置只出现i、u、y，第三位置只出现元音，第四位置只出现i、u、n、ŋ。其中辅音系统

除 l(来母)、r(日母)外,形成横成行竖成列的方形矩阵:

$p\quad p^h\quad m\quad f$

$t\quad t^h\quad n\quad (s)$

$k\quad k^h\quad ŋ\quad x$

这些特点都是汉语音韵学力图揭示的,也是符合汉族人语感的。引入立足于人类语言共性的西方结构主义,无疑推进了汉语的研究。

然而搬来的西方理论也不是完全可行。一是用字母标写汉语语音、用普遍的音位发现程序研究各种汉语方言后,更发现西方仅把音节看成一个元辅音顺序出现的单线性序列不如传统音韵学把音节看成声韵两分、韵再细分的层级结构合理。取中国传统的音节层级结构可以更简明地说明汉语各方言音系的特点。因为在这个体系中,不仅声母,而且韵母、韵基都形成平行对称的格局。如北京音系的韵母四呼相配:有 an、ian、uan、yan,就有 en、in、un、yn;而无尾韵的韵基是高/中/低相配的三套,有尾韵的韵基是低/非低两套相配:a、e、i/ ai、ei / au、ou / an、en / aŋ、eŋ。取消韵母、韵基等层级就很难抓住汉语方言在音系格局上的特点。二是纯形式化的,不考虑语法、语义分布条件的美国式音位发现程序很难在汉语语音分析中不打折扣地贯彻。若是不按语法、语义条件先把"一个音节两个意义"的儿化词及与语义有相似性联系的拟声、感叹词剔除,按"音位发现程序"操作,将得到一个颇为混乱无章的语音系统。这样的系统格局无法说明种种语音构词规则,无法说明方言间音系的对应,无法以此为基础观察音系演变,也不符合汉族人语感(详见拙文《什么是音系的基本单位》)。面对这些问题,国内学者有几种态度。一种是坚持结构主义原则,宁愿用烦琐的手续来处理汉语。处理的结果是系统混乱。另一种是将外来理论加以改造来处理汉语。如分析汉语音系时首先讲声韵调,然后再讲音位。再比如只按“音位发现程序”处理一音一义的实字,儿化词等非一音一义的成分之后再处理。这样做可以说是兼容了汉学传统与西方理论,使汉语音系的分析较之两者都更为简明。然而这种做法的理论根据何在,西方理论是否有不够普遍的缺陷或质的错误,这一派却不主张讨论这些理论问题。再一派,主张公开提出结构主义不适用于汉语,强调汉语有种种特点,强调要建立汉语自己的语言理论。然而,是否会有语言的普遍理论呢?汉语的特点、传统音韵学的理论框架有没有反映语言共性的方面呢?第三派似乎也没有考虑。

眼光囿于汉语,使得这一时期的中国语言学没有在中国传统小学与西方语言学之外提出新的理论。

三　差距拉大

六十年代后生成派取代了结构主义的主流派地位。之所以能够取代,首先是因为生成派用俄语、英语,特别是英语重音方面的语音事实为材料,从理论上彻底说明了就语音论语音的“音位发现程序”是不合理的。生成派提出,任何一种语言语音系统的基本单位,都必须兼顾语法语义条件才能发现,它们只应该包括那些在语音语法语义上都不可预测的、不能由其他单位加规则推出来的单位。也就是说,按生成派的原则来处理汉语的话,只在儿化韵、感叹词中出现的语音,因为跟特定的语法语义相联,不能跟“一音一义”的实字同等对待。结构主义用来分析汉语音系,常常遇到儿化韵的纠缠,原来是结构主义本身有本质上的缺陷。结构主义不只是处理汉语有困难,而是处理所有语言都有困难。只是困难点有不同:于英语在重音,于汉语在儿化韵。同样是理论不适用,引出的结果却不相同。人家认为音位理论处理不了英语重音是有普遍意义的,因而对结构主义进行了“革命”,建立起新的、普遍性的语言理论。我们则或者以为普遍理论不可更改,或者认为儿化韵问题是汉语独有的。一次很好的机会,根据汉语的特点来更正、补充,以至重建普通语言理论的机会就这样失去了。

生成派比结构主义更强调语言的共性。他们批评结构主义是只满足于“描写”语言,满足于对语言各级单位进行分类,而不力图“解释”语言各种现象间的联系。重“解释”,重语法语义语音间的关联,两者结合使生成音系理论有了更大的进展。

初期的生成派着重对英、俄等印欧系语言进行深层次的研究。以系统、规则最简明,能概括解释最多的语言现象为原则,他们恢复了西方传统语言学以词为基本单位、重视构词音变的传统。生成派第一次揭示了英语重音的规则:英语的词重音与词类(名、动、形)、词的结构类型(单纯/派生)等语法条件,元辅音的排列等语音条件都有关联。根据最简明地处理英语、俄语的经验,生成派建立起自己的普遍性的语言模型。这一模型对英语的解释力大大超过了传统语言学与结构主义。然而早期的结构主义虽然号称“普遍”，但由于处理的对象语有限，实际还够不上“普遍”的资格。比如在他们的音系理论中竟然没有“音节”这一级语音单位，而是由音段直接构成词音形。就这一点而言，生成派比传统语言学有所后退。然而生成音系学并没有就此停步。

七十年代始，生成派先后以阿拉伯语、班图语、南岛语、印第安语、日语、汉语等多种语言为材料，以“最简明、解释力最强”为原则分别从各语言中抽象出不同的语言模型。先假设这些语言模型是普遍性的，然后放到其他语言中去检验。检验可能证明模式的确是普遍性的；也可能证明是把语言个性的现象当作了普遍的；还可能虽然在其他语言中发现有例外，但可以发现在更高的层次上还有普遍性。如此经过多次反复，当前生成音系学所提的音系理论已基本上可以涵盖国内常说的汉语特点。下面仅举几个特点为例。每一个特点先举国内的说法再举生成音系学的说法。从中不难看出，较低层次的个性，到更高层次上就成了共性。

1. 汉语的特点是一个音节首先分为声韵两部分，韵母再分为韵头和韵基，韵基再分为韵腹和韵尾，是个层层二分的层级结构。

生成音系学：所有语言的音节都应该首先分为声韵两部分，然后声韵再进一步分析。韵再分析为韵核和韵尾。证据是在印欧、班图等多种不同系的语言中，词的重音或乐调重音的位置都只与韵的音位数目有关而与声母的音位数目无关。通常，韵中含两个音位的 VV 韵或 VC 韵的音节（可统称“重音节”）吸引重音,而韵中只含一个音位的V韵音节("轻音节")不吸引重音。从另一角度看就是,辅音若处于声母位置就与重音无关,若处于韵尾位置就与重音有关。因而声母含辅音的多少,如CVV、CCVV、CCCVV,对重音没有任何影响。韵尾位置则多一个辅音少一个辅音,与重音的关系很大。请看英语重音的部分规则。

三音节以上的名词性单纯词:

Ⅰ	Ⅱ	Ⅲ
América	Minnesóta	Califórnia
cínima	horízon	agénda
metrópolis	balaláika	uténsil
análysis	coróna	appéndix

Ⅰ栏的重音在倒数第三音节,Ⅱ、Ⅲ两栏的重音却在倒数第二音节。规律在:去掉最后一个音节后,Ⅰ栏的最右边的音节为短元音V韵,而Ⅱ、Ⅲ两栏则分别为VV韵和VC韵。音节轻重的不同决定了重音的位置。英语大部分派生词的重音规则与名性单纯词相同。

再看动词性单纯词:

Ⅰ	Ⅱ	Ⅲ
astónish	maintáin	collápse
édit	eráse	tormént
consíder	appéar	exháust
intérpret	achiéve	eléct
imágine	decíde	convínce

Ⅰ栏的重音在倒数第二音节,Ⅱ、Ⅲ栏的重音在倒数第一音

节。重音的规则是，去掉最后一个辅音，其他与前述规则相同：Ⅰ最右边的音节为V韵，重音在左边，Ⅱ、Ⅲ两栏为VC韵，重音在自身。

英语的重音规则是比较复杂的，名性单纯词与派生词的最末一个音节是节律外成分，动性与形容词性的最末一个辅音是节律外成分。其他多种语言的重音大多简单些，但V与VC、VV韵的对立是普遍性的。由此若仅仅区分元辅音而不区分声韵甚或音节，无法简明地描写世界绝大多数语言。因而音节的分界、音节内的声韵二分，韵内的中心与韵尾的再二分，是语言普遍语音模式中必不可少的内容。

据生成音系学的创始人Halle教授相告，他们在各种语言的韵律规则研究中都发现了辅音在音节首与音节尾的不同功能，才发现汉语音韵学的音节层次结构说原来是普遍的语音模式。现在，这一模式已被普遍接受，其解释力令许多音系学家震动。可惜，声韵二分的音节层次结构说作为语言的普遍模式，其发明权不在中国而在美国，中国人坚持认为它是汉语独有的特点。

2. 汉语的音节有几个组合位置及各个位置可出现什么成员有严格的限制。因而什么是汉语中可能的词音形，什么是不可能的词形，汉族人有很好的直觉，如blik肯定不是现代汉语的词。而印欧语哪个音位可以出现在音节的哪个位置是不固定的，什么是印欧语可能的词形不能确定。

生成音系学：这种说法是错误的。凡英语稍好的人都可以判断出下列单个音节中带星号的不可能是英语的词，不带星号

的可能是英语的词(可以选来做新的商标名):

filb　slin　*vlim　smid　*fnit　*vrig

trib　brid　blim　tnig　*bnin　plit

多音节词的限制较单音节复杂。但经生成音系学的多年研究并参考了其他语言中的语言现象,现已基本搞清了英语多音节词的语音规则。主要有以下几点:①重音位置要符合规则(具体规则略)。②音段成分的限制分为核心音节与边际音节两类。核心音节指分布自由的音节,它们既可能出现在词首,也可能出现在词中、词末位置,语法上也没有特殊的条件限制。边际音节指语音或语法上受限制的音节。英语的边际音节是只在词首或词末位置出现的音节,及带有-s、-d、-th 等词缀、词尾的音节。核心音节的结构要求严,边际音节的结构要求宽。③英语核心音节的音节结构为 $CGV\begin{Bmatrix}C\\V\end{Bmatrix}C$,共 5 个位置。边际音节与核心音节的差别为,位于词首时音节首的辅音丛可以再加个 s-,位于词末位置时音节尾可以再加一至两个辅音,再加的辅音限于舌前音 t、d、s、z、θ 等。

区分核心音节与边际音节是生成音系学对普遍音理的一大贡献。它不仅使英语的音节结构显出了简单的规则(原来结构主义仅对英语单音节词的组合规则的说明就需要三四页纸),而且也能够更简明地说明其他语言的事实。如汉语的儿化韵等就是属于"只在特定的语法条件下出现的"边际语音现象,其结构往往超出汉语一般音节的格局:北京儿化韵有-ur、-ŋr 等双韵尾,山西山东的儿化韵有 pl-、tr- 等复声母,还有的方言的儿化韵都是比一般音节长一个音位的长音。只有按核心音节、边际音节分别处理的理论，才能分析出真正的语音系统格局。

3.“一个音节一个意义”的结构关联制约着汉语构词法的所有规则。这可以说是汉语的一个特点，以此为纲可以简明地解释汉语种种构词语音规则的联系。如，“一个音节两个意义”的儿化、Z变词均由两个“一音节一义”的成分按合音规则“二合一”而成，“多音节单个意义”的重言（如“灿灿”）、双声叠韵（如“匍匐”“彷徨”）、嵌l（如“薄唻”）、象声词（如“劈里啪啦”）等都是各音节的语音有特殊的关系，实际是以“一音节一义”的单音节的重叠为基础，加或不加某些规则而形成的。“二合一”也好、“一生二”也好，都是在“一音节一义”的根基上派生出来的。只有“布尔什维克”之类的外来词没有“一音节一义”的根基，所以一望而知是异己成分。

然而从更高的层次看，这一特点也不过是语言普遍性的一种具体体现。

生成音系学近两年提出，人类的语音结构可以分为如下层级不同的韵律单位（由大至小排列）：话语—语调短语—韵律短语—附着词组—韵律词—音步—音节—摩拉。任何一种语言，对于自己的语素或词都可能有语音结构上的特殊要求。这些语音结构的要求制约着该语言的所有构词音变。如前所述，英语的一个词必须有一个位置符合规则的词重音，核心音节最大只能是CGV{C/V}，而词缘音节可以是〈s〉CGV{C/V}C〈C〉〈C〉。由此而决定了，一个词根若是附加了词缀或词尾，音节数目变化了，重音位置会按规则进行调整。而由于重音位置的变化及原来的词末音节加词缀后变为词中，重音规则与核心音节的限制将迫使某些元音短化以符合英语语音词的韵律限制。如 nation～national～nationality，devine～devinity，cycle～cyclic，sleep～slept，wide～width 等例中派生词重音和元音长短的变化都是受英语语音词的韵律制约而发生的。

我们观察了英语和汉语的现象后发现，各个语言中都有一级单位是语法跟语音单位的交汇点：汉语的一个音节多半是一个语素，英语的一个语音词多半是一个语法词。而汉语的语法词与语音单位没有交汇关系，英语的音节与语素没有交汇关系。这个交汇点的韵律限制制约着该语言的种种构词音变。若抓住该交汇点的韵律限制就可以控制、解释一大片规则①。

由此看来，汉语"一音节一义"的特点也在更高层次的语言共性之中。特殊之处仅仅在于汉语的语音语法单位的交汇点在"一音节一义"的字上，而英语的语音语法单位的交汇点在"一个词重音・一个自由语法单位"的词上②。

顺便提一句，生成音系学目前的"普遍韵律单位层级"的模型，也还有不够普遍之处。如：汉语的"词"并没有定型的语音模式；音步、重音是有的，但大多不是构词手段，不是词音形特有的形式标志；汉语的声调是单个音节内部的韵律特征。这些特点

① 补注：因此笔者在《汉语非线性音系学》(1999/2008)提出，应该设立专门的、普通语言学的概念来指称这一交汇点——最小韵律自由单位。徐通锵先生称之为"结构基点"。

② 补注：它们的共同之处则在于，都是语音语法单位的最低交汇点，是控制一个语言构词语音规则的枢纽。

在“韵律单位层级”中还没有得到很好的解释。

四 结语

不同的语言形态各异,具有个性。而语言之为语言,就好比马之为马、笔之为笔,又具有共性。个性与共性不是矛盾的,共性比个性的层次高。

从起点相同到中弱西强,原因之一在于我们没有摆正汉语特点与人类语言共性的关系。

一方面,语言共性是科学研究力图逐渐接近,希望能最终达到的目标。要明确,西方的普通语言学理论不过是建立在某些语言具体特点之上的、反映他们目前认识水平的工作假设。把这种假设当作唯一正确的原则来处理汉语,结果只能是跟在别人的后面打转转:忽而放弃声韵以至音节的分析,忽而把儿化韵与单字韵放在一个层面上处理,忽而完全不谈语音语法语义的关联……等人家开始改变了,我们再跟上。这样的做法明显是不足取的。

另一方面,片面强调汉语的特点亦不足取。应该肯定,首先以最简原则来全面地处理汉语,努力挖掘中国传统语言学的合理内涵,无疑是汉语学者探求人类语言共性的第一步。然而,动辄强调汉语的特点远不如坚持探求“最简明、解释力最强的汉语模型”更为理智和明智。且不说我们了解语言太少而不足以确定什么是汉语独有的,更重要的是后一种提法是为探求“最简汉语模式”在什么层次上反映人类语言共性所走的第一步,是修正、补充以至推翻西方理论的第一步，是与西方人共同站到探究人类语言共性的起跑线上的第一步；而后一种说法却是否认语言共性，自动放弃对语言共性探究的封闭的一步。值得警惕的是，它同样使我们无法与西方人站到同一条起跑线上。

补记

下面的四篇是又一个单元，所讨论的问题不再限于词法，而是扩展到了整个语言系统，甚至是包括文字的语文大系统。

这篇文章成文很早，跟文集第一单元的首篇《从字和字组看词和短语》、第二单元的首篇《汉语常用的两种语音构词法》同属一个时期的作品，大约都是 1992—1993 年间成文，1994 年正式发表的。只是，前面那两篇，分别是我语法词法和语音词法的代表作，花费了我大量的时间和精力，而这篇小文却是在几天内一挥而就的。

1993 年的"五四"，为了纪念北京大学 95 周年校庆，中文系召开"青年教师五四学术报告会"。所有专业的青年教师在一起交流学术，这让我这个"纯汉语专业"出身、主要研究专而又专的音系学和方言的"青年教员"很觉为难。为了让其他专业的老师也能听懂，我尽量从中西学术史的大处着眼，尽量只涉及音节等所有中文学者都能够理解的问题。由于是非正式的系内小会的论文，文后也未列参考文献。

也许正是由于有意识地想要对更多领域的学者都有价值，文章的观察点得以提高，论述也避免了太过晦涩，反而在语言学圈内也得到了很好的反响。我想，一方面，如果没有在语音构词和语法构词方面的深而专的研究，就不可能在更高的理论层次有新的见解；另一方面，如果仅仅限于局部研究，尽管看来专深，但也容易宏观上迷失，实际上失之于浅。微观研究和宏观研究的确需要相互补充、相互促进。经常从某个点深扎下去，也不要忘记常跳出来看看全景。

“字本位”与汉语二语教学*

提要　汉语语汇层面的“字”指“一音节一义的结合体”。本文首先讨论了汉语语汇层面字本位的三种表现：单字自由、单音有义双音定义、词与短语组合同模；然后讨论了字本位在汉语二语教材编写中重要作用及其应该注意的几个问题：字频高不等于构词能力高，标音字、实字与虚字的不同功能，应该加重名性实字字频的权重，构词规则应该按规则性高低的不同分为三类分别对待，义场对汉语构词规则的描述有重要作用。

一　“字本位”的不同层面

徐通锵先生(1997)提倡的“字本位”所说的“字”，不是专指文字上的“字”，而是兼指我们日常用语中“字”的四种含义：语音的单位(≈音节)、语汇[①]的单位(≈语素)、文字的单位(方块字)、语音语汇文字三位一体的单位。

“本位”是指语言系统或语言某一层面的分系统中的基本单位。它是某一系统或分系统运转的枢纽：它之下、之上的单位都

---

*　原文发表于《汉语教学学刊》第3辑58—21页，北京大学出版社，2007年9月。

①　“语汇层面”是徐通锵《字本位语法导论》(2007)所用术语，相当于通行所说的“语法层面”。目前，国外学界的共识是词汇属于语法层面。从内涵考虑，“语汇”这一术语的确更为合适。

依据它才能定位(王洪君 1994)。"本位"是母语者心目中"现成"的单位,它不一定是最小单位,但一定是有固定封闭的形式框架(如特定的韵律模块或空间模块)并且与语汇单元有跨层关联的单位(徐通锵 2007)。

"字"有几种不同的含义,就有几个层面上的字本位:单字音(≈音节)是汉语语音系统的本位(王洪君 1999),语汇字(≈语素)是汉语语汇系统的本位,方块字是汉语文字系统的本位,三位一体的字是汉语文大系统的本位。

把"语汇-语法"看做同一个层面,国外多半如此,徐通锵先生晚期的著作(徐通锵 2007)也采用这种分析。把语音/文字看做是表达"语汇-语法"的两个并列的形式系统,则可参考韩礼德(1985)、兰姆(1966)。

字本位在不同层面上有不同的具体表现,这一问题笔者已有另文专门讨论(王洪君 2008)。该文对字在语汇层面字本位的表现讨论得尤为详细,分为了单字自由、单音有义双音定义、字数与语汇单位层级、单双音功能有别、词与短语组合同模等五个方面。本文拟简单介绍语汇层面字本位五种表现中的三种,以破除不少同行以为"字本位"只讲字不讲词的误解,然后着重谈谈编写字本位汉语二语教材时应该注意的一些问题。

二　"字本位"在语汇层的三种表现:单字自由、单音有义双音定义、词与短语组合同模

语汇层的字本位,并不是说汉语语汇层只需要讲字,而是说

字在许多意义上堪称“最小的自由单位”，而大于字的各级语汇单位的语音形式和语汇义都直接或间接地受字的控制。

2.1　单字自由

首先，汉语即使是黏着的语汇字，也可以自由地单独称说。比如，“‘民’，‘人民’的‘民’”。对比一下英语。英语中 nationality 一词中的黏着语素-al，很难像汉语一样从词中拆出来单独称说：“*[æ-l]，nationality 的[æ-l]”。如果需要称说，只能用文字形式-al-的字母读音[ei，l]。汉英的这一差别取决于语汇单位是否与韵律单位有固定关联：汉语的语汇字与语音层面的音节关联，有固定的音节界线和底层的声调；而英语的语素只有音段配列，没有底层重音、音节分界和音步分界。

其次，除虚字外，汉语的黏着字在两字词中的位置几乎都是不定位的。比如“人民/民主”，“桌子/书桌”。而英语的黏着语素大多是定位的，如 pre-、anti-只能在前，-ly、-al、-ity 只能在后。

更重要的是，汉语的黏着实字几乎都个个都有可以自由运用潜能。比如，“为民做主、摆桌咨询、送鸭上门、彩蝶飞舞、生女也一样、花钱择校是否值得”等等。此外还有大量的“不觉、深恐、未持、又需……”“窗前、机内、鼻下、桌上、校内……”的两字组。这些字组中的副字或方位字是学界公认的自由成分，因此对于这些两字组，或者承认其中的名字或动字也是自由的(董秀芳 2005 给它们专门起了个名称——“半自由语素”)、整体是短语，或者承认两字组整体不是短语而是双音词，否则系统内部就无法一致。而前一种处理恐怕更符合汉语者的语感。

以上特点体现出汉语语汇字不同于英语语素的自由独立

性，所以，美国的一位语言学家(G. A. Kennedy)曾把汉语的字比做可单独构成物质的离子，而把英语的语素比做不可单独构成物质的原子(转引自赵元任 1973/1993)。

把汉语"一音节一义"的小单位称做"语素"，只是基于它与 morpheme 在"最小的音义结合体"这一点上的共同性，称做"字"则是突出了它是有语音、语汇、文字三层面跨层关联的单位，是这三个分系统及整个汉语文大系统的基本单位(本位)。这种系统地位与英语的 word 相同，而与 morpheme 不同。

称做"字"并不是说不区分各层面，如同英语以 phonological word/grammatical word/graphic word 来特指不同层面的单位一样，汉语也可以以"音系字/语汇字/文字字"来区分不同层面的单位。

2.2 单音有义、双音定义的音义关联模式

汉语语汇层的一个特点是"单音有义"：除了外语借词和非线性生成的拟声摹态词外，汉语语流中的每个音节都有意义。但同时单音又是不定义的：从单位的同一来看，1000 多个音节对应至少 8000 个语汇字，一个语汇字还可能有多个义项，音节与语汇单元义的对应是一对多的。

字与字以黏合关系组合的第一步构成两字词。两字词可用的音形，从单音的 1000 多个一下扩展为十万个以上，双音音形的多义现象很少很少了。更重要的是，在两字的彼此搭配与选择中，每个音节对应的字和字义也单一化了。如"shātǔ"的第一音节只可能是"沙"字的"细小的石粒"义，第二音节只能是表名物的"土"，而"杀纱痧裟鲨""吐"等字和"沙""土"的其他义项都因意义上的无法搭配而排除了。双音形式因各个单音节所关联的意义的搭配选择作用而有了确定的义项，我们称之为“双音定义”。

双音词的确在汉语中有不同于“字”的特殊重要的作用：使多义的单音、单字单一义化，是组成更大语汇单元的重要中介，在汉语者的心理中大多作为一个整体单位储存。但是，语汇义单一化的双音小单元是在单音有义的基础上因搭配选择作用而形成的。没有“单音有义”的音义关联，就不会有“双音定义”的音义关联，比如英语。

总之，双音定义是由单音有义决定的，两者都是语汇层字本位的体现。“lǐ，lǐmào 的 lǐ，jìnglǐ 的 lǐ（礼，礼貌的礼，敬礼的礼）”，“lǐ，lǐshù 的 lǐ，táolǐ 的 lǐ（李，李树的李，桃李的李）”，“lǐ，lǐwài 的 lǐ，wūlǐ 的 lǐ（里，里外的里，屋里的里）”，这些汉语母语教学中常用的说法，是汉语语汇层面“单音有义，双音定义”音义关联模式的体现。

2.3 词与短语组合同模

除了音节单双的限制，汉语语汇层的特点是从字到短语的层层组合大致同模，几种有限的结构——定中、联合、述宾、述补、主谓、状中——可以反复地套合，且组合式与黏合式的组合成分的大类与搭配次序相同，只是组合式往往需要另外添加结构标记。比如“藤椅”和“藤编的椅子”都是定语在前，中心语在后；“种树”和“种了树”都是述语在前，宾语在后。笔者（王洪君1994，1998）曾分别从分布类和语义类配列生成的角度讨论过汉语语汇层黏合式的几种主要结构模式，稍加修改列举如下：

1)定中(中心在后的名性向心结构)

语汇义类:属性+实体→实体的下位概念

分布类:{名、形、不及物状态动、区别}+名→名

例:木桶、纸老虎、白纸、白菜、拖鞋、大型表、金牙

2)并列(双中心的向心结构,下面的X代表任一类别)

语汇义类:X+X→X的上位概念(限两字黏合结构)

分布类:X+X→X'

例:桌椅、钟表、矛盾

3)述补(中心在后的增添使成义的动性结构)

语汇义类:动作+使成{位置、趋向、状态、性质}→达成动

分布类:双限动词+{趋向动、非自主点动、状态动、形容}→后限动或点动①

例:立正、推倒、射中、焖熟、走进来

4)述宾(中心在前的动性结构)

语汇义类:①动作+实体→活动,②呈现+性质→状态,

③领有+物化属性→性质,④意愿/能力+可控动作→性质

分布类:①普通二价及物动+名→不及物动,②呈现动+形→不及物动/形,

③"有"+抽象名→形,④助动+可控动→形

① 双限动词、后限动词、点动词等术语的含义请参考郭锐(1993)。

例：①买菜、跳伞、打拳，②泛白、发慌，③有理想，④能说、会溜须拍马

5）主谓（非向心的动名性结构）

语汇义类：实体＋{活动、状态、性质}→非现实现象（加事态助词才成现实事件）

分布类：名＋{不及物动作动、状态动、性质形}→不及物动名性结构

例：骏马奋蹄、马嘶、鳜鱼肥美、鱼肥

6）状中（中心在后的动性结构[①]，限内层状中）

语汇义类：①②{否定、程度、状貌}＋性质/动作/状态→下位的性质/动作/状态

分布类：①副＋形→形，②{副、形}＋动→动

例：笔直、手举、快走、不觉、认真学习

除六类基本结构外，还有一些词法和短语结构大致相同的结构小类，比如复谓。词法也有一些自己独特的结构，比如"车辆、灰心、笔直"等，这里不再多说。

有些同行以"白菜≠白的菜"为例质疑"以字控词"的可行性，其实，"白菜是一种菜"才是词法的成分类配列与结构规则层次上的规律。汉语语汇层面的两字词符合以上短语结构规则的至少在90%以上，应该是没有问题的。

综上，单字自由、单音有义双音定义、词与短语组合同模，这

① 外层状语包括连词、语气/时间/总括副词等，它们应着眼于语用要素的非线性关联来考察，本文不拟讨论。

些特点都是没有"一音节一义"关联的其他语言所不可能具备的,是"字本位"在语汇层的直接体现。

三 字本位与汉语二语教学

3.1 字本位在汉语二语教学中的价值

众所周知,语言学习能否迅速扩大词汇量,是制约水平提高的瓶颈。

笔者设想,如果在初级汉语的教材中就立足于字本位,可以有效地帮助二语学习者突破扩大词汇量的瓶颈。至于正确地完句,主要在于涉及语用的那些封闭类成员的范畴义及分布规律,需要另外讨论。

汉语语汇层面的字的数量有限且不再新生能产。多种统计表明,汉语 2000 左右常用字可以基本满足交际的需要,8000 字足以覆盖报刊用字。社会生活出现的新概念,除外语借词外,都是用为数不多的字为基点来新造词或语来表达。

汉族人对于"新词"通常不需要专门学习或查字典,借助一定的上下文就足以晓义,如"桑拿天、沙尘暴、雾霾、尘霾"等等。而外国留学生却是学了"鸡蛋"仍不知"鸡"为何物,于是称"鸡"为"鸡蛋的妈妈";学过"无"也学过"权"却茫然不知"无权"的意思。为什么汉语者面对新词可以创造性地理解,而汉语二语者却不行?二语者称"鸡"为"鸡蛋的妈妈"不能不说是很有创造性,但为什么错了?为什么面对"无权"就不能发挥创造性猜出其含义?

区别就在于汉语者有“一音节一义”的字本位观念，有以单音字生双音词的规则模式，而汉语二语者的母语却是音节与语汇单位没有关联的词本位语言，所以他们把两音节的“鸡蛋”一词看作每个音节没有意义的 chicken 之类的双音词，只好在“鸡蛋”之外再来寻找“鸡蛋的妈妈”了。

可以想象，如果能在学习的初期就帮助二语学习者建立起汉语“单音有义、双音定义”、“单字组词有规则可循”的字本位观念，让他们知道汉语的双音词大多是像英语的 White House、housewife 那样的，把他们的创造性引导到猜测“鸡蛋的妈妈”该用“鸡蛋”的两个音节中的哪个单音节来表示，猜测“无＋权”合起来该是个什么意思，他们的词汇量会怎样地飞速增长！

除迅速扩大词汇量外，“一音节一义”还是掌握汉文化中对称和谐、阴阳五行、相反相成等许多观念的必要条件。

3.2 字本位与汉语二语教材

字本位的汉语二语教材，并不是要只教字不教词，而是要尽快帮助学习者从本族语的音节多少与语汇义没有关联的观念中摆脱出来，需要直接告知他们一个简单的原则——汉语“几乎每个音节都有意义”，更需要通过课程的选字选词和替换练习帮助他们在下意识中尽快地建立“单音有义、双音定义”、“字生词、词生短语基本同模”的字本位音义关联模式，这些是不宜通过理论阐述来教授的。

在汉语学习的高级阶段，还需要进一步根据字本位“单双音节功能不同”受文体制约的规律，设计现代汉语书面语专用的阅读和写作教材（冯胜利 2006）。

3.3 字本位教材的选字选词

原则上说,为帮助二语者尽快掌握汉语"单音有义、双音定义"的音义关联模式,汉语初级教材中应注意限制生字字数,而提高所选字的造词数。也即,要注意提高字的复现率,最好一个字在构词的不同位置上的实例都有出现。

大规模语料库字频、词频的统计说明,少量的高频字就构成了现代汉语中绝大多数的词或语篇。比如,国家语委 2005 年发表的绿皮书指出,581 个汉字涵盖了现代汉语语料 80%的用字。

于是,最简单的联想是,是否可以从高频字入手编写汉语二语教材?

这种想法失之简单。汉语字本位的体现不仅是单音有义,还有双音定义。音节与字的一对多也好,字与字义项的一对多也好,都要到双音词中才能单一化。

根据参加《信息处理用现代汉语分词词表》工作得到的经验,我觉得有如下几点特别需要注意:

3.3.1 区分字频与字的构词能力 最有利于建立字本位音义关联模式的,是组词能力高的字。要特别注意的是,字频不等于字的构词能力。先请对比字频最高的前 30 字(《中国语言生活状况报告》2005)和构词能力最高的前 30 字(张凯 1997):

高字频:的一在是有国了重人不打年为上这和个会日时到出行报新我对发来市

高构词:子人头大心不水生学地气花打风手一口天行工小面发家白动道下火上

两者重合的只有 7 字,不重合的有 23 字,如下所示:

重合：人不打一行发上

高字频独有：的在是有国了重年为这和个会日时到出报新我对来市

高构词独有：子头大心水生学地气花风手口天工小面家白动道下火

高频字集中在最常用句法范畴和新闻最常用概念这两大类，不属于以上两类的普通实字只有“人重打行新”5字。

高构词能力字则除“子”主要做词缀外，都是日常生活中最常见的概念。其中名性14个（“子人头心水地风手口天工面家火”），名兼动3个（“学气道”），纯动4个（“打发行动”，前两个可做类词缀），纯形2个（“大小”），动兼形兼名2个（“生花”），形兼副1个（“白”），以上26个都是实字。剩下的4个是表方位兼趋向的“上下”、表否定的“不”、表数量的“一”，属于半实半虚的字。

从以上分析可以看出，高构词能力字以实字为主，以名性字为主。

高频字和高构词能力字对于汉语二语教学的价值不同。高频字中的虚字部分，是构造语篇（包括对话）不可少的黏合剂，但对于建立字本位式音义关联模式则作用有限。高构词能力字则有利于建立字本位式音义关联模式，但缺乏构造语篇的黏合剂。

3.3.2 字频高低与标音字、实字、虚字在汉语中的不同作用 让我们从“05字表”（《报刊、广播电视、网络用字总表》，见《中国语言生活状况报告》2005）和“88字表”（《现代汉语常用字表》，见国家语言文字工作委员会汉字处，1989）高频字的差异谈起。

绿皮书05字表的后面列有与88字表比较的附表：前2500字的比较、前3500字的比较等。这里只讨论前2500字的比较。比较表表明，两版字表的前2500字有357字不同，比例高达14%。

绿皮书认为，这在一定程度折射出当今社会生活的变化，如与农业生活、大自然的渐远，亲属关系的减少等。而我们认为这不是主要原因。

主要原因是，两种字表的选字原则其实不尽相同。05字表完全依据2005年一年中报刊、广播电视、网络三种媒体语言的用字频率，没有人工干预；而88字表综合了6种字频统计表，一是这6种统计表的语料库语料的时期跨度比较大；二是选择时除字频外还进行了人工干预，除字频高的原则外还兼顾了“学科分布广、使用度高”、“构字和构词能力强”和“语义功能”。

对比05字表与88字表不同的357字可以明显地看出这一区别。05字表独有字中，在中外人名、地名、商标名、公司名等专有名词或音译词中常用而在其他实词中并不常用的字至少有176字，几乎占357字的一半(49.3%)：

埃艾敖澳芭鲍彪彬斌蔡曹琛茨崔邓迪蒂甸淀敦铎俄鄂尔啡菲冯弗孚甫阜戈龚郭韩杭郝昊赫亨弘鸿侯沪淮寰焕晖徽霍矶冀贾蒋靖娟骏咖喀柯奎坤莱澜磊蕾莉荔廖琳麟玲凌菱浏卢吕伦洛玛曼蔓玫弥冕缅铭姆穆娜奈楠妮倪涅聂诺帕潘庞裴彭鹏埔浦淇琦琪秦卿琼邱蓉睿萨瑟莎珊汕邵仕淑蜀硕潭谭廷婷莞薇韦炜玮魏雯熙湘翔萧潇肖馨鑫邢旭轩铉薛

勋逊阎彦姚耶伊怡逸殷尹莹颖渝俞瑜郁豫袁苑岳粤詹湛昭肇圳邹佐

而经过人工干预的88字表的所收字没有一个是只在人名地名音译名中常用的字。05字表中与社会生活变化有关的新收字,在我看来,只有“癌碟光碟雇逛瘤铝媒媒体拟虚拟世界匿腻啤胎腺芯芯片赃噪噪音账妆化妆”等20个字上下。

人名地名译名等专用名词中的常用字在语言中的作用与一般汉字很不相同。它们主要起标记音节的音从而区分多音词的作用,本身的字义几乎不起作用,不是“语汇字”而是“标音字”。

标音字所反映的音义关联是“音节无义,词有义”,除了标记专有名词的音节,标音字几乎没有自由构词的能力或构词能力很低。也即,它们不反映汉语“单音有义、双音定义”的音义关联模式,不能自由造词。标音字频率的统计数据,对于建立手机字库的排序是至关重要的。但对于二语习得者来说,学习标音字并无助于建立汉语式构词模式。

综上两小节,标音字、虚字在汉语中的作用与一般实字不同,这对于二语习得是十分重要的,而单纯的字频统计无法反映这一重要区别。

3.3.3 **字频、词频与不同类字词在交际中的权重** 前面已列出,05字表前30个高频字中虚字及其他封闭字类的有17字(“的了为和对在动兼介是有到趋向兼介出来一个不这我上”),比例高达57%,其余大多是新闻常用概念字。高频词又是什么情况呢?

05词表的情况与字表类似,而且更严重。以最高频的100

词为例(虚兼实者取高频的虚义的,频率相差不多的两收,其中一个加括号):

虚词及封闭类词 71 个:的、地兼名、得、之、/了、着、/已经、已、将、/对、为、被、从、以、把、向、到、让兼动、给兼动、(将)、/是、在、有、/要、会兼名兼动、能、可能、可以、进行、/不、没有、/来、出、/中、上、下、时、后、等兼动、和、与、但、而、并、/也、就、都、又、还、很、最、更、/这、这个、我、我们、你、他、她、他们、自己、其、/一、两、三、万、个、一个、第一、次、元、位;

动词 4 个:说、看、表示、发展(让、给、会、等);

形容词 6 个:大、多、新、好、高、小;

名词 17 个:人、中国、记者、新闻、名、市场、问题、公司、工作、企业、报、比赛、版、北京、社会、国际、本报、(会、地);

区别词 1 个:所有;

时间词 1 个:目前。

最高频的这 100 词,除"说、看、人、名"和 6 个形容词外,都是封闭类词和新闻概念词,它们并不是建立"单音有义、双音定义"模式的优选。以下两个因素应该考虑:

首先,封闭类词(数目字除外)与普通实词应该有不同的权重。封闭类词的它们成员有限,在语篇中的复现率高。但正因为如此,在交际的信息表达中,它们传达的信息量恰恰是最少的。有口语语境的支持,不用虚词及封闭词类也可以基本达意,而实义的名动形,不用就无法达意。封闭类字(数目字除外),有前 581 高频字就足够了,实义字和数目字则应该大幅度地放低频率，前581字肯定不够。

其次，要考虑不同文体和语域的权重，这一点对于名词更是至关重要。05字表和词表，频率在前的名词几乎都是新闻概念词。而对于二语习得的初级阶段来说，与日常生活相关的普通名词、形容词、动词应该与新闻概念更重要。比如人的主要身体部位"头脸眼手鼻耳口舌牙脚腿"，天天必须要使用或消耗的"床、枕、被子、牙刷、盆、厕所、碗、火、饭、菜、水果、纸、灯、"，现代常用的"电、电视、电话"，人的感受"饿、饱、冷、热、累、高兴、生气"，物体的基本属性"大小好坏新旧黑白"，动作"看、听、吃、拿、打、洗、走、跑"等。动词和形容词，日常交际常用词与05字表词表的高频词重合较多，而名词却几乎重合甚少。这说明名词的使用频率受文体、语域的制约最严重。相应地，在编写汉语二语教材时，就应该根据教材的目标，加重所定文体或语域的名词的频率权重，降低其他文体或语域的名词的频率权重。

3.3.4 组合模式可否类推的三个等级 建立"单音有义、双音定义"的音义关联模式，不仅前述因素有关系，而且与组合模式是否能完全类推直接相关。

按照组合模式可否类推的程度，可以区分为以下三种情况：

(1)生成、理解双向可类推。从字出发，能够从生成和理解两个方面生成词义透明的双音词或多音节类词的组合模式，最有利于建立汉语"单音节有义"的观念。

这样的构词模式其实很少，只集中在以下几个义场，但可生成的词或类词数量很多：

①数目义场"一二三四五六七八九十百千万亿几"，这十几

个字可以生成出无限多表整数的词和类词；前加序数词"第"，可生成无限多的序数词。

②数＋单位词（如"年/月/日"、"元/角（毛）/分"、"斤/两/钱"……），可生成所有需要表达的日期、价格、重量、距离等。

③"老－"、"小－"＋单音节姓→常用的非亲属关系的面称；如："老张、老李、老温……"。

④质料＋人造物→某质料的人造物；如："藤椅、砖房、木桌……"。

⑤整体物＋部件/分泌物/产出物→该体形物的部分/分泌物/产物；如"猪头、鸡蛋、牛奶……"。

这些义场应及早各自集中在一课中教授。《"组合汉语"知识纲要》（吕必松等 2007）建议汉字教学的第一课教"一二三十八人个"，第二课教"两四五六七九口几月日"；既照顾到了汉语笔画从易到难的循序渐进，又集中两课就把两位数所有数字的生成规则都教授了。这些数字本身的单音节性和组合生成的规则性，稍加点拨，就可以早早给学习者留下"单音有义，以字生词"的深刻印象。而③可以结合介绍汉语常用面称，④⑤可以结合介绍超市购物或中国特产，设计专门的几课突击学习。

（2）理解向可类推。"白菜、跳伞"之类的词义不完全透明的词，与前一类词不同，它们的词义不能完全从成分义和结构规则（如本文 2.3 节中列出的六种短语规则）得到完全的解释，"白"和"伞"只是命名时抓住的某一凸显特征，用其他特征来命名也完全是可能的。

这一类词在汉语中数量十分大。在集中几课教授完第一类词之后，就可以引出这些词。一方面要让学习者知道，这些词也是“单音有义”的，汉语的结构规律是“定中结构中心在后、述宾结构中心在前”、“结构整体是单心结构中心成分的下位概念”：“白菜”是“颜色白”属性比较突出的一种菜，“跳伞”是活动场景中“伞”最凸显的一种“跳”；另外也要提请学习者注意，汉语不少双音词不简单地等于两单音字字义的相加，字义只是词义图景中凸显的两个点，中心成分确定类属关系，非中心成分突出相关关系。

并列结构的双音词也属于这一类。并列结构的双音词数量很大，是汉语的一个突出特点，与汉语的字都是等长的单音节有很大的关系。英语或其他语素不等长的语言，词很少是并列结构的。要专门设计练习帮助学生了解汉语的这一特点，了解“两单音字义并列表示它们的上位概念义”的基本规律。

双音词中即使含有黏着字，也最好说明各个字义。比如“学校”，如果学习时说明了“学”为 learning 义，“校”为 school 义，学生再遇到“校领导、技校、校内、校外、我校、贵校、爱校如家、来校参观”就不会有理解上的困难了。

当然，以上规律不宜从理论上抽象地教授，而应该在课文和练习的设计中体现出来。

(3)非线性结构或字义规则模糊。汉语的双声叠韵词，如“辗转”，古代是以两音节中某个音节的语音和字义为基础派生的(Sun 1999)，但发展到现代汉语，这些非线性的语音派生规则已经模糊难认了，不如整体教授更好。少数原来单音有义的双音词，由于词义隐喻历程太多，与单字义的关系太过模糊，也以整体教授为好,如"马上"。

3.3.5 **组合模式与字的义场** 2.3中讨论的构词造语规则是抽象度较高层面上的大类的规则,可以控制一般的情况。构词规则还涉及更细致的一些小规则,小规则需要更小的义场才能控制。

笔者曾经运用大规模语料库的实例研究过动物、身体部件两个义场字构造两字词的规则,研究表明,动物、身体两义场都属于典型名性的,在构词中的功能符合名性的表现:主要出现在两字词内部定中的中("猪头")、定中的定("牛奶")、述宾的宾("吹牛")、名性并列的两成分("牛马")、主谓的主("虎踞")等位置上,也出现在状中的状("龟缩"),但绝不出现在两字词内部状中的中、述宾的述,主谓的谓这几个位置上。与短语层面相同,身体部件字还有表"整体之部分"关系字的特殊分布:以主语身份构成的主谓,可以再整体做谓语修饰表"部分之整体"的成分,如"头疼、肚胀、手辣"。以宾语身份与表知觉刺激的动字配合,构成与名物搭配的形容词,如"刺眼、醒目、硌脚、扎手"等,共收集到95个词(王洪君 2005a)。后一类构词方式是之前的研究从未提及过的。

动物义场字在构词中的隐喻主要取"与××相似"的途径,而身体部位义场字更主要的是在保持"与××的整体-部分关系相同"的条件下取跨域投射的隐喻途径。前者如"鼠标"是"与鼠形状相似的标写工具","河马"是"生活在河里的与马相似的动物"。后者如"鞋脸"、"耳门"等(王洪君 2005b)。

"烤鸡、炖肉"等整体有名性、动性两种可能,它们都属于"烹调动＋食物”这个特定的小类配列。

3.3.6 **以字推词与类推过度** 有的老师担心，以字推词的字本位教学会使学生类推过度，造出不存在的词或误解已有词的含义（如把“白菜”理解为“白的菜”）。我们感到，只要在教材及练习设计时注意按阶段引入上小节区分的三类词，就可以很大程度上避免这一问题。此外，随着学习者词汇量的迅速增加，大量的阅读理解将帮助他们很快地学习到更多的新词，自我纠正误解的词义。

四 结语

本文着重讨论了语汇层面字本位的体现、在汉语二语教学中的应用价值及其应该注意的具体问题。我们相信，“字”是控制汉语语音、文字、语汇的枢纽，从“字”出发设计教材一定能迅速提高汉语二语学习者的词汇量、识字量，尽快培养出汉语语感。

参考文献

董秀芳（2005）《汉语的词库与词法》，北京大学出版社，北京。

冯胜利（2006）《汉语书面用语初编》，北京语言大学出版社，北京。

郭 锐（1993）汉语动词的过程结构，《中国语文》第6期410—419页，北京。

王洪君（1994）从字和字组看词和短语——也谈汉语中词的划分标准，《中国语文》第2期102—112页，北京。

——（1998）从与自由短语的类比看“打拳”、“养伤”的内部结构，《语文研究》第4期1—11页，太原。

—— (1999)《汉语非线性音系学:汉语的音系格局与单字音》,北京大学出版社,北京。

—— (2005a) 动物、身体两义场单字组构两字的结构模式,《语言研究》第1期1—11页,武汉。

—— (2005b) 动物、身体两义场单字及两字组转义模式比较,《语文研究》第1期4—8页,太原。

—— (2008) 语言的层面与"字本位"的不同层面,《语言教学与研究》第3期1—11页,北京。

徐通锵 (1997)《语言论——语义型语言的结构原理和研究方法》,东北师范大学出版社,长春。

—— (2007)《语言学是什么》,北京大学出版社,北京。

叶文曦 (2004) 汉语语义范畴的层级结构和构词的语义问题,《语言学论丛》第29辑95—109页,商务印书馆,北京。

赵元任 (1975/1992) 汉语词的概念及其结构和节奏,中译载《中国现代语言学的开拓和发展——赵元任语言学论文选》,清华大学出版社,北京。

张　凯 (1997) 汉字构词基本字的统计分析,《语言教学与研究》第1期。

吕必松、赵淑华、林英贝 (2007)《"组合汉语"知识纲要》,北京语言大学出版社,北京。

国家语言资源检测与研究中心 (2005)《中国语言生活状况报告》中的《报刊、广播电视、网络用字总表(表1)》,《报纸、广播电视、网络高频词语表(表13)》等,商务印书馆,北京。

国家语言文字工作委员会汉字处 (1988)《现代汉语常用字频度统计》,语文出版社,北京。

Halliday, M. A. K. (韩礼德 1985) *An Introduction to Functional Grammer*, London: Edward Arnold.

Lamb, Sydney M. (兰姆 1966) *Outline of Sratificational Grammer*, Revised edition, Washington D.C.: Georgetown University Press.

Sun, Jingtao (孙景涛 1999) *Reduplication in Old Chinese*, Ph.D. dissertation, Vancouver: University of British Columbia.

补记

恩师徐通锵先生于2006年11月不幸因病去世。为纪念徐先生，我和李娟负责整理徐先生的所有遗著并撰写综述先生学术思想的文章。在这一过程中，我们和徐先生的另一学生高晓虹还担负了校对徐先生尚未印行的两部新著(《语言学是什么》、《字本位语法导论》)的任务。阅读这两本尚未印行的新著，感慨颇多，收益甚大。感慨先生晚年思想的活跃和精彩，获益于先生对文字性质、汉语基本单位的历史发展、汉语语法体系的全方位论述。本篇和下一篇，就是从先生新著中收获了新的营养后的新作。

本篇主要从字本位的角度阐述汉语的字词关系。我之前的许多研究(见本书第一部分)其实已经给出了许多材料和许多阐述，但总是未能总结出众人都可以理解的、简单的规律。本文在这点上有了突破。本文明确提出，汉语的特点是"单字自由"、"单音有义、双音定义"、"词与短语基本同模"，二语教学的初级阶段就应该通过课文和练习的设置使非汉语母语者尽快建立汉语的词是由"单音有义"的字复合而成的观念。只要汉语二语者明白了汉语的词大多是像英语的 Whitehouse、housewife 那样，而不是像英语的 tiger、answer 那样的；只要让他们尽快习得汉语中构词能力最高的数百单字；相信他们就会正确地运用人类共同的思维能力和知识，快捷而自主地掌握大量汉语词汇。我的博士赵果有过这样的经历：班上的一位留学生说，课文中有个没有学过的生词"中立"，她就分别把"中"和"立"的字义说了说，让大家猜"中立"的词义，结果90%以上的同学都给出了正确的答案。这当然与"中立"是出现在课文中的，有一定的上下文语境也有关系。总之，尽管"中立"的词义并不简单地等于"中+立"，但是能够从已学过的"鸡蛋"出发推导、以"鸡蛋的妈妈"来命名"鸡"的聪明的留学生，一定能够从字义出发，结合上下文或交际语境，正确推导出绝大部分没有学过的汉语词汇。尽快帮助学生建立单音有义、单音字复合成双音三音词的观念，尽快教授构词能力高的基础单字，是对外汉语教材应该特别注意的。法国人白乐桑，在这方面已经做出了很好的探索。

语言的层面与“字本位”的不同层面*

提要　本文指出，①有声语言应该分为语音、语汇－语法、语义/语用三个大的层面；②从共时角度看，文字与语音是并列于语汇－语法层面之下的两个独立层面，它们都是语汇－语法的形式方面；③语言和文字一起构成语文大系统。在此基础上，本文着重论证了字本位有不同层面之分：语音层的字本位，文字层的字本位，语汇－语法层的字本位，汉语文大系统的字本位；并详细讨论了语汇－语法层字本位的表现：单字自由、单音有义双音定义、音节数与语汇单位层级、单双音功能有别、组合同模。

“字本位”是徐通锵先生提出来的。同意“字本位”的人，对“字本位”的理解不尽相同；不同意“字本位”的人，对“字本位”的理解也各不相同。下面谈谈我自己对“字本位”的认识。

一　语言的层面和分系统

“字本位”所说的“字”，不是专指文字上的“字”，而是兼指我们日常用语中“字”的四种含义：语音的单位（≈音节）、语汇的单

*　原文发表于《语言教学与研究》2008年第3期1—11页。本次发表字句略有改动。

位(≈语素)、文字的单位(方块字)、语音语汇文字三位一体的单位。

“字”的不同含义与语言的层面有关,“字本位”也就与语言的层面发生了关系。

国内较普遍的观点是把语言分为语音、语法、词汇三个层面,这种层面划分是可商榷的。

现代语言理论一般把语言分为语音、语法 - 词汇(或称句法 - 词库)、语义 - 语用三个层面。语音层面是语法 - 词汇层的表达形式,而语义 - 语用层面则是语法 - 词汇层面表达的内容。语义 - 语用层面到底包括什么,不同学派的看法不同,或定位于关乎真值的逻辑语义,或定位于关乎言语交际的语用义,但都不包括语素义或词义。

徐通锵(2007)改“词汇”为“语汇”,我们同意这一看法。因为许多大于词的凝固搭配也属语言的备用单位,而不是用语法规则临时生成的单位。

韩礼德(Halliday 1985)、兰姆(Lamb 1966)等主张与“语音”并列可选的还有“文字”,语音与文字是“或”的关系,都是词汇语法层“抽象语码”及其排列的具体实现形式。徐通锵(2007)则从“文字表达了一个民族对现实的认知”出发,论证了视觉的文字符号与听觉的语音符号是人类认知现实、获取信息的两个相互平行的体系。重新考虑文字与语言的关系,笔者认识到,虽然有声语言先于文字产生,不依赖文字而存在;虽然语言是因为“音义结合”才同时离散出语音层面的小单位(音码)和语汇层面的小单位(语码义),才成其为语言的;但“音义结合”一旦把语码离散开来，语码义就具有了相对的独立性，就可以用语音之外的其他物质形式来表达，对已经离散开的语码义（而不是直接对现实）进行重新编码，从而语码义就有了两个甚至多个并列的形式层。

不同民族的文字对语码进行重新编码所针对的语言层面可有不同。

字母文字针对的是语码的有声形式方面，以最小音码作为最小的文字码。所以字母与最小音码一样，都是在线性组合为更大单位（音系词、文字词）之后才表达语码义。

汉字却主要是针对汉语最小语码的语码义（以一音节为形式的“语汇字义”）进行非线性的聚合向的编码：①以形直接摹画语码义所反映的现实物象或抽象关系，编码为一个方块空间的基本文字码（象形、指事字），这是一种摹画语码义的编码策略；②提取有声语码聚合向的音同音近关联，兼及变音孳生造码时期的字族义（如“浅钱贱”的音近关系和共同的表“小”义），用基本形码（如“戋”）来表示，并编码为方块字码的下级字符——声符；③从语码义提取聚合向的共同义素，用摹画式基本形码来表示，如“水（氵）”，并编码为方块文字码的下级字符——意符。④在二维空间中安排若干字符，或以字符的摹画义来合成语码义（会意字），或以字符的声符义、意符义来合成语码义（如“水小为浅”）。也有声符只提示语音的情况，这就是六书中的“假借”。字符在二维空间中的安排是非线性的，还可以是多层套合的，如“日”加“木”为“東”，“東”再加“木”为“棟”（徐通锵 2007）。

总体来看，汉字是以二维方块空间内非线性分布的最小字符对汉语语码义进行了非线性的、聚合向的再编码。这一编码是在因音义结合而离散开的语码义的基础上进行的，但由于提取了语码义聚合向的意义要素，如“水浅江河海湖溪潜湍……”共同相关的“水”，所以对语码义又有所超越，反映了造字时期汉语者对现实的更高位的切分，如“鲸”是一种鱼，“花（華）”与“草”而不是与“树（木）”相关。也即，从文字产生之后的共时角度看，文字、语音是表达语汇义并列可选的两层，这两个形式层之间有密切复杂的通道，但已不是第一性和第二性的关系。

文字，作为表达语汇层的可选形式层之一，在字本位理论中也应该有自己重要的地位。由于“语言”、“语”、“言”一般限指有声语言，所以下面把包括语音和文字的大系统叫做“语文系统”。由此，“字是汉语的本位”也就要重新表述为“字是汉语文大系统的本位”。

综上，把语文大系统分为语音/文字、语法－语汇、语义/语用这样三个大层五个分层比较合理，语音、文字是两个相对独立的并列的层面，它们都是语法－语汇层面的形式，好像是一鼎有两足。本文把“语法－语汇”层面简称为“语汇”层面。省略“语法”二字，除称呼简单外还有如下考虑：语音层包括语音的各级单位和组配、生成规则，语汇层亦包括语汇的各级单位和组配、生成规则。既然语音层并不标明“音法”，语汇层也大可不必标明“语法”。

二　本位的含义及字本位的几个层面

本位是一个系统或分系统的基本单位。徐先生指出，本位不在于单位是否最小，而在于它是跨层面的关联点，是母语者心目中"现成"的单位[①]（徐通锵 1997）。后来又进一步指出，本位在形式上有封闭性（徐通锵 2007）。

笔者也曾指出（王洪君 1999），本位是不同层面的单位有交汇关系的最低点。有跨层交汇的最低点，一定有跨层面的关联，这决定了它是语文大系统或语文大系统不同层面上的分系统的运转枢纽和母语者心目中的现成单位。

与"字"的不同含义相应，"字本位"也有不同的层面：

单字音（承负一义的有正常声调的音节）是汉语语音层分系统的本位，语汇字（一音节一义的结合体）是汉语语汇层分系统的本位，文字字（承负一义的方块字）是汉语文字层分系统的本位，兼指"一音节一义一方块形"的"字"是汉语文大系统的本位。

三 不同层面的字本位

3.1 语音系统的字本位

音节并不是音系的最小单位，比音节还小的线性单位还有音段（亦称音质音位）。为什么说音节是汉语音系的本位呢？

是否语音系统的本位，一方面要看该级单位是否与语汇系统的单位有跨层面的关联，另一方面要看它是否有固定的超音段韵律特征。

---

① 补注：笔者认为，"母语者心目中现成的单位"是由"跨层面的关联点"和"有封闭的形式"决定的。

汉语的音段与语汇系统的单位没有直接的关联，也谈不上超音段韵律特征。汉语的音节，则与语汇单位有跨层关联：汉语的一个语汇字一般都是一个音节的。语汇字的单念音形，汉语学界称为“单字音”。单字音是汉语音系的枢纽单位：单字音之下的单位——音段、声母、韵母、声调要依赖单字音才能得出：必须在单字音范围内观察其对立互补关系，不能包括“一音节两义”的儿化、Z变，也不能包括轻声和语流音变。单字音之上的各级单位，则必须以单字音为基点生成，如二合一的儿化、Z变，一生二的拟声摹态词(王洪君 1999)。而汉语的韵律词(音步)、韵律短语(停延段)等更大韵律单元的构造都与音节的数目及其是否轻声直接相关(冯胜利 1997，1998；王洪君 2000，2002，2005)。单字音既是分析更小语音单位的基点，又是生成更大语音单位的基点，所以说单字音是汉语语音系统运转的枢纽，是本位。

要特别指出的是，单字音与音节并不完全对等，前者还包含了语汇同一性的条件，包括了有单字调的条件。“字本位”的说法其实比“音节本位”更为确切。

对比一下英语。英语语音系统的本位是什么呢？英语的音段和音步都不直接与语汇层的单位关联，英语的音段没有固定的韵律特征，音步则是入词后才确定其边界。英语的语音单位到“韵律词”这一级才与语汇单位发生关联，一个韵律词一般对应一个语汇词；到韵律词这一级才有自己固定的韵律：固定的词重音，固定的音节和音步界线。英语的韵律词是音系各级单位的枢纽(王洪君 1994)：韵律词之下的单位要以韵律词为基点来确定:确定英语的底层音段,要根据音段在单词根词(最好是单音节的)中的分布,确定英语的音步要依据韵律词词重音的位置。韵律词之上的单位,复合词、韵律短语和语调短语,要以韵律词为基点依据一定的语法语义语用条件生成。所以说韵律词是英语语音系统运转的枢纽。

3.2 文字系统的本位

我们在吸收裘锡圭先生区分“字”与“字符”这一观点的基础上考虑文字系统的本位问题。裘(1988)指出,文字有大小不同的单位,其中一定有一级较大的文字单位是与音义结合的语言符号(本文所说的语汇单位)相关联的单位,比如汉文的方块字和英文的“文字词”。该级单位都由更小的“字符”组成,如汉语的偏旁部首(字元)和英语的字母。“字”和“字符”的分类抓住了文字单位与语汇单位关联关系的关键。

我们认为,文字系统本位的确定,不仅要看与语汇单位的关联,还要看与语音单位的关联。文字的各级单位中,与语汇或语音的某级单位有固定的跨系统关联的最小单位,是该文字系统的本位。

汉文比“字”小的单位是字符,字符还可分析为笔画。笔画与语音单位、语汇单位都没有关联,肯定不是本位。字符虽然有的表意有的表音,但与语汇义某级单位或语音的某级单位都没有固定的关联:声符虽然表音,但并不固定对应音节、韵母、韵或音位;意符或兼表义的声符虽然表义,但只表示字义相关聚合的义场义(如“栈杨柳树”义与“木”义)或字义相类聚合的字族义(如“栈浅钱笺”义与“量小”义),并不对应于作为语汇层面线性排列的这一级单位的意义(字义或词义)。汉文到了“字”这一级单位,才与语汇层面的最小单位“一音节一义的语汇字”形成了大致对应的关系,并通过语汇字与语音单位音节有了关联。因此,有跨层关联的方块字是汉语者心理上现成的单位,而字符和笔画不是。除了与语汇义的关联外,方块字在形体上有一致的封闭而固定的空间框架也是很重要的,字符、笔画的空间框架就不是统一固定的。

英文的字母与英语语音层的音段这一级单位形成了大致一一对应的关系,形成了跨系统关联。英文高一级的单位“文字词”(视觉上以1个空格隔开的字母串),与“语汇词”大致一对一对应,也有跨层面的关联。但字母比文字词小,字母是英文跨系统关联的最小单元,所以它是英文的本位。

3.3 语汇系统的本位(一)

语汇的跨系统关联有两种,一是向下与语音的关联,一是向上与语义、语用的关联。先向下看语汇与语音层面的关联。

汉语语汇层与语音层关联的最小单位,在语汇层也是最小单位,语言学家称它做“语素”而非语言学家称它做“字”。称做“语素”,着眼点是它在“最小的音义结合体”这一点上与英语的morpheme相同。称做“字”,着眼点则是它是关联语汇、语音、文字三个层面的跨层单位,这与英语跨三层关联的word的情况相同。本文称之为“语汇字”,一方面突出它跨层关联的枢纽性系统地位,一方面特别指明它是语汇层的单位。

需要补充说明的是,我们定义的语汇字,是“一个有调音节与一个语汇义的结合体”,是音形－意义结合的起点,凡音形－

意义可以由其他音义结合体加规则推出的，都不是语汇字。比如，“刀儿”虽然是一个有调单音节，但它的音义可以从“刀＋儿”推出，因此它不是一个语汇字。再比如，“啪啦”“辗转”的音形和语汇义并不是单纯不可分析的，它们分别是象声字“啪”（朱1982；王1999）和实义字“转”（孙1999）经过一定的语音规则、套用一定的韵律模块而派生出的双音词：“啪啦”在前字的基础上重叠，再加上声母“塞音→响音”的替换，以特定的韵律模块表示一个声音接续着一个小回响的复合音；“辗转”在后字的基础上重叠，再加上介音不圆唇/圆唇的交替，以特定的韵律模块表示“反复多次的状貌”。也即“啪啦、辗转”并不是单纯词而是派生词，只是因为派生成分与词根不是线性附加关系，而是变化生成的关系，所以线性结构分析法把它们误解为多音单纯词。这些双音词，也不是一个语汇字。

除了外语借词外，汉语的语汇字不仅与“有调单音节”有关联，而且与汉文的方块字有关联。特别是，汉字几乎是一个汉字对应一个语汇字，而一个“有调单音节”却是对应多个语汇字。正由于文字比有声语言后出，所以后出的文字有可能用自己的基本单位直接表达已经由语音切分开来的语汇码。

3.4 语汇系统的本位(二)

向上看语汇层与语义－语用的关系，笔者赞同功能学派的观点，语汇层之上应该有把语汇单位运用到具体说话中的语用层。语用层涉及与说话人、说话时、说话地点有关的各种范畴：人称、时态、指示、说话人对听说双方交际角色/交际距离/交际地位的选择、对听话人已知/未知的预设等等。在语用层上，大小不同的语汇结构单位将由表达以上范畴的语汇形式或韵律形式(如语调)黏合起来成为语用单位。

在汉语的语汇层上起到与语用层面跨层面关联作用的,是语汇层上的一些封闭类成分(如表指示、人称、有定/无定、语气、相对时间、趋向的成分),它们黏附在语汇层的单位上,将一个或多个语汇单位包装起来、串联起来使它们成为进入言谈的话语。

表达语用范畴的各种形式,所附着的最大的语汇 - 语法层单位,对汉语来说是短语。与英语不同,汉语没有形式上由"主谓一致关系"限定的、大于短语的"句子结构"。这样汉语语汇层单位与语用层发生跨层关联的最高交汇点就是短语了,从这点看朱德熙先生的"词组(短语)本位"是很有道理的(姜望琪2006;沈家煊 2006)。汉语的字、词、短语都可以加上表达语用范畴的封闭类成分而成为语用层面可独立运用的最小单位,我们借用赵元任(1979)的术语,把汉语语用层面可独立运用的最小单位称之为"零句"。

3.5 语文大系统的本位

通过以上分析我们看到,"单字音·语汇字·方块字"形成汉语语音、文字、语汇三个分系统跨层关联的最小单位。这种跨层关联使得母语者很难把三者彼此区分开来,因此在日常口语中都称之为"字"。同时,这种跨层关联也使得"字"成为汉语文大系统的基本单位(即字本位):在各个分系统中,"字"都是确定小于它的单位的基点,也是生成大于它的单位的基点,因此母语者很容易把语流中或字行中的该级单位切分开来并把由连接带来的变化还原回去,所谓"现成的单位"就是这个意思。而汉语文大系统的不同分系统中“字”都有这种特殊地位，正是由于不同分系统单位的跨层关联的最低点，都交汇在了“字”这一级单位上。

确定某一层面或分系统的本位要看与其他层面或其他分系统的关联，这与美国结构主义理念完全不同。美国结构主义强调要截然划分语言的不同层面，如音系层单位的确定不能考虑语汇层的条件。其实，层面与层面既有相对独立的一面，也有相互关联的一面。从生成派开始，层面之间的关联已经越来越受到重视。这是对语言事实的尊重，也是语言理论的进步。

语音、文字、语汇、汉语文大系统，四者都是以字为本位的。综合这四个不同层面上的字本位，可看出汉语文与其他语言文字在整体类型上差异。同时，不同层面的字本位又各有自己丰富的具体表现，需要分别深入地研究。下面仅以语汇层为例介绍我们更进一步的研究。

四 “字本位”在语汇层的体现：单字自由、单音有义双音定义、音节数与语汇单位层级、单双音功能有别、组合同模

赵元任(1975/1992)指出：“在中国人的观念中，‘字’是中心主题，‘词’则在许多不同的意义上都是辅助性的副题，节奏给汉语裁定了这一样式”。

要特别强调的是，说语汇层以字为本位，并不是说语汇层只讲语汇字就足够，而是说语汇字在许多不同的含义上都堪称“最

小的自由单位”，并且它之上的单位的音义关联模式直接或间接地受它的控制。

4.1 单字自由

语法研究通常根据句法上是否自由把语汇单位分为自由和黏着两类，但这一区分对于汉语语汇字来说却不那么好用。至少，汉语语汇字的“黏着”与英语语素的“黏着”很是不同。

首先，汉语黏着的语汇字，虽然在一般情况下不能自由造句，但可以自由地单独称说。比如，“‘民’，‘人民’的‘民’”。而英语的不少黏着语素是很难单独被称说的，比如 nationality 一词中的语素-al，很难像汉语一样说成“[æl]，nationality 的[æl]”，而只能用文字拼写形式-al-的字母读音[ei，l]来指称。这一区别无疑跟两语言的最小语汇单位是否有固定的韵律框架有关：汉语语汇字的底层音形都是一个有调的单音节，因此语音上可单独称说；而英语语素的底层音形只有音段的排列，没有固定的韵律分界和重音，因此语音上就不能独立称说。英语的自由语素可以成词，所以可以用有固定韵律框架的词音形来称说，与黏着语素完全不同；而汉语的自由字和黏着字没有这一区别。

其次，除虚字外，汉语的黏着字在两字词中的位置几乎都是自由的、不定位的。比如“人民/民主”，“桌子/书桌”。而英语的黏着语素大多是定位的，如 pre-、anti-只能在前，-ly、-al、-ity 只能在后。汉语定位的黏着字只有“－子、－儿、－头”等少数几个，而这些缀字的本原字在现代汉语中也依然在使用，是不定位的。

更重要的是，汉语所谓黏着的实字几乎个个都可以自由运用。比如，“为民做主、摆桌咨询、送鸭上门、彩蝶飞舞、生女也一样、花钱择校是否值得”等等。再比如，按通行的说法“不觉、深恐、未持、重操、又需、才知……”是一个副字加一个黏着动字，“窗前、机内、鼻下、桌上……”是一个黏着的名字加一个方位字，而副字和方位字在各种语法体系中都处理为“自由”的，那么这些两字组该如何定性呢：如果认为其中的动字、名字是黏着的，就必须承认这些两字组都是双音词，这似乎有悖汉语者语感。而如果认为这些两字组是短语就必须承认其中的名字或动字是自由的（董秀芳 2005 起名为“半自由语素”），否则系统内部就无法一致。

几乎每个字都可从词中拆出来单独称说，几乎所有实字在构词中位置都是不定位的，在造语中都有自由运用的潜能，体现出汉语语汇字不同于英语语素的自由性。美国一个语言学家曾把汉语的字比做化学上可单独构成物质的离子，而把英语的语素比做化学上不可单独构成物质的原子（转引自赵元任 1975/1992）。单字自由是语汇层面字本位的重要体现之一。

4.2 字对词的掌控性（一）：单音有义、双音定义的音义关联模式

汉语的“单音有义”是从单位尺寸的大小来看音义关联关系：每个一音节大小的语段基本上都是一个语汇字。从单位同一性的角度来看音义关联，情况就不一样了：现代汉语一共只有 1000 多个音节，而常用的语汇字至少在 7000 个以上，一个音节对应数个语汇字。一个语汇字还可能有多个义项，一个音节所对应的语汇字义的数量就更多了，所以，更准确的说法是“汉语

单音有义但无定义”。

再看“双音定义”。双音词是字与字以黏合关系组合的第一步，随着这第一步的黏合式复合，1000 多个单音音形可生成 10 万个双音音形，结果是同音多义的双音词很少了，双音音形与词义大多达到了一一对应，这不仅是从单位大小着眼的关联而且也是从单位同一性着眼的关联。不仅如此，更为重要的是，在两音节音义的彼此搭配与选择中，各个音节所承负的字和字义也几乎都单一化了。比如，单音节的 shā 可对应“沙杀纱痧裟鲨”等多个字，而“沙”又有“细小的石粒”、“外形像细小石粒的东西”、“吃起来有细小颗粒的感觉”等不同义项。而双音节 shātǔ 中的 shā，由于“杀纱痧裟鲨”的字义都无法与 tǔ 音的任何一个字（“土吐”）相配，因此通过搭配而只能选择“沙”字。再与“沙”的几个义项试配，只有“细小的石粒”与“土”有意义类同关系，可做并列搭配。双音词中的每个字因彼此的搭配选择而有了确定的义项，是为“双音定义”。

双音的小单元，有不同于单音单元的“双音定义”的特点，因此在汉语中有自己特有的重要作用：组成更大语汇单元的重要中介，在汉语者的心理中作为一个整体单位储存的小单元，等等。但是不要忘记，双音定义是在单音有义的基础上因搭配选择作用而形成的。英语没有“单音有义”的音义关联，就同样不会有“双音定义”的音义关联。

总之，汉语语汇层面“字本位”所体现的音义关联的独特模式不仅有“单音有义”，还有“双音定义”。“lǐ，lǐmào 的 lǐ，jìnglǐ 的 lǐ（礼，礼貌的礼，敬礼的礼）”，“lǐ，lǐshù 的 lǐ，táolǐ 的 lǐ（李，李树的李，桃李的李）”是汉语母语教学中最常见的说法，也正是汉语语汇层面“单音有义，双音定义”这一音义关联模式的最好体现。

4.3 字对词和语的掌控性（二）：字数与汉语语汇单位层级

汉语没有一级语汇单位是“入句需有形态变化”的，所以根据是否“自由运用”在汉语中很难区分出不同等级的单位。

没有形态变化的语汇单位的层级，应该结合语音的表现和有几级不同的组合模式来确定。比如英语的词重音与短语重音的模式不同，派生构词法与造句法不同，由此可以区分出语素、词、短语等不同层级。笔者曾根据韵律表现和组词造句的功能把汉语的语汇单位分为语汇字、标准词、类词、短语四级（王2000①）：

语汇字：一音节一义的结合体，韵律表现为一个有正常声调的单音节。

标准词（也称“标准语汇词”、“语汇词”或“词”）：不含语用层封闭类字的黏合式两字组及2+1式二音节定中，韵律表现为“稳定的单音步”。

具体来说，汉语的标准词不仅包括“字义+结构义≠整体义”的“白菜”、含有黏着字的“头发”，也包括“字义+结构义=整

① 笔者（王洪君2000）称之为“韵律词”。美国音系学界“韵律词”的定义不尽一致。一派的“韵律词”仅从语音上定义，相当于语流中的表层音步；另一派的“韵律词”与王（2000）的定义相同，综合了语音和语法两层次的表现。通过思考我们认识到，第二种定义的“韵律词”兼顾了语法层的表现，其实是句法韵律上黏合的小单元，是母语者“心理词”的反映，叫做“基本语汇词”更名至实归。

体义”且两字都自由的“油瓶、蓝天、木桶、鸡蛋、聘岗、种树、围炉、打死”等；只是不包括含有指代、人称、数量、助动、心理动、外围副词的“这书、我妈、俩饼、要去、想说、也去、竟说、刚走”和含有后附助词的两字组“我的”、“写得”、“吃了”、“看着”等。社会语言学的调查（王立 2003）表明，汉语母语者心目中的“词”跟我们的定义几乎完全一致，而跟依据语法各种标准定义的词有很大的出入。

类词（国外一般称“复合词”[1]）：由标准词和有类词汇身份的语汇字的再复合构成（王、富 2005），结构关系是黏合式定中关系，在更大组合中的功能相当于一个名词，不可进行并列扩展、移位等句法操作，比如“汽车驾驶执照、中华人民共和国”和带类后缀的“多点汽油喷射式”。它在上级单位中的功能与标准词中的名词相同，但内部的成分次序与标准词有差别（如“碎纸机”和“纸张粉碎机”）。除极少数使用频率极高的个例外，它们在汉族人心理上不是整体储存的基本单位。

类词的韵律表现是：内部停延总是小于外部停延的多音步。

短语都不是黏合关系，比如含有“的、地、得”的定中、状中、述补结构，有一个直接成分多于两字的主谓（“我很好”）、述宾（“种大蒜”）等。汉语的短语与其他语言的短语一样，可进行并列扩展、移位等句法操作，这是与词或类词的根本区别。

短语的韵律表现是：内部停延可能大于外部停延的可能多

---

① 我们不采用复合词的术语，是因为“白菜”这样的双音词通常也称为复合词。

音步。

对于汉语语汇层面上是否有“句”这一级单位，我们取谨慎的态度。汉语的主谓短语并没有超出短语的“一致关系”等形式制约，主谓跟述宾、定中等短语一样可以自由地彼此嵌套。汉语中是否成句，在于是否有某些“完句要素”，而不在于是否是主谓结构。是否有“完句成分”，并不是语汇层单位的结构要求，而是能否成为更高层面的语用单位的要求，因此把汉语的“句子”看成是语用层面的单位，称做“语篇句”，似乎更合适一些。

下面以列表方式显示前面所阐述的汉语语汇单位层级及其与目前通行体系的关系①：

	本文	通行体系	例或定义
语汇层面	字	单音节语素，单音节词	鸭、鸡
	词(标准词)	双、三音节的语素、词、黏合式短语	马达、白菜、鸭头、粉碎机
	类词(复合词)	多于三音节的语素、词、黏合式短语	布尔什维克、纸张粉碎机、倒栽葱式
	短语	自由短语	俩饼、我的、种大蒜，想种紫皮大蒜
语用	语篇句	(语法)句	{字，词，类词，短语}＋完句要素

我们认为，这一方案兼顾了汉语语汇单元在更大组合中的语法表现和韵律表现，可以合理、简明地说明汉语各级语汇单位

① 该表仿照吕必松先生《“组合汉语”知识纲要》书稿第一章中的表而做，具体内容有同有异。谨向吕先生致谢。

的特点。可以看出,这一方案中,"字"与"词"的关系跟"词"与"短语"的关系相同,都是组成关系而非实现关系。单音节的"字"经过组合或变化而生成双音或三音节的"词",单音节的"字"与两三音节"词"的再组合构成类词,字、词、类词的再组合构成短语;"字"、"词"、"类词"、"短语"加上"完句成分"都可以成语篇句。

汉语构词造语的基点在音义关联为"一音节一义"的字,字可以直接参与任何一个层级单位的构造,而单位层级的不同取决于字彼此组合的层次多少及组合关系,这使得汉语的词和语也与字数明显相关,体现了字对词和类词的全部掌控和对短语的部分掌控(还要看结构关系)。

4.4 字对词和语的掌控性(三):单双音节组词造语的功能有异

构词或造语,在汉语中单双音节的语法功能有分工(王2001)。比如,定中式"煤炭商店、煤炭店、煤店"是好的形式,可是"煤商店"不能说;述宾式则"种植大蒜、种大蒜、种蒜"是好的形式,但是"种植蒜"不能说(陆丙甫、端木三 1990)。笔者(王2001)通过分析更多的现象得出如下结论:双音动比单音动的动性弱,双音动可以较自由地做定语、定中结构的中心语和受数量成分的修饰,单音动则主要做述语;双音名倾向于造语而单音名倾向于构词。

单音节还是双音节,构成词与类词的配列次序有不同。比如,"切菜刀/蔬菜加工刀"(端木三 1997)。值得注意的是,以上配列的不同,取决于成分的音节数目,而不是通常所说的语素、

词、词组的区别。如，“鞋帽编织机”、“果汁灌装机”、“可乐灌装机”中的“鞋帽”、“果汁”、“可乐”，按通常说法分别为词组、双语素词和单语素词，但它们都出现在动词的前面。如果它们和后面的动性成分都换为单音节的，就一定要说成“织袜机”、“灌汁机”。

冯胜利近几年来集中研究了现代汉语中单双音节的替换及限制问题（冯 2006），比如“加以控制/*加以控”、“骤然下降/*骤下降/*骤然降/骤降”、“手持木棒一根（书面语色彩）～手里拿着一木棍（口语）”等等。他的研究由于抓住了汉语“字本位”的特点，从而揭示出了汉语口语、书面语文体的不同特点及一般规律。

4.5 字对词和语的掌控性（四）：语汇层的组合同模

除了音节单双的限制，汉语语汇层的特点是从字到短语的层层组合大致同模，几种有限的结构可以反复地套合。笔者（王 1994，1998）曾分别从分布类和语义类配列生成的角度讨论过汉语的几种主要结构模式，下面略做修改按从简单到复杂的次序列举如下。并请注意，定中、述宾、述补等结构关系，换从结构整体与中心成分的类别是否相同来观察，结构类别会更加清晰。

1. 定中（中心在后的名性向心结构）

语汇义类：属性＋实体→实体的下位概念

分布类：{名、形、不及物状态动、区别}＋名→名

例：纸老虎、白纸、白菜、拖鞋、大型表、金牙、精制黄杨木梳

2. 并列（双中心的向心结构，下面的 X 代表任一类别）

语汇义类：X+X→X 的上位概念（限两字黏合结构）

分布类：X+X→X'

例：桌椅、钟表、矛盾

3.述补（中心在后的、使成义的动性结构）

语汇义类：动作+使成{位置、趋向、状态、性质} → 达成动

分布类：双限动词+{趋向动、非自主点动、状态动、形容} → 后限动或点动

例：走进来、推倒、射中、焖熟

双限动词、后限动词、点动词等术语的含义请参考郭锐（1993）。

4.述宾（中心在前的动性结构）

语汇义类：①动作+实体→活动，②呈现+性质→状态，③领有+物化属性→性质，④意愿/能力+可控动作→性质

分布类：①普通二价及物动+名→不及物动，②呈现动+形→不及物动/形，③"有"+抽象名→形，④助动+可控动→形

例：①跳伞、打拳、买青菜，②泛白、发慌，③有理想，④能说、会溜须拍马

5.主谓（非向心的动名性结构）

语汇义类：实体+{活动、状态、性质}→非现实现象（加事态助词才成现实事件）

分布类：名+{不及物动作动、状态动、性质形}→不及物

动名性结构

例：骏马奋蹄、马嘶、鳜鱼肥美、鱼肥

6.状中（中心在后的动性结构，限内层状中）

语汇义类：①②｛否定、程度、状貌｝+性质/动作/状态→下位的性质/动作/状态

分布类：①副+形→形，②｛副、形｝+动→动

例：笔直、不觉、很好、手举、快走、认真学习

内层状语要排除连词、语气/时间/总括副词等做外层状语的成分。外层状语应着眼于语用要素的非线性关联来考察，本文不拟讨论。

除以上6类外，还有一些词法和短语结构大致相同的结构小类，比如复谓。词法也有一些自己独特的结构，比如“车辆、灰心、笔直”等，这里不拟讨论。

以上6类还可以进一步归纳为更加简单的规则，向心结构的结构整体与中心成分是类属关系。单心结构发生类属降级而双心结构发生类属升级。叶文曦（2004）已指出了这一点并给出图示，本文将他的只包括定中的单心结构扩展到述宾、述补、状中，图示如下：（中心成分以下画线表示，箭头表示生成方向）：

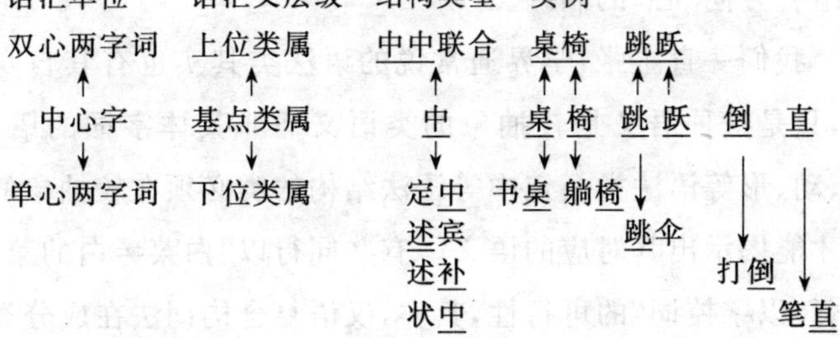

即，双心结构的结构整体与成分是类属关系，结构整体是中心成分的紧邻上位概念，在类属层级上升了一级。比如“桌椅”在“桌子、椅子”和“家具”之间增添了一级次级类属概念。单心结构的结构整体与中心成分也是类属关系，但整体是中心成分的下位概念，在类属层级上降了一级。而结构整体与非中心成分是各种不同的相关关系。如：“‘白菜’是与‘白’相关的一种‘菜’”，“‘谢幕’是与‘幕’相关的一种‘致谢’活动”、“‘笔直’是与‘笔’相似的那种‘直’”，“‘立正’是因‘立’而达到的‘正’的状态”等等。

要说明的是，我们的“向心结构”是从组合向来说的，是单个两字组的结构整体与结构成分之间的关系，与语言学界通行的概念一致，与徐通锵先生的“向心、离心”不是一回事。

还要说明的是，我们区分动性、名性、使成动性的向心结构分析，既是针对共时的、静态的构词法的，也是针对生成的、动态的造词法的。造词时首先要对要概括的现象分大类：一种物、一种活动、一种使成事件等，从而确定中心字。然后是选择与中心字相关的、所要概括的现象中的凸显部分，如“跳伞”的“伞”，“白菜”的“白”等。徐通锵先生的“抓住两点，控制一片”其实并未脱离组合方向“心”的制约。

我们一直主张，学界通常说的语法类其实也有其自身的语义，只是这种语义是较抽象的类语义而非具体字词的语汇义。名、动、形等语法类及定中等语法结构的类必须在较抽象的层次上才能揭示出其对应的语义。有些同行以“白菜≠白的菜”为例质疑“以字控词”的可行性，其实，汉语复合构词法在成分类配列与结构规则层次上的规律应该是“白菜是一种菜”。汉语语汇层面的两字词符合词法层面构词规则的至少在90%以上。

综上五点，汉语语汇层的重要特点是：单字自由、单音有义双音定义、语汇单位的分级与字数直接相关，单双音语法功能有别、组合同模。这些特点都是没有“一音节一义”关联的其他语言所不可能具备的，是“字本位”在语汇层的直接体现。

五、结语

除语汇层面外，其他层面的字本位也各有不同的具体表现，需要深入挖掘。笔者的专著《汉语非线性音系学：汉语的音系格局与单字音》(1999)中有关汉语的部分，主要是阐明了汉语语音系统的本位是单字音，并具体说明了语音层面上单字音本位的种种表现。汉字系统字本位的表现，一定也同样是丰富多彩的，但由于笔者过去认识上的偏差，很少关注这一方面，因而缺乏自己的研究，对学界已有的研究也未及充分了解，本文只能暂付阙如。

我们相信，基于汉语特点提出的字本位理论一定能够丰富普通语言学理论，在汉语教学和汉语信息处理等领域也会有很好的应用价值。

参考文献

董秀芳（2005）《汉语的词库与词法》，北京大学出版社，北京。
冯胜利（1997）《汉语的韵律、词法与句法》，北京大学出版社，北京。

—— (1998) 论汉语的“自然音步”,《中国语文》第1期40—47页。
—— (2006)《汉语书面用语初编》,北京语言大学出版社,北京。
郭 锐 (1993) 汉语动词的过程结构,《中国语文》第6期410—419页,北京。
姜望琪 (2006) 汉语的“句子”与英语的sentence,载杨自俭主编《英汉语比较与翻译》6:198—217页,上海外语教育出版社,上海。
裘锡圭 (1988)《文字学概要》,北京,商务印书馆。
沈家煊 (2006) 汉语里的名词和动词,东亚语言比较国际研讨会发言,上海。
王洪君 (1994) 从字和字组看词和短语——也谈汉语中词的划分标准,《中国语文》第2期102—112页,北京。
—— (1998) 从与自由短语的类比看“打拳”、“养伤”的内部结构,《语文研究》第4期1—11页,太原。
—— (1999)《汉语非线性音系学:汉语的音系格局与单字音》,北京大学出版社,北京。
—— (2000) 汉语的韵律词和韵律短语,《中国语文》第6期525—536页,北京。
—— (2001) 音节单双、音域展敛与语法结构类型和成分次序,《当代语言学》2第4期241—252页,北京。
—— (2002) 普通话中节律边界与节律模式、语法、语用的关联,《语言学论丛》第26辑279—300页,商务印书馆,北京。
—— (2005) 试论现代汉语的类词缀,王洪君、富丽,《语言科学》第5期3—17页,徐州。
王 立 (2003)《汉语词的社会语言学研究》,商务印书馆,北京。
徐通锵 (1997)《语言论——语义型语言的结构原理和研究方法》,东北师范大学出版社,长春。
—— (2007)《语言学是什么》,北京大学出版社,北京。
叶文曦 (2004) 汉语语义范畴的层级结构和构词的语义问题,《语言学论丛》第29辑95—109页,商务印书馆,北京。
赵元任 (1975/1992) 汉语词的概念及其结构和节奏,中译载《中国现代语言学的开拓和发展——赵元任语言学论文选》,清华大学出版社,北京。
朱德熙（1982）潮阳话和北京话重叠式象声词的构造,《方言》第3期174—180页,北京。
Duanmu, San（端木三 1997）Phonologically Motivated Word Order Movement: Evidence from Chinese Compounds, *Studies in the Linguistic Sciences*, Vol.27, No 1:49-77, Urbana.
Halliday（韩礼德）M. A. K.（1985）*An Introduction to Functional Grammer*, London: Edward Arnold.
Lamb（兰姆）Sydney M.（1966）*Outline of Sratificational Grammer*, Revised edition, Washington D.C.: Georgetown University Press.
Lu, Bingfu & San Duanmu（陆丙甫、端木三 1991） A Case Study of the Relation between Rhythm and Syntax in Chinese. Paper presented at the Third North America Conference on Chinese Linguistics, Ithaca.
Sun, Jingtao（孙景涛）1999 *Reduplication in Old Chinese*, Ph.D. dissertation, Vancouver: University of British Columbia.

补记

本篇是上一篇的姊妹篇。上一篇更加偏重字本位在汉语二语教学中的应用价值,本篇更加偏重对字本位的理论阐述。

学习徐通锵先生去世时尚未印行新著的重要收益之一,就是得以重新审视文字与语言的关系,特别是汉字与汉语的关系。重新审视使我更加坚定了一些原来就有的观念,也建立起一些新的观念。

更加坚定的原有观念有(前两条是学界普遍接受的观念,第三条是国外学界普遍接受的观念):

1. 有声语言的产生先于文字,语言是第一性的,文字是第二性的。这也是绝大多数语言学著作反复强调的基本观念。

2. 文字一经产生,会对语言产生反作用。这一点国内外无人反对,但具体产生了哪些重要的反作用,汉字与表音文字对语言的反作用是否相同，研究得还不够充分。

3.文字一经产生，作为语言的视觉符号，就与作为语言听觉符号的声音一样，成为了语汇的表达系统。从共时看，文字、语音同是语汇层面的两种表达形式，是一鼎两足的关系。这在国外是被普遍接受的观念，而在国内还不是很通行。

新建立的观念有：

1.即使从历时看，有声语言的第一性也只表现在：语言对现实的区分首先是由音义结合成语码而实现的。语言产生之前，现实对于人类是混沌一片的。图画对于现实的描画，虽然也有个体图形，但个体图形之间的关系是直接描画现实，而不是以个体图形按照少数可反复套用语法关系做线性组合再间接地反映现实。

2.文字通过语音表达语义说是不全面的。文字是对有声语言的再编码，再编码只要求文字的单位体系中有一级单位对应于某一级语码，而语码有音和义两个方面。再编码可以对语码之“音”进行编码，也可以是语码之“义”进行再编码。对语码“义”的再编码，涉及与“音”无关的对现实的重新切分和组合，比如汉字形声字里的意符“木、石、山、目”等都是从语码已经区分开的语码义中提取与现实相关的共同意义要素，把一些含有共同意义要素而并没有共同语音形式的语码，利用文字的再编码，把它们聚合为具有共同视觉形式（意符）的文字符号。

汉语语法的基本单位与研究策略*

一　问题的提出

提出这个问题，主要是受 Halliday（韩礼德）的启发。他的语法实用，但更吸引我的是其理论上的精深。Halliday（1985）把英语语法层面的单位定为“语素—词—短语—小句—复句”5个层级，并认为5个层级中“词”和“小句”（除介绍外，笔者自己的论述改称“单句”）是最重要的两级单位。他对英语语法的研究主要是围绕“小句”这一基本单位展开的。

Halliday 认为，之所以把英语语法的单位定为这样的5级，不是先验的，也不一定是人类语言普遍的，而只是因为**各层级有不同的、反复出现组合模式**。也就是说，英语中，语素组成词、词组成短语、短语组成小句、小句组成句子的结构方式有明显的区别：(1) 语素→词。Halliday 对这一层级的结构没有做详细讨论，只是指出人们一般对词内结构很少有意识，构词成分可能有不同变体。根据一般的说法，英语的构词法主要是附加法。即，

---

* 原文发表于《语言教学与研究》2000年第2期。本次发表略有改动。

形式上在词根之前或之后添加词缀，内容上以词根义为基础添加表示词类转变、对象转指等较虚的意义。词缀是定位的，意义虚化的；词根是不定位的，意义实在的。(2)词→词组[1]：基本只有反映人类经验的结构，且结构类型均是两分的，结构关系都是简单的逻辑关系：某一直接成分限定另一直接成分，结构整体是其中一个直接成分的次类（如 big apple 是 apple 与 big 的交集，形成具有 big 特征的 apple 的次集合）。(3)词组→小句：小句有语篇信息的、交际的、经验义的三套结构。三套结构分别是：主位－述位结构、语气－剩余结构（由主语、谓语、附加语、补充语、定式动词等下级成分组成）、过程－参与者－环境结构。(4)小句→句子：多小句的句子只有并接、主从两种结构类型，按照少数几种简单的逻辑关系连接。可以看出，各级语法单位的确有自己独特的、反复出现组合模式，单位不同级则组合模式不同。

汉语语法究竟应该分为几级单位，各级单位独特的组合模式是什么，是一个尚未展开研究的问题，我们打算另文讨论。本文中我们姑且接受汉语学界的一般看法：汉语的语法单位也分为“语素—词—短语—小句—句子”5个层级。

本文感兴趣的是 Halliday 的另一观点——各个语法层级地位的不平等性。他在书中指出，word 和 clause（小句）的英语语法中主要的语法层级。这是因为，英语的词组、句子的结构简单，可以用基本逻辑关系控制，可分别看作“词的复合体”（word complex）、“小句复合体”（clause complex）。基本逻辑关系是经验义的一种。除此之外，英语的词组和句子自身没有完整的与语篇、信息、交际相关的结构。在这里,语篇结构、信息结构分别指发话人选择的话语起点和发话人所预设的受话人已知或未知信息,英语只在小句这一级单位才有完整的结构体现(体现为词序的调整或高层重音的放置等)。与交际相关的结构,指说话人对交际角色的选择及语气、情态等,在英语中主要体现为“语气”(mood)成分,它由主语和定式动词的选择和相互位置决定,为小句这一级单位所特有。

把 word 和 clause 看作英语语法的基本单位,从西方传统语法的 WP 模式(word and paradigm,词与词形变化表)就开始了。鼎盛期的美国结构主义者 Harris 等注意到这一模式不具普遍性(比如不适用于汉语),所以他们试图打破词法与句法的界限,建立以 morpheme 为基础,经替换得出大小不同形式类及其配列规则,由此达到对语法的全面描写。然而,Harris 的设想在印欧语的运用中遇到了很大的困难,并未能实际推行。结构主义以后的诸家在处理印欧语的语法时都在不同程度上恢复了 WP,至少是回到词法、句法的截然两分。看来,对英语和其他印欧系语言来说,词和单句[①]的确是两级基本的单位。

由此引出的问题是,词和单句作为语法的基本单位是不是人类语言普遍的?汉语语法的基本单位落在哪些级上?这是本文要讨论的第一个问题。

这一问题不仅直接牵涉到汉语语法整体系统的格局,也与

① Hallidayd 的“小句”指带有定式动词和语气成分的单元,不包括不定式小句。为避免与其他学派术语的冲突,本文中除介绍部分外,笔者自己的论述将把带有定式动词和语气成分的主谓结构称为“单句”。

语音、语义层面的结构有关联。它直接影响汉语语法研究策略的选择。研究策略，是本文要讨论的第二个问题。

着眼于单位的大小，汉语和英语的语法单位都可以用语素、词、短语、小句、句子的名称。着眼于单位在系统中的地位和系统内部的和谐，汉语的语法单位也许应另立名目。为了对比方便，本文先着眼于单位的大小而使用统一的名称，待揭示出单位的地位身份，再使用另外的名称。

二 两类性质不同的单位

无论哪种语言，语法单位都可以按可类推知义和不可类推知义的基本区别分为两类。一般地说，语素和词为不可类推知义的一类：语素的音义关联是任意的，词的词中成分与整体的关系虽有一定规则但不可类推。所以语素和词必须一一学习，需要收在词典中。短语和句子为另一类：除习用语外，短语和句子无需一一学习。掌握了语素和词后，只需掌握少数规则即可类推知道短语和句子的意义。规则一般收在语法书中。这是从语言内部考虑所做的区分。这种区分不是绝对的。比如，短语或小句都有相当数量的习用语，也是不可类推知义的；词中的合成词则程度不同地带有可类推知义性。

从语言与现实的关系考虑，也有类似的两类区分。叶、徐的《语言学纲要》(1981)提出一个很重要的观点：词义是对现实现象的反映。但这种反映是概括的，舍弃了现实对象的许多具体特征，把现实中特殊、复杂的东西变成了一般的、简单的东西。

而言语交际谈到的现实是具体的，词通过进入句子来反映特殊、具体的现实。从这个角度看，任何语言都有相辅相成的两种基本过程：使现实离散化、抽象化、脱离具体时空的造词过程和返回具体交际时空的造句过程。前者形成备用单位，后者在前者的基础上形成使用单位。这种区分似更能抓住本质。比如，英语的 pick up（接人）和 How do you do，汉语的“走后门”和“吃了吗？”都不能从成分推知整体义，但 pick up（接人）和“走后门”是脱离具体时空的备用单位，而 How do you do 和“吃了吗？”是涉及具体交际时空的使用单位。

总之，语言的语法单位可以分为性质不同但大致对应的两大类：备用单位——语素和词，使用单位——短语、小句、句子。

我们认为，还应该注意，备用单位和使用单位都各自有自己的基本单位。如英语的词和小句，前者是备用单位中的基本单位，后者是使用单位中的基本单位。有待探索的是：汉语中的备用单位和使用单位中，哪一级单位是基本单位？

三 备用性单位的基本单位

我们认为，语法基本备用单位必须有固定统一的韵律标记，韵律上要能单说。

语法基本备用单位的编码过程是语音与现实相互匹配而彼此分节、离散、抽象的过程。在这一过程中，固定统一的韵律标记、韵律上的可单说应该是音义链层面上分节的必要条件。韵律上可单说，意义上可抽象，它们彼此匹配而离散开来，成为语言对现实的基本分节。(笔者同意徐通锵先生汉语的基本单位是"字"的观点,但对"字"和"基本单位"的解释有所不同。详见下。)

笔者(王 1994a、b,1999)曾经论证过,符合"基本备用单位"的上述要求的,于英语,是次小的语法单位 word,于汉语,是最小的语法单位语素。它们在单位层级的大小上并不相同,相同的是它们都是各自语言中语法单位与韵律单位交汇的最小单位:英语的 morpheme 没有固定的韵律标记,韵律上无法单说。它的音节界线不固定,在不同的词中音节的界线可能不同;它对音节数目没有固定要求,可以是一个音节、多个音节、不到一个音节、跨音节;它无所谓重音(可对比语素-al 在 national 和 nationality 中的音节分界和重音情况)。英语的词于韵律上可单说,它有固定的韵律标记——词重音,词内部的音节界线也是固定的。汉语的语素一般都是一个音节,音节界线固定,一般都有一个声调,韵律上可单说。汉语的词则没有专门的韵律标记。两个正常音节的标准音步或一个正常音节和一个轻声音节的残音步,即可能是语法上公认的词(如"代表"、"溜达"),也可能是公认的短语(如"带表"、"救他")。以上特点决定了,英语的 word 和汉语的语素是母语者能够意识到的最小音义单位,是各自语法系统中最基础的备用单位,因此也往往成为文字的一级单位。这种三位一体的地位反映了十分重要的、语言在整体系统结构上的特点,在音系、词法、句法等多个层次上都有反映。传统所谓单音节语和多音节语的语言类型差别就是语言整体系统结构上的差别。把汉语的最小音义结合体称之为"语素",相对于 morpheme 的原义已有所汉化：morpheme 的原义是“形位”，是基于有形态变化的“词”而得到的最小单位；而“语素”的命名意味着它是语法的最小元素，与“词”并无附庸关系。但最能反映该级单位在汉语中的系统地位的术语，无疑是汉语中原有的叫法——“字”。汉语的“字”和英语的 word 一样，可以同时指音系、语法和文字的一级单位。假如当今世界不是西方文化主导，随着语言研究的深入，中国学者也会发现上述三种单位的性质不同，他们一定会造出“语音字”、“语法字”、“文字字”的术语来特指这三种单位。

我们仍然坚持前述基本看法。本文的一点点变化是，现在我们认为，由具有固定的语音模式、语音单位与语法单位最低交汇点所决定的基本单位，应该只是备用性单位的基本单位；使用性单位应该还另有自己的基本单位，其基本单位的特点也应该与备用性单位完全不同。

四　使用性单位的基本单位

我们认为，语法的基本使用单位应该既是一级纯语法的单位，也是可以独立添加各种语气、时间范畴等涉及说话时具体言语场景（语用要素）的一级单位。

使用单位的编码过程是根据一定的规则来排列或变化备用单位，以使抽象的备用单位返回具体的与说话当时当地相联系的现实。在这一过程中，最重要的是添加与具体说话事件的时－地联系和与交际目的相联系的语气。

在这一方面，英语表现出主谓结构与其他短语结构的根本性差异：主谓结构是英语中唯一可以添加与具体说话时－地关联的定式动词的结构，也是唯一可以以特定的句法结构与语气相联系的结构（主语与定式动词的次序决定陈述、疑问等语气类型）。其他结构，如定中结构、述宾结构都不能单独与定式动词或语气相联。总之，英语中主谓结构的单句与其他结构的短语属于不同的层级。与具体交际相联的时态只与主谓结构关联。

汉语的事实是，一方面，非主谓结构在与联系具体说话时－地和语气的关联方面与主谓结构没有根本性的差异：动词性结构（如一般所说的述宾结构）可以自由地添加时体成分和语气，无须主语的参加。如"吃了饭了吗？——吃了"。甚至名词性说明成分也可以与时态和语气相联，如"都大学生了"。汉语的另一个鲜明特点是与成句相联的、与说话具体时空相联的有定成分不限于对句子说明成分的限定，对被说明的话题成分的限定也同样重要，话题一般须带有与具体说话时空相联的有定标记。话题，同样可以是任何一种结构，主谓结构或非主谓结构，名词性结构或动词性结构都可以。另一方面，其他结构和主谓结构一样可以自由地按少数几种逻辑关系接续而形成更大的段落。如"担了水就吃饭"、"都大学生了就不该这样了"。也就是说，汉语中各种类型的短语，都可以作为使用单位进入话语承担语气并与具体说话时－地关联，地位多与英语的单句相当。从这一点看，主谓结构并没有不同于其他短语的特殊地位。

最近我们自认为读懂了赵元任先生（1979）提出的"零句"概念。零句的大小往往只有英语单句的一半，可以只是一个字、一个词或一个短语，但却可以像英语的单句一样直接与说话的具体时空和语气相联，可以像英语的单句一样直接参与更高层的按少数逻辑关系的组合。零句的概念与短语其实有性质的不同。前者是实际语流中作为说明对象或被说明对象的成分，它可以一个字，比如“他可好了”的“他”，也可以是是语流中的最大短语，如“隔壁老王家的孩子总爱把音响开得震天响”中的“隔壁老王家的孩子”。也就是说，短语是不考虑具体说话时空和交际目的、只考虑内部结构的概念，零句则是从具体说话时空和交际目的考虑的最小单位。（传统小学里“读（dòu）”的概念与之非常接近，但由于“读（dòu）”与常用字“读（dú）”文字上同形，还是不启用它为好。）而汉语的特点是短语就可以添加语气和时体范畴成为交际的最小单位零句。

使抽象的备用单位返回具体的交际事件，不同的语言都利用备用码的有规则组合，也都需要添加语气和表示说话时具体时空的范畴，这是各个语言一致的。但在组合单位的那一层级上添加语气和表示说话时具体时空的范畴，各语言则各自不同。至少，在英语中这些范畴添加的最低层级在主谓结构的单句，因此带有定式动词的单句在话语中分界鲜明；而汉语则短语就具有与具体说话时空和语气相联而成为零句的潜力，因此做零句的短语在语流中也容易划界，而单句由于缺乏这方面的特殊标记，很难在语流中划出界线。

总之，我们主张汉语语法使用单位中的基本单位是短语，它是汉语使用单位中可以与具体交际相联范畴的最低层次。这和朱德熙先生的“词组本位”论基本相同。只是，朱先生提出的理由是汉语任何词组都可以自由地加上一个语调而成为句子，而我们认为短语“加上”的是与具体言语交际有关的“语气”“时态”等范畴，语调只是语气的韵律标记。

五 基本单位与语法研究策略

基本单位是话语中容易划界的单位。基本备用单位的容易划界，是因其有固定的韵律标记，不管在话语中实际语音有怎样大的变化，说话人心理中都储存有一个可以还原的唯一原形。基本使用单位的容易划界，则是由于添加有“语气”和与说话具体时空相联系的范畴标记。

语法分析描写应首先分为备用单位与使用单位两大块。两大块的研究都应该以基本单位作为分析、描写的基点。

英语语法的基本单位是词和单句，决定了英语语法研究的主要内容有二：一是“现成”的词如何合理地切分为语素，“合理”意味着可以最简明地生成“现成”的词。二是单句的结构。值得注意的是，单句的结构成分如果是最简单的单位，就可以以词为代表。也就是说，英语中以备用基本单位“词”为基点，就既可以观察备用单位的基本结构（词→语素），也可以观察使用单位的语法结构（词→单句）。但是，更为重要的是，单句作为使用单位，除了研究它的语法结构之外，它作为使用单位而添加的与说话人交际意图有关各种范畴的表达方式，如语气、话题、焦点等，更是需要重点研究的。因而词与进入使用的单句的关系应该是“词⇒单句”，从单纯的语法结构进入到了与语用联系更高的层级。

汉语语法研究策略应该怎样呢？我们认为，汉语研究的策略应该以汉语的基本单位词和短语来进行：备用单位以“字”为分析基点。和英语备用单位的基点 word 一样，汉语的字不仅可以用来观察备用单位的基本结构(字→词)，而且可以用来观察使用单位的基本结构(字→短语)。使用单位以短语为分析基点，在短语的基础上研究与具体言语事件相关的各种范畴的添加(短语⇒零句)及零句间的接续规律(零句→句群)。

六 汉语语法分析策略之一
——以字为基点研究词和简单短语

“以字为基点研究词和简单短语”之策略的要点是：以字为观察基点，以两字、三字、四字为序研究词和简单短语的结构。而在词和简单短语之中，应该先研究二字自由组配的短语结构类型和规则，再研究三字、四字黏合式短语中直接成分的字数与结构类型的制约规则(端木 1999；王洪君 2001)，最后研究二字、三字、四字凝固成词的规则。要提前强调的是，本文坚持以前的看法(王 1994a)：短语结构应该包括构成成分的类配列、整体结构的形式类和意义。汉语的词法应该包括如下主要方面：

1. 二字自由两字组的结构规则，这是汉语短语结构的基础。根据递归的原理，所有复杂的短语结构最终都可以递归为简单的二元结构，而最简结构是控制复杂结构的基础。汉语中最简单的二元结构就是两字结构。最近我们初步考察了北工大人工智能所在两亿语料基础上建立的“两字短语库”，考察发现，二字自由字组的结构类型基本上涵盖了汉语所有的短语类型。就连有学者提出应该新增的“复谓”，也几乎都有相对应的二字组结构。比如，“投喂、拆洗”跟“骑着马上山”一样是结构义为“以VP1的方式VP2”、语义上前轻后重的“先VP1再VP2”；而“核办”、“核拨”、“核付”则跟“吃了饭又上街了”一样，是语义上平等、仅有时间先后的“先VP1再VP2”；等等。

研究二字组更容易发现结构小类规则。比如笔者（王1994a，1998）找出的结构小类规则：动作Vt+物N→特类活动V_i（“喝酒、炒菜、写信、避雨、踢腿、过年、认亲、热饭”等）；变化/存现Vt+物N/性质A→状态Vi（“发潮、发疯、显白”等）；心理/领属+物N抽象→性质A（“爱国、有名”等）；动结式述补结构的规则：双限动+补语→后限动或点动（“踩灭、蒸热、晾干、喝醉、洗累”等，它们的动词V都可以受“正在”的修饰，加补语后的VR却不行了，因为过程的持续段没有了）。

2.直接成分字数的单双和结构类型，这是控制汉语多字黏合式短语是否合格的主要条件。相对来说，直接成分是词还是短语却不那么重要。吕叔湘（1963）、赵元任（1968）、陈建民（1984）、Lu & Duanmu（1990）、冯胜利（1997）都曾指出，汉语定中结构合格的音节配制为1+1、2+2和2+1，而1+2常常不合格；述宾结构则1+1、2+2和1+2合格，而2+1常常不合格。例如“技工、技术工人、技术工、*技工人”，“种蒜、种植大蒜、*种植蒜、种大蒜”。端木（1999）又指出，[[述宾]定中]结构中的小宾语在某些音节配制的条件下要前移，可对比“碎纸机～

纸张粉碎机～*粉碎纸张机”、“织袜机～毛衣编织机～*编织毛衣机”。这些复合词或短语的构成限制都是特定结构位置上音节的数目是否为2，至于这个双音节成分是词还是词组则关系不大。比如，“种大蒜”、“毛衣编织机”可以说，“种葱蒜”、“衣帽编织机”同样可以说。述宾结构的“种植蒜”和定中结构的“编织毛衣机”不大说，“产供蒜”、“编织衣帽机”同样不大说。这样的词法规律，如果以字数为基点去观察很容易发现，如果按语素、词、词组为单位去观察就很可能视而不见。对于汉语其他的结构，如状中、述补等，也亟待从同样的角度进行研究①。

3.词，作为备用单位，应该有韵律上的限制。对于汉语来说，这一限制就是字数上的限制。除个别音译词，汉语词的字数一般应限在4字之内，韵律类型如下：大多是两字的（1个音步），部分是三字的（1个超音步，多限于ABB式和2－1定中），少数是4字的（1个复两拍步，限于象声词和并列结构）。以四字作为词的上限，有不少学者提出过，比如冯胜利（1997）、郭锐（授课讲义）等，但细节上各家不尽相同。

4.汉语的词与短语的结构虽不完全相同，但基本上是一套。周荐（1991）对《现代汉语词典》3.2万多个双音节复合词的穷尽研究表明：双音复合词中96.57%可以用偏正、联合、述宾、述补、主谓五种短语结构解释；少数结构模式是词法专用的，如“个体名＋量→集合名”（如“车辆、马匹”）；还有少数结构模式是古

① 目前这方面已有的研究有董秀芳（1998）述补带宾式中的韵律制约，《语言研究》第1期；崔四行（2009）《三音节结构中名词、副词、形容词作状语研究》，北京语言大学博士论文。

汉语时的自由短语,后来演变为词法专用,如名词直接做状语的"笔直"、使动用法的形容字带宾语的"灰心"等。另有极少数周认为是词法专用的结构,如逆序状中("打拳")、逆序定中("雪花"),我们认为是与汉语短语规则相同的述宾和定中结构(王1998,1999)。整体看来,汉语词与短语的不同主要在于短语结构基础上的"词汇化",包括:(1)整体结构的转指,比如述宾结构整体转指施事(VO者,如"管家"),工具(所以VO者,如"绑腿、围腰");(2)结构成分的转指,如述宾结构的述语V转指O的产生方式,从而述宾整体转指受事(所V的O,如"烤鸡、存款");(3)整体义的缩小或扩大,如"白菜"专指"某种颜色相对比较白的大叶蔬菜";(4)整体结构的转义,如"猫眼"转指"像猫眼一样的宝石";(5)结构成分的转义,如"河马"的"马"转指"一种像马的动物"。以上词汇化规则[①]都使词的整体结构或整体意义发生了变化,应该视为词法特有模式,而不是简单地归类为几种短语结构。

多字组的结构规则,除直接成分字数的限制外,基本上就是两字结构规则的嵌套。比如两字的"$Vt+N\rightarrow V_i$"是自由的短语规则(如"炒菜"),两字的"$Vi+N\rightarrow N$"不是自由的短语规则,但却是很常用的词法规则(如"睡衣、跑鞋"),则两种结构的嵌套"$((Vt+N)+N)\rightarrow Vi+N\rightarrow N$"也是很常用的词法规则,可生成"炒菜锅、洗衣粉、健身房"等许许多多的三字词。结构的嵌套,

① 更多的构词规则可参考本文集中笔者的另外两篇文章:《动物、身体两义场单字组构两字的结构模式》、《动物、身体两义场单字及两字组转义模式比较》。

于词法来说，除逐层套合外，还有部分重叠方式的套合，比如“柳树＋树林→柳树林”，信息学界称为“二母一子”。

特别需要指出的是，说汉语的词法和短语规则基本上是一套，就意味着汉语的字（包括黏着的）也大多可以像词一样分为名、动、形等类别，这两者是相辅相成的。黏着的字也大多有明确的名动形等类别，是由于汉语的黏着字大多在两字组中位置自由，不是定位的。这样，根据两字组的整体性质和字在两字组中的活动模式就不难判断字类。如“桌”、“鸭”是黏着的，“床”、“鸡”是自由的，但它们在两字组中的活动模式基本相同。它们的主要分布都是：(1)自由地做名性两字组的前字和后字，如“桌面、桌布、桌腿，床板、床单、床腿；鸭头、鸭毛、鸭心、鸭血，鸡头、鸡毛、鸡心、鸡血；书桌、饭桌、方桌、石桌，病床、灵床、硬床、木床；公鸭、雏鸭、野鸭、烤鸭，公鸡、雏鸡、野鸡、烤鸡”。(2)做动性两字组的后字（述宾结构的宾语），如“摆桌、擦桌、伏桌、分桌、上桌，摆床、换床、架床、分床、上床，画鸡、放鸡、吃鸡、喂鸡，画鸭、放鸭、送鸭、喂鸭”等，都是北工大2亿字语料中实际出现的结构平行的两字组。这些字做宾语不太自由，主要是音节的限制。字的黏着也有一定影响，但不是绝对的。事实上，黏着的名字不仅在文言语体中（如“伏桌而眠”、“尤善画鸭”）或四字并列式（“端茶倒水”、“擦桌扫地”）可以相当自由地做宾语，而且在一般文体中也时有出现，在“放鸭出身的全国劳模×××”、“科学养鸭实用技术”、“在百货大楼前摆桌搞咨询”、“饭菜早已上桌”等句子中，把“鸭”、“桌”换成“鸭子”、“桌子”反而不合适。“鸭”、“桌”出现在名字前或名字后只构成定中结构，出现在动词后只构成述宾结构，这样的分布只能是名性的，不可能是动性或形容性的。根据字在两字组中的活动模式确定字的分类标准，给字分类，是汉语语法研究亟待进行的一项工作[①]。

5.词汇化和凝固程度的高低，这也与直接成分的字数和结构类型密切相关。已有的研究表明，两字组的定中、联合（并列）最易凝固，主谓最不易凝固。三字组是2+1的定中式最易凝固，四字组则是2+2联合式最易凝固。梁源（1999）对北工大“二字短语库”的研究又整理出关于两字组凝固度的重要的小类差别。这就是，后字替换率在100以上的定中、状中、述宾两字组（三类结构的具体数值略有不同，详见原文），前字和后字的结合极为松散。这些两字组的前字极少，构成封闭的集合。它们是:定中类表“指代”的前字（“这、那、该、本”等），状中类表“连接/否定/程度/时间/范围”的前字（“也、总、不、没、很、刚、全”等），述宾类属于助动词和泛化轻动词的前字（“要、肯、敢、想”，“是、在、有”等）。这些发现对于判断三字组合的直接成分是1+2还是2+1有直接的功效。

总之，研究汉语的词法应该以字为基点。先找出单字自由组合的简单短语规则，才能以简单短语为基础进一步研究词法规则。

---

① 笔者的《动物、身体两义场单字组构两字的结构模式》就是一次较大规模的成功尝试。

七　汉语语法分析策略之二
——以短语为基点研究零句和句群

以字为基点的研究虽然也探触到了短语，但是只探触到了短语的基本结构，对于使用单位的研究来说，这是远远不够的。汉语使用单位的研究需要以短语为基点进一步深入。初步看来，作为使用单位对于短语的研究应该包括如下主要内容：

1.最大短语规则。短语结构是可以彼此嵌套的，但嵌套也是有限制、有规律的。比如，定中结构可多层嵌套，述宾、述补的嵌套就很有限，体宾动词的动宾结构甚至基本不能再带宾语。多层嵌套能力最强因而也最值得注意的是定中结构，如最大定中结构定语的次序，产品名称、单位机构名称、菜名等专名性定中结构的定语类别及次序等，都是最大短语规则亟待研究的。这方面的研究将从内部结构上限定零句的构成，为话语中确定零句的边界服务。

2.短语实现为零句[①]的规律。短语可大可小。短语是不是零句，取决于是否添加了语气、与交际时－地和说话人等与具体言语交际时间有关的范畴。英语作为使用单位的单句必须要有定式动词，没有定式动词的小句是“降了级的单句”，在话语中的作用只相当于短语。汉语的短语成为零句到底需要哪些必要的、与具体言语交际时间有关的范畴，范畴的标记是什么，零句

① 关于零句，补记中还要有专门的讨论。

之上还有哪些更大的单位，这些更大的单位是否有专门的语用标记，等等，都是亟待研究的重要问题。

3.零句的接续关系类型。不少学者已经指出，汉语的句子成分跟词类之间不存在一一对应的简单关系，这是汉语语法的主要特点之一（朱德熙 1985）。我们认为，在短语层面上，除了古汉语遗留的使动、意动用法之外，短语成分与字类或词类之间的对应还是比较简单的。所谓动词性结构做主语、名词性结构做谓语，其实是在零句接续（也即已添加了与具体交际事件相关的范畴）的层面上发生的。在零句接续规律的方面，二十世纪四十年代汉语语法研究对句型所做的“描写、叙述、判断”等范畴区分可能很有用处。比如，如果做话题的零句是动词性的结构（如“讲课”），则下面接续的说明零句大多是静态描写的或判断的，绝不会是动态叙述的。话题的有生/无生、有定/无定，与后续零句是静态描写还是动态叙述的，是按空间次序展开的还是按时间次序展开的，有相互制约的关系（王静 1988）。

八　余论

以上是我们对汉语语法研究的一些新的思考。

备用单位方面，首先是受徐通锵先生“结构关联”观点的启发，从而想到音系与语法层面会存在超出组合－聚合关系的结构联系；然后是我自己在音系学方面的研究和宋柔先生主持的计算机汉语信息处理方面的研究提供的成果和大量资料，促使一些想法逐渐成形。

上文回避了“语法字”的定义问题。有两种选择：一是“最小的音义结合体”，外延与“语素”完全相当。用“字”的术语只是突出了它在整个语言系统中的地位是关联语音语法两层次的基本单位，如 word 在英语中一样。带来的问题是，无法为汉语词法研究带来新思路，“葡萄”、“蛐蜒”等仍将是一个字，与前面主张的以单字、两字组、三字组为线索描写汉语的备用单位的策略无法协调。另一种选择就是本文实际的选择，“语法字”的定义是“单音节的最小音义结合体”。其外延与语素不完全相当：“葡萄”因不符合单音节的要求，不是一个语法字。它是以两个语音字为形式的一个语法词，算两字组。“花儿”不符合“最小音义结合体”的要求，也不是一个语法字。它是由两个底层语法字衍生的、以一个语音字为表层形式的“合音字”，属于派生性单字，可入单字库但需另立分库。这样的思路可望为汉语词法研究开辟新途径。带来的问题是，语法单位的定义兼用了语音标准。这也许并不是理论的缺陷，反而可能是优点。生成音系学的发展已经证明，美国结构主义语音、语法绝对分层的观念是错误的。早在二十世纪六十年代生成音系学的标准理论时期，音系中相当于音位大小的那级单位——深层音段，就已经相当于结构主义的“语素音位”，兼取了语法的条件。1975 年以后的非线性音系学中，韵律层级中的许多韵律单位，如“韵律词”、“韵律短语”等都是以语法单位为参照的韵律单位。从语法层面看，词的定义“造句中可自由运用的最小单位”，除了典型的屈折语，在其他语言中，包括英语，实际上都是无法控制的，需兼用语音的标准。赵元任先生晚年精辟地指出：“汉语是不计词的，至少直到最近还是如此。在中国人的观念中，‘字’是中心主题，‘词’则在许多不同的意义上都是辅助性的副题，节奏给汉语裁定了这一样式。”根据全文还可以推演出：“英语是不计 morpheme 的。在英语者的观念中，word 是中心主题，morpheme 则在许多不同意义上都是辅助性的副题，节奏给英语裁定了这一样式。”这一论述明确指出了语音标准对于语法单位的重要性。看来，原有的语言理论对于语音、语法层面跨层面的联系重视不够，徐通锵师的“结构关联”观念可补其缺。

在使用单位方面，无论是基本单位的确定，还是如何以它为基本单位开展今后的研究，笔者都尚未开始实际语料的大量研究，“以短语/零句为基点”还只能说是有待尝试的设想。笔者也考虑过短语基点和小句或单句基点的优劣得失。以小句或单句为基点，对于以动词为中心的各种理论，比如配价理论、格语法、谓词演算、生成语法来说，似乎是必然的。对于这些模式来说，必须先将语篇中实际未出现的动词论元补足，使之成为完整的深层小句，然后再描写小句之间的逻辑关系。许多学者已指出过，这样处理的麻烦在于，汉语语篇（特别是小说、对话等语体）中，零句大量存在，把它们都处理为主语省略，就会遇到有的主语无法补出，有的主语有多种补足可能的困难。比如，“我真想不出，__彼此不能交谈，__怎能成为朋友。自然，也许有人说：__不常交谈，那么__遇到有时需要彼此的帮忙，__便丁对丁、卯对卯地去办好了；__彼此有了这样干脆了当的交涉与接触，__也能成为朋友。”（老舍《英国人》），“小溪既为川湘来往孔道，水常有涨落，__限于财力不能搭桥，__就安排了一只方头渡船”（沈从文

《边城》)而如果只考虑由两个直接成分组成的短语结构，又无法揭示话语中名词与动词的格语义关系。是不是能兼取小句基点和短语基点的优点，避免它们的缺点呢？蒙太古语法、范畴语法的思路加以一定修正有望产生以短语为基点的途径[2]：短语的论元空格不必以小句为单位补足，直接以担任零句的短语为单位相互接续，彼此填补或抵消论元空格。也就是说，以担任零句的短语为基点直接描写语篇，尽量减少对汉语中没有形式标记、母语者意识模糊的“单句”或“小句”的依赖，也是可以实现形式化的描写的。

以上考虑远未成熟，谨希望本文的讨论，能激发出理论上的争鸣和对新研究思路的尝试。

附注

[1] Halliday 的“词组”不同于句子直接成分分析法的“词组”，他的体系中只有名词词组和动词词组两类。名词词组与定中词组相当，动词词组则指动词和表时态成分组成的小单元。表时态的成分中，动词的无标记词尾和-s、-ed、和 will 是 1 级时态，分别表以说话时为基点的“现在、过去、将来”，to be...V-ing、to have...V-en、to be going to V 则是 2 级时态，表示以已给出的“现在、过去、将来”为基点的“现在、过去、将来”。2 级时态可多层套用。如 was going to have taken 中 was 为 1 级时态(说话时的过去)，be going to 为 2 级时态，与 was 结合表示“对说话时过去某时点而言的将来(过去的将来)”，再加 have taken 则表示“对说话时过去某时点的将来某时点而言的过去(过去的将来的过去)”。也是一种逻辑上的不断限定的次类关系。主谓、述宾等结构韩礼德不看作词组。另外，Halliday 的“小句”都是带有定式动词的，不带定式动词的述宾或主谓结构被处理为“降级小句”，在系统中的地位等同于词组。

[2]中国科学院人工智能研究所的白硕研究员曾在北大的语法沙龙

上介绍过他这一思路的初步方案。

参考文献

端木三（1999）重音理论和汉语词长的选择，《中国语文》第4期。
冯胜利（1997）《汉语的韵律、词法与句法》，北京大学出版社。
郭　锐（1998）《汉语词类问题研究》，讲义，未刊。
梁　源（1999）两字结构凝固度分级研究，北京大学硕士论文，未刊。
王洪君（1994a）从字和字组看词和短语，《中国语文》第2期。
——（1994b）汉语的特点与语言的普遍性，《缀玉二集》，北京大学出版社。
——（1998）从与自由短语的类比看“打拳”、“养伤”的内部结构，《语文研究》第4期。
——（1999）《汉语非线性音系学》，北京大学出版社。
王　静（1998）论语篇性质与话题的关系，未刊。可参考作者后来的两篇文章：现代汉语静态话题链的句法组织原则，《语言教学与研究》2004年第2期；现代汉语动态话题链组织规律，《语言教学与研究》2006年第2期。
叶蜚声、徐通锵（1981）《语言学纲要》，北京大学出版社。
赵元任（1968/1979）中译：《汉语口语语法》，吕叔湘译，商务印书馆，1992。
——（1975/1992）中译：汉语词的概念及其结构及节奏，收在《中国现代语言学的开拓和发展：赵元任语言学论文选》，清华文丛之四，清华大学出版社1992。
朱德熙（1985）《语法答问》，商务印书馆。
Halliday，M. A. K.（韩礼德1985）An Introduction to Functional Grammar，Edward Arnold Ltd.
Harris，Zelling S.（1946/1963）从语素到话语，收在《语言学资料》1963年第6期。

补记

该文发表于2000年。那时，我的导师徐通锵先生对于“字”是汉语语法层面（更准确的说法应该是语汇－语法层面）的基本单位的问题已经有了很多论述，我个人在这一方面也已经有了多年具体研究，因此这一问题已经想得比较清楚，文中的论述也比较充分。但是，对于语法层面应该有备用、使用两种基本单位，特别是对于什么是汉语语法层面使用单位中的基本单位的问题，我还是刚刚开始思考，文中的论述也很不成熟。

时间一晃就是十年，一直在考虑这个问题，但一直没有足够的具体研究。目前对这个问题想得清楚了一些，下面先简单介绍几个已经想清楚的问题，在此基础上再重新提出问题并尝试给出新的答案。

1. 基本单位一定要跨层面。基本备用单位是跨韵律－语法层面交汇的单位，而基本使用单位则应该是跨韵律－语法－语用层面的交汇单位。涉及语用层面，才可能作为表达与说话具体时空和说话具体意图的使用单位。而语用单位的表达形式，既有语法层的，也有韵律层的。上文对基本使用单位的定位，只提跨语法－语用层面的交汇单位，是不全面的[①]。

2. 基本单位应该有封闭性的形式标记，比如汉语的字有单音节和声调，英语的基本备用单位——词，有词重音作为封闭性的形式标记，而英语基本使用单位——小句（单句），在语法层有主谓结构和定式动词作为封闭性的标记，在韵律层有大的停延和大停延之前的语调（与“陈述/命令/感叹”等不同语气相关的、明显的音高升降曲线）作为封闭性的标记。

3. 英语作为使用单位的“句”，又有两级大小不同单位的区分：小句和句。小句只包括一个含有定式动词的主谓结构，而句既可以只含一个小句，也可以含有按照一定的逻辑关系组织起来的多个小句。小句如果独立成句，则末尾带有明显下降或上扬的语调和较长的停顿；如果多个小句结合起来成句，则最末一小句的末尾带有明显下降或上扬的语调和较长的停顿（无声段）。也即，明显下降或上扬的语调和较长的停顿是“句”的韵律标记。非句末的小句，则一般在末尾带有平拖式音高和韵母延长[②]。小句是具有与说话语境相联系的定式动词和特定高层韵律标记（大的停

① 我的博士生乐耀向我指出了这一点。

② 大多如此，也有少量例外。比如，特别长或结构复杂的主语、非主语的有标记话题等也会用这种语调。

延)的最小单位;小句可以独立成句,多小句组织成句只依照少数逻辑关系;小句独立成句则带有明显升降的语调和大的停顿,多小句组织成句则只是把独立成句的小句语调移到最末,非末尾小句使用平拖语调。总之,知道了独立成句的小句的语法结构形式和语调形式,多小句的组合只依照很简单的模式和规则。因此,小句是英语的基本使用单位,句则不过是“小句复合体”(Halliday, 1985)。也即各级使用单位中,可以独立使用并仅以简单的逻辑关系组成更大单位的最小单位是使用单位中的基本单位,它并不一定总是独立使用的。

在以上3点的基础上,我们重新提出问题并尝试回答:

4.作为使用单位,汉语“句”的大小两级单位是什么?各自的语法形式和韵律的形式特点是什么?应该如何命名?哪一级是使用单位的基本单位?

让我们以赵元任的《汉语词的概念及其结构与节奏》(1975/1992)考察汉语中的字与词的思路来讨论这一问题。首先,在单位层级上,汉语是否像英语区分小句和句一样,也需要区分两级与语用要素相连的使用单位?其次,在语法形式、韵律表现、小单位组成大单位的方式上,汉语这两级单位有哪些不同于英语小句和句的特点?

第一个问题的答案无疑应该是肯定的。跟英语的句一样,汉语的可以单说的最小使用单位既可以单独用于交际,实现为一个单说单位;也可以不单独使用,而是跟其他这样的单位组合起来成为一个更大的单位用于交际。如果仅仅着眼于使用单位有两级大小不同的单位,如果基于用同一套术语描写不同语言的某些便利,就不妨把汉语的这两级单位也分别称做小句和句。当然应该也必须说明不同语言“小句”和“句”的重要差异。

再说第二个问题。汉语的这两级使用单位与英语的小句和句的区别无疑也是非常明显的,主要有如下几点:①最小使用单位的语法形式不同。许多学者,如赵元任(1968/1979)、朱德熙(1985)、徐通锵(1997[①]),都

---

① 徐通锵(1997)《语言论——语义型语言的结构原理和研究方法》,东北师范大学出版社。

已经详细论证过，英语小句的语法形式是具有一个定式动词的主谓结构，这是一种封闭的结构方式，因而句子的界限分明；而汉语最小使用单位的语法形式是包括主谓结构在内的所有短语结构，于是一个主谓结构可能是一个最小的使用单位，也可能是含有两个甚至更多最小使用单位的较大使用单位。这使得汉语无法根据语法结构形式来判断最小使用单位或更大使用单位的界限。②最小使用单位组成更大使用单位的语法组合方式不同。英语的小句组成句，一般只依据少数几种逻辑关系，常常是成对的因果、条件等关系；也即句（或称“复句”、“句号句”）所含小句数量十分有限。而汉语的情况完全不同，有所谓“一逗到底”之说。也即，如果以句号作为句的标记，则汉语者对于语篇中汉语句号句界限的判断各不相同，不少人甚至只在一个段落的末尾使用句号。即使不算极端的个人，汉语句号句所包含的逗号句，平均数量要大大多于英语句号句所包含的逗号句。这是由于，汉语逗号句之间的关系远比英语复杂。③陶红印（1996①）、郑秋豫（2005②）的研究表明，汉语语篇的韵律也表现出明显不同于英语的特点。英语的最小使用单位一般对应于音系学或语音学所说的“语调短语（intonation phrase）”，然后由少数几个语调短语构成话语语段（utterance）。而汉语却是许多个最小使用单位对应于一个个韵律短语（prosodic phrase），许多个韵律短语构成更大的韵律单元，郑（2005）称做“韵律短语群（PPG）”。

根据如上特点，如果要反映我们在汉语中遇到的实际的最小使用单位是什么，应该给它个什么命名呢？

在上面的文章中我们提出汉语的最小使用单位是“短语/零句”，并自认为读懂了赵元任（1968/1979）所说“零句”的含义。现在看来，那时我们其实并没有完全吃透赵的“零句”（minor sentence），“零句”也并不是能够反映汉语最小使用单位特点的命名。

---

① Tao, Hongyin（陶红印 1996）*Units in Mandarin Conversation: Prosody, Discourse, and Grammar*. Amsterdam and Philadelphia: John Benjamins Publishing Company.

② 郑秋豫（2005）北京大学汉语语言学研究中心系列讲座之二《口语语流韵律的架构与组织》，课件。

“零句”的“零”，零碎也。它实际是以语法形式、以英语式语言语法－语用单位的最小交汇为依据的命名：以主谓结构作为小句的标准形式，则汉语的最小使用单位常常只有主谓句的一半，所以称之为“零”。

至于零句的韵律形式，赵(1968/1979)其实有两处并不完全相同的说法。在“2.2零句”一节(赵1968/1979:42—44)，所举的实例都是在某个交际话轮的某一话步(move)中单说的零句，也即韵律上用的是相当于我们前面分析的较大使用单位的结尾语调，如“他要吃什么?”“要吃肉。”而在“2.7整句由零句组成”一节，按照节中“一个整句是一个由两个零句组成的复杂句”的说法，则前一零句用的语调用的却是用于较大使用单位内部非结尾处的较小使用单位的语调，比如，“饭呢，都吃完了。”逗号处用的是平拖延长式语调，而不是下降停顿语调。赵(1968/1979)未区分这两种语调，也就不能很好地给零句在使用单位层级中定位。

另外，可以看出，赵(1968/1979)对零句语法形式的定义——相当于主谓结构的一半，其实也未能施行。比如“走行，不走也行”这一句，逗号前和逗号后的两个部分，其实分别都是主谓结构，都是“整句”，但赵先生并没有把“走行”(或“不走也行”)再分析为两个零句的复杂句。也即，赵先生的“零句”其实只是按照韵律上是否末尾有语调(包括平拖延长式和升降停顿式)来确定的，并不是按照语法形式上是否是完整的主谓结构来决定的。

汉语只按照韵律上的语调而不按照语法结构形式来确定最小使用单位，我以为是正确的。因为正如朱德熙(1985)所指出，汉语所有的短语结构(包括只由一个词组成的短语结构)都可以加上语调成句。主谓结构并不独占构成汉语跨语法－语用层面最小使用单位的特权，但也不是没有构成这种单位的权利。所以，在语篇中，有时主谓结构整体构成一个最小使用单位，有时却是主谓结构的一半构成一个最小使用单位。语法结构形式与最小使用单位没有关联，是汉语语法－语用跨层面关联的特点。

语调只是表现形式，它所表达的语用层面的范畴是什么呢?汉语较大使用单位(由一个或多个最小使用单位构成)的末尾调，与英语“句”这级单位的末尾调一样，都是承负了交际意图(语气)的范畴，陈述、疑问、命令、感叹等。汉语最小使用单位的末尾调(不算单独构成较大使用单位的情况)，也即平拖延长式语调，表示的是向听者“指出事物的存在或唤起对它的注意”(赵 1968/1979:51)。也即，同样是主谓结构，如果说者向听者“指出事物/现象存在或唤起对它注意的对象”的是主谓结构整体，则结构整体是一个最小使用单位；如果向听者“指出事物/现象存在或唤起对它注意的对象”的是主谓结构中的主语，则结构的两个部分分别构成最小使用单位。汉语跨语法－语用层面的最小使用单位只与韵律上的封闭形式相关联，是汉语语音－语法－语用跨层面关系的特点。

具有以上特点的汉语语法层面最小使用单位应该如何命名呢？

零句，由于是以主谓结构为整句作为基点的命名，所以并不是好的命名。比如，它无法说明“不走也行”为什么不是两个零句。

小句，如上所述，如果仅仅着眼于单位大小的层级，是可以接受的命名。但如果着眼于在汉语中实际上遇到了什么样的单位，还需要另外的命名。

句段，这是范继淹(1985①)所介绍的吕叔湘先生二十世纪六十年代所提出的未刊方案所用的术语。这一术语容易往大小两头误解：向大，可能误解为由多个句子组成的句群；向小，可能误解为句子按论元结构实现的最大词组(句块)。

我们现在觉得，逗，也即我国传统标点中的“读(dòu)”，才是这一级单位最合适的命名。上面的文章中我们曾经以“读(dòu)”的另一同形字“读(dú)”十分常用，容易彼此混淆，而轻易放弃了它。但这一概念却的的确确是以韵律上的明显的平拖式延长作为标记的，它能够很好地对应语用上说者对听者“指出事物/现象存在或唤起对它注意的对象”的最小单元。现在想来，其实现代汉语文字和标点符号的规范，已经把“读(dòu)”改写为“逗”，已经很好地解决了这一问题了。汉语跨语法－语用的使用单位，也就是实际进入语篇后的、表层线性排列的语法－语用单位，使用我国传统标点的句、逗两级，可以说是再合适不过的了。

句、逗两级中，逗是可以单独成句但不一定单独成句的单位，句是包含一个或多个逗的单位。逗是构成句的基础单元，所以逗是汉语跨语

① 范继淹(1985)汉语句段结构，《中国语文》第1期52—61页。

音-语法-语用层面的最小交汇单位，是有封闭韵律标记的最小语法-语用单位，所以是汉语语法层面的基本使用单位。

以上思想还未考虑成熟，先写出来供学界批评，日后将另文做专门阐述。